나는
알리바바로
40억 번다

해외 수출입 몰라도 영어 못해도 바로 써먹을 수 있는
알리바바 고수의 판매 비법

나는 알리바바로 40억 번다

개정판 1쇄 인쇄 2022년 7월 13일
개정판 1쇄 발행 2022년 7월 18일

지은이 서이랑

발행인 백유미 조영석
발행처 (주)라온아시아
주소 서울특별시 서초구 효령로34길 4, 프린스효령빌딩 5F

등록 2016년 7월 5일 제 2016-000141호
전화 070-7600-8230 **팩스** 02-585-6860

값 21,000원
ISBN 979-11-92072-69-2 (13320)

나는 알리바바로 40억 번다

ALIBABA

해외 수출입 몰라도 영어 못해도
바로 써먹을 수 있는
알리바바 고수의 판매 비법

서이랑 지음

RAON BOOK

개정판을 펴내며

벌써 책이 나온 지 3년이 되어가나 보다. 나는 책 출간과 동시에 둘째를 출산하였기 때문에 사실 책을 내고서도 이렇다 한 활동(?)은 하지 못했다. 출간 당시 세 살과 한 살이었던 두 아이들을 열심히 키웠고 이제 아이들이 여섯 살, 네 살이 되었다. 아이를 키워본 독자들이라면 아마 무슨 말인지 이해할 것이다. 휴우, 이제 좀 살 것 같다.

책 재고가 없다고 재작년 10월부터 연락을 받았는데 책 재고가 없어서 절판되고 1년이 지나서야 겨우 개정판을 완성했다. 알리바바닷컴은 워낙 기능이나 정책 변경이 잦다. 책을 쓰고 있는 중간에도 강의를 하고 있는 중간에도 계속 바뀐다.

초판이 나왔던 2019년 이후 변경된 것들 중에 가장 굵직한 것들을 뽑아보자면, 중국 판매자 이외의 다른 국가 판매자들의 코로나19 관련 용품 판매를 금지시킨 것, 무료 회원들의 상품 업로드를 금지시킨 것, 기본 연회비가 2,999달러에서 3,499달러로 무려 500달러나 인상된 것, Hot keyword가 Keyword analysis로 바뀐 점 등이 있다. 2022년 6월에 글로벌 판매자에게도 코로나19 관련 용품 판매를 풀어주었지만, 조건이 매우 제한적이라서 우리에겐 별 의미가 없어 보인다.

정책이 변경될 때마다 책의 개정판을 내는 것은 불가능하다. 너무 자주 바뀌기 때문이다. 보통 이런 정책 변경 등의 이슈는 국내 수행사를 통해서 회원들에게 하달되는 방식으로 전달이 되어 일일이 확인하기가 어렵다.

책 출간 이후 '알리바바 무역공주'라는 네이버 카페를 운영하고 있다. 이곳에 알리바바 관련 정책 변경이라던가 회원비 할인 정보, 정부 지원 사업 정보 등을 업로드해두고 있으니 필요한 독자들은 찾아보기 바란다.

강의 수강을 희망하는 독자들이 있을 것이다. 소상공인시장진흥공단에서 운영하는 '소상공인 지식배움터'에 20차시의 기본 교육이 무료로 제공되고 있으니 들어가보길 바란다. 신청하면 누구든 바로 수강이 가능하다. 실무 위주로 더 깊게 배우고 싶다면 '클래스101'에서 유료 강좌도 개설되어 있다.

강의를 많이 하지는 않았지만 그 안에서 수많은 사람들을 만났고, 많은 사람들이 포기했지만 그 안에서 또 상당수의 사람들이 좋은 성과를 냈으며 나에게 고맙다는 연락을 해주었다. 내가 한 일이라고는 고작 할 수 있다는 인식의 전환을 준 것 아닐까 싶다. 본인들이 노력해서 잘한 것이다. 많은 보람을 느낀다. 이 책이 당신도 할 수 있다는 인식의 전환을 가져다주기를 바란다.

2022년 7월

서이랑

프롤로그

스물세 살에 간호사를 그만두고 알리바바닷컴을 통한 해외 판매를 시작했다. 1인 기업으로 시작했고 자본금은 간호사로 일해서 모은 돈 600만 원이 전부였다. 현재 고정 바이어는 200곳이 넘고, 제품은 60개국 이상에 팔린다. 10년이 넘는 시간 동안 성사시킨 주문만 1만 건이 넘는다. 연 순수익은 4~5억 원 정도이며 계속 비슷한 수준으로 회사를 잘 운영하고 있다.

스물여섯 살에 내 집을 마련했고 서른에 건물을 샀다. 현재 부동산을 포함해 가지고 있는 재산이 40억 원 정도 된다. 이 돈은 순수하게 물건을 판매해서 번 돈이다.

내가 성공할 수 있었던 가장 큰 이유는 망설이지 않고 생각을 바로바로 실행에 옮겼기 때문이다. 대학 시절 외국 펜팔 친구가 한국에 물건을 사러 온다며 나에게 통역을 부탁했다. 영어도 잘 못하는 주제에(수능영어 4등급, 토익 680점) 덜컥 해준다고 했다.

그 친구에게 어떻게 한국 업체 정보를 알아보고 왔냐고 하니 알리바바닷컴을 통해 찾았다고 했다. 그때 알리바바닷컴을 처음 알게 되었다. 그 친구와 함께 꽤 여러 업체를 돌아다녔다. 업체들은 외국에서 바이어가 왔으니 정말 최선을 다해 본인 회사 제품에 대해 설명해주었는데, 문제는 나였다.

영어를 잘 못했던 내가 그 친구에게 통역을 잘해줬을 리 없었고, 그 친구 대신 나만 제품에 대해 아주 많은 걸 알게 되었다. 그때 그 제품이 지금 내가 팔고 있는 속눈썹 연장술 용품이다.

그렇게 시간이 흘러 대학을 졸업했고, 스물세 살에 병원에 취업했다. 몇 달 일하고 보니 뒤늦은 깨달음이 왔다. '월급 10년치를 모아도 집 한 채를 못 사겠구나.' 주제 파악이 빠른 나는 남자를 잘 만나 인생역전하기는 힘들 것을 알았다. 나이도 어리고 하니 '하고 싶은 것 1년만 해보고 안 되면 다시 병원에 취직하지 뭐' 하는 마음으로 쿨하게 6개월 만에 병원을 그만두고 알리바바닷컴에서 제품 판매를 시작했다.

알리바바닷컴에 제품을 올리고 바이어들 구매 문의를 받다 보니 그들이 원하는 것이 무엇인지 알게 되었고, 내가 모르는 부분은 어떻게든 알아내서 답변해주었다. 그렇게 점점 나는 내가 취급하는 제품에 대한 전문가가 되어갔고, 능숙하게 바이어들을 응대하며 더 많은 주문을 받았다.

이렇게 4~5년 일하고 나니 적응이 되고 사업도 안정되었다. 그러다가 문득 동종 업계의 다른 사람들은 어떻게 하고 사나 궁금해졌다. 해외 판매자 모임을 검색하다가 이셀모(이베이 셀러들의 모임)를 알게 되었고 거기서 강의도 몇 번 들었다. 그러고 나서야 한국에 알리바바닷컴으로 해외 판매를 하는 사람들이 얼마 없다는 것을 알게 되었다.

강의하는 것이 재미있어 보이기에 당시 이베이 교육을 해준 강사님에게 나도 알리바바닷컴 강의를 하고 싶다고 이야기해서 강의를 시작했고, 몇 년 강의 경력이 쌓이니 이렇게 책까지 쓰게 되었다.

정말 처음에는 아무것도 모르고 시작했다. 모르는 것은 물어보고 찾아가며 하나하나 배워갔다. 처음 물건을 DHL로 보냈을 때가 생각난다. DHL에 전화해서 보낼 물건이 있다고 했더니 상담원이 나더러 인보이스를 보내달라고 했다. 내가 되물었다.

"인보이스가 뭐예요?"

아무것도 몰랐던 내가, 아무것도 없었던 내가 이만큼 성장했다. 그렇기 때문에 나는 알고 있다. 이 책을 읽는 당신도 할 수 있다는 것을 말이다.

나는 누구보다 아무것도 모르는 사람들의 막막한 마음을 잘 안다. 그래서 이 책은 해외 판매에 대해, 무역에 대해 아는 것이 전혀 없어도 누구나 이해하고 따라할 수 있도록 쉽게 썼다. 또한 알리바바닷컴의 기능 설명은 딱 필요한 만큼 줄이고, 실제로 어떻게 운영해야 주문을 성사시켜 돈을 벌 수 있는지에 대한 실무 내용과 운영 노하우를 담았다.

내가 해보니 알리바바닷컴에서 성공하려면, 문의가 오는 고객 응대를 잘 해서 주문을 성사시키고 이후 고객과의 관계를 오래 유지시키며 계속해서 재구매가 일어나게 만드는 것이 중요했다. 이 책의 내용은 바로 이것을 어떻게 해야 하는지에 초점을 맞추었다.

이 책은 멀게만 느껴졌던 알리바바닷컴을 당신 가까이로 확 당겨

줄 것이다. 그래서 훗날 알리바바닷컴으로 성공한 당신이 나에게 잘 되었다고 문자라도 한 통 보내준다면 얼마나 뿌듯할지, 상상만 해도 기쁘다. 이 책을 읽은 당신이 진심으로 잘되어 성공하기를 바란다.

• 차례 •

개정판을 펴내며 4

프롤로그 6

1장

오해와 편견이 만든 기회의 시장, 알리바바닷컴

1 세상은 이미 변했다 17

2 왜 하필 알리바바닷컴인가 20

3 알리바바닷컴 한 번에 이해하기 25

4 1인 기업에 딱 맞는 알리바바닷컴 32

5 Bad Experience를 이용하라 36

2장

알리바바 고수, 무역공주는 왜 아직도 잘될까

1 나는 불황을 모른다 45

2 70 : 30 콘셉트 법칙 49

3 끝까지 찾아라 54

4 24시간 고객센터를 운영하라 58

5 한 방에 주문으로 연결되는 시스템을 만들어라 64

6 주문 제작에 능숙하게 응대하라 72

7 좋은 파트너를 찾아라, 그리고 좋은 파트너가 되어라 77

3장

알리바바닷컴 시작하기

1 어떻게 시작해야 할지 막막하다면 85

2 시작하기 전에 시장조사부터 하자 90

3 회원 가입 방법, 유료 회원 전환 방법 98

4 유료 회원, 할 것이냐 말 것이냐 104

5 회사의 면모를 갖춰라 110

6 왓츠앱과 알리바바앱 활용하기 118

7 결제 방법 선택하기 125

4장

물건을 사는 법을 알아야 잘 팔 수 있다

1 좋은 판매자 찾는 법 139

2 샘플 구매하는 법 144

3 다양한 결제 조건과 배송 조건 이해하기 152

4 관세, 부가세, 수입 검사, 안전인증 158

5 문제가 발생하면 주저 없이 클레임을 걸자 164

5장

상위 노출되는 상품 등록하기

1 상위 노출과 스타레이팅스 171
2 제품명과 키워드 정하기 183
3 스마트편집기와 표준편집기를 활용한 제품 등록 190
4 쇼케이스와 키워드광고 204

6장

바로 써먹는 고수의 판매 노하우

1 인콰이어리의 유형별 특징과 응대법 215
2 인콰이어리 분석하기 220
3 인콰이어리 답변하기 실전 예시 226
4 RFQ 알아보기 235
5 RFQ 견적 넣기 실전 예시 241
6 인보이스, 패킹리스트 만들기 250

7장

해킹, 어떻게 예방하고 대처할 것인가

1 온라인 무역사기 예방법 257
2 해킹 보호막 만들기 264
3 사업용 이메일 해킹 271
4 이미 해킹을 당했다면 277
5 신뢰를 깰 것이냐, 말 것이냐 281

부록 제품 리스팅 정책 286
에필로그 288

1장

오해와 편견이 만든 기회의 시장, 알리바바닷컴

ALIBABA

1

세상은 이미 변했다

컴퓨터만 있으면 충분하다

사람들이 인터넷으로 물건을 사고파는 데는 많은 이유가 있다. 가격도 저렴할 뿐만 아니라 여러 상품을 비교하기도 쉽고 쇼핑에 드는 시간도 더욱 절약할 수 있다. 이러한 장점들 때문에 인터넷 보급과 더불어 온라인 시장은 급속도로 성장했고, 이제는 모바일 접속자 수가 PC 접속자 수를 넘어서기에 이르렀다.

판매자들 역시 온라인 상점이 오프라인 상점을 여는 것에 비해서 많은 비용을 줄일 수 있고 편리하다. 가게 인테리어를 하지 않아도 되고 매월 나가는 임대료도 아낄 수 있다. 몫이 좋은 자리라면 내야 하는 권리비도 필요 없다. 시간과 장소에 구애받지 않고 인터넷이 되는 곳에 컴퓨터만 있어도 일할 수 있는 시대가 왔다.

해외 판매도 마찬가지다. 예전에는 무역 박람회, 무역 잡지 등을 통해 제품을 홍보하고, 제품을 소싱하기 위해 먼 타국에 출장을 다니며 발로 뛰어야 했다. 박람회에 한번 나가려면 부스비, 장치 설치비, 비행기값에 출장을 간 회사 직원들 숙박비, 생활비까지 몇천만 원이 우습다. 박람회에 큰돈을 투자해 나간다 해도 만날 수 있는 바이어가 한정적이다.

바이어 입장에서도 마찬가지다. 공급업체를 발굴하기 위해 수많은 업체를 직접 방문해야 하고, 해외업체라면 현지 출장까지 가야 한다. 좋은 제품 공급자를 찾기 위해 수많은 업체를 직접 찾아다녀야 한다. 양쪽 모두 시간과 자본, 인력을 상당히 투자해야만 가능하다.

시간과 공간의 제약이 없다

하지만 지금은 세상이 달라졌다. 알리바바닷컴과 같은 글로벌 해외 판매 사이트를 이용하면 큰돈을 들이지 않고도 제품 홍보를 할 수 있으며, 전 세계 바이어들을 시간과 공간의 제약 없이 만날 수 있다. 굳이 바이어들을 만나지 않아도 이메일과 메신저를 통해 대화할 수 있고, 충분히 주문을 성사시킬 수 있다. 바이어 역시 검색 한 번으로 단시간 내에 수많은 공급업체 정보를 얻을 수 있으며, 각 공급업체별 조건을 쉽게 비교할 수 있다.

| 기존 무역과 온라인 무역의 차이 |

내용	기존 무역	온라인 무역
홍보 방법	• 전시회, 박람회 참가 • 매체를 통한 홍보	• 글로벌 사이트를 이용한 제품 홍보
공급자 입장	• 홍보를 위해 많은 시간과 자본 필요 • 만날 수 있는 바이어가 한정적	• 입점비가 상대적으로 저렴 • 소자본 투자로 품질 높은 제품 홍보(웹디자인 이용) • 전 세계 바이어와 시간과 공간의 제약 없이 만날 수 있음
바이어 입장	• 공급자를 찾기 어려움	• 단시간 내에 수많은 공급업체 정보를 얻을 수 있음 • 공급 업체별로 구매 조건을 비교하기 쉬움

알리바바닷컴은 지난 20년간 빠른 속도로 성장했고, 최근 3년 동안 폭발적으로 사용자가 증가했다. 우리는 지금 대변화의 한가운데 서 있다. 이제는 이베이, 아마존, 해외 직구를 모르는 사람들이 없고, 많은 사람들이 그곳에서 물건을 사고판다.

불과 100년 전까지만 해도 우리나라 사람들은 인력거를 타고 다녔고, 해외에서는 마차를 타고 다녔다. 하지만 자동차가 대중화되면서 인력거와 마차는 찾아볼 수 없게 되었다. 결국 시간이 흐를수록 문명은 진화하고, 사람들은 새로운 변화를 당연하게 받아들인다. 해외시장 역시 마찬가지다. 이미 변화는 시작되었으며 머지않아 제품 수출입을 위해 알리바바닷컴과 같은 글로벌 사이트를 통하는 것이 당연하게 여겨지는 날이 올 것이다.

2

왜 하필 알리바바닷컴인가

세계 어디서나 비즈니스를 할 수 있는 플랫폼

기업들이 세계 어디서나 거래를 쉽게 할 수 있는 방법이 없을까 고민하던 마윈 회장은 17명의 창업 멤버와 함께 1999년 알리바바를 설립했다. 본사는 중국 항저우시에 있으며, 중국 전역과 해외에 소재한 70개 이상의 지사에서 22,000명 이상의 직원이 일하고 있다. 세계 어디서나 비즈니스를 쉽게 할 수 있는 플랫폼을 제공하는 것이 기업 목표다.

알리바바그룹은 알리바바닷컴을 포함해 타오바오, 티몰, 알리익스프레스, 1688닷컴, 알리페이 등 다양한 계열사를 가지고 있다.

| 알리바바그룹에 속한 다양한 계열사 |

출처: www.alibabagroup.com

알리바바닷컴과 다른 글로벌 사이트의 차이

해외 쇼핑몰도 여러 가지가 있듯이, 알리바바닷컴과 비슷한 B2B 사이트 역시 아주 많다. 다른 글로벌 B2B 사이트에는 어떤 것들이 있는지 알아보고 차이를 비교해보면 왜 알리바바닷컴을 해야 하는지 알 수 있다.

다른 사이트들과 알리바바닷컴이 얼마나 차이가 나는지 객관적으로 보기 위해서 similarweb.com에서 글로벌 랭킹과, 트래픽 양

| 알리바바그룹 주요 계열사 |

회사명	사이트	설명
알리바바 닷컴	www.alibaba.com	알리바바그룹의 첫 번째 사업으로, 글로벌 온라인 도매, 무역 B2B 플랫폼이다. 현재 200개 이상의 국가에서 무역회사, 도매상, 소매상, 제조사들이 활발하게 활동하고 있다.
타오바오	world.taobao.com	2003년에 만들어졌으며 중국 내의 B2C 플랫폼인데, 모바일 시장이 주를 이룬다. 우리나라의 G마켓이나 11번가와 비슷한 시장이라고 이해하면 쉽다.
티몰	www.tmall.com	2008년에 만들어졌으며 중국 내에서 가장 큰 B2C 플랫폼이다. 보통 국내외 브랜드 제품 판매가 주를 이룬다.
알리익스프레스	www.aliexpress.com	2010년에 만들어졌으며 중국 내수용이 아닌 글로벌 플랫폼이다. 세계의 소매 구매자들이 중국 판매자에게 물건을 직접 구매할 수 있다.
1688닷컴	www.1688.com	1999년에 만들어졌으며, 중국 내수용 도매시장 플랫폼이다.
알리페이 (Alipay)		2004년에 만들어졌으며, 제3자 온라인 결제 플랫폼이다. 미국의 페이팔과 유사한 에스크로 플랫폼으로 신용카드나 온라인 계좌이체에 대한 불안감이나 불편함을 해소하기 위해 만들어졌다.

을 비교해보았다.

먼저 글로벌 랭킹을 보면, 알리바바닷컴이 357위인 반면 다른 B2B 사이트 들은 18160위, 22796위, 92599위 등 큰 차이가 있는 것을 확인할 수 있다. 트래픽 양에서도 결과는 비슷하다. 다음 페이지의 그래프를 보면 맨 위의 주황 선이 알리바바닷컴의 트래픽 양이며, 다른 B2B 사이트 들은 한참 아래에서 비슷비슷한 모습을 보인다.

| 글로벌 B2B 사이트 |

회사명	사이트	설명
글로벌 소시스	www.globalsources.com	1971년 무역책자로 시작하였으며, 현재 다양한 종류의 전시회 정보를 활용해 고급 바이어 정보 제공한다. 150만 회원을 보유하고 있으며 중국, 홍콩, 타이완에 지사를 두고 있다.
이월드 트레이드	www.eworldtrade.com	전 세계에 50만 명의 회원을 보유하고 있으며 미국, 파키스탄, 중국, 한국에 지사를 두고 있다.
이씨플라자	www.ecplaza.net	영어, 중국어, 일본어, 한국어의 4개 국어 사이트 지원, 약 40만 회원을 보유한 이커머스 사이트로, 한국 기반의 사이트다.
트레이드키	www.tradekey.com	2006년에 설립된 중동 지역 최초의 B2B 사이트로, 220개국의 기업 정보를 보유하고 있다.

| 글로벌 B2B 사이트 트래픽 양 비교 |

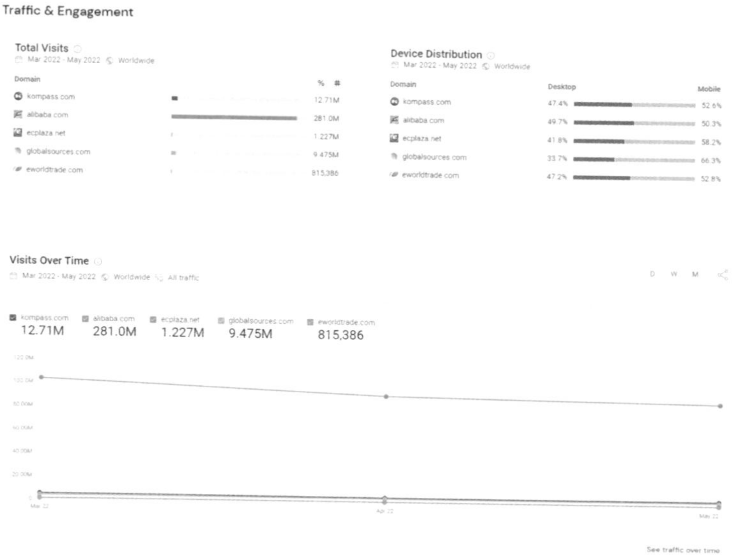

비교자료에서 알 수 있듯이, 현존하는 수십 개 B2B사이트 중에서 알리바바닷컴의 사용량이 비교가 안 될 만큼 월등하게 높다. 그렇기 때문에 우리는 세계 1위 B2B 사이트인 알리바바닷컴을 해야 하는 것이다.

3

알리바바닷컴 한 번에 이해하기

알리바바닷컴은 우리가 흔히 알고 있는 이베이, 아마존 등의 해외 쇼핑몰과 성격이 완전히 다르다. 이베이, 아마존 등은 오히려 우리나라의 쇼핑몰인 G마켓이나 11번가와 비슷하고, 알리바바닷컴은 상품을 소개하고 홍보하는 곳이라고 생각하면 이해하기 쉽겠다. 더 쉬운 이해를 위해 차이점을 도표로 정리해보았다.

형태

알리바바닷컴은 B2B(Business to Business), 즉 기업과 기업 간의 거래다. 판매자도 회사고 구매자도 회사다. 반면 해외 쇼핑몰

| 알리바바닷컴과 해외 쇼핑몰의 차이 |

구분	알리바바닷컴	해외 쇼핑몰
형태	B2B	B2C / C2C
수익 구조	유료 회원비, 프로모션비	각종 판매수수료
회원 가입	상대적으로 쉬움	상대적으로 어려움
구매	고객과 판매자와의 커뮤니케이션을 통해 거래	웹상에서 바이어가 직접 구매
결제	• 한국 판매자: 사이트 내 결제 불가 • 중국 판매자: 결제 가능	웹상에서 구매자가 직접 결제
회사 정보 노출	가능	불가능
거래 특성	소수의 고객과 장기간 거래	수많은 바이어와 일회성 거래
거래 주도권	판매자와 구매자의 조율	구매자
바이어에게 신뢰 얻기	회사의 면모를 갖추는 것이 중요함	판매량, 활동기간, 피드백, 셀러 등급 등을 잘 관리해야 함
다른 판매자 따라 하기	어려움	쉬움

은 B2C(Business to Customer), 즉 기업과 개인 간의 거래이거나 회사의 제품을 개인이 구매, 또는 개인의 제품을 개인이 구매하는 C2C(Customer to Customer) 시장이다. 중고나라가 대표적인 C2C 시장이다.

수익구조

알리바바닷컴이나 해외 쇼핑몰이나 구매자와 판매자 양쪽에서 수익이 발생하는데, 수익의 비중을 따지자면 알리바바닷컴은 판매자이고 해외 쇼핑몰은 구매자다. 다시 말해 알리바바닷컴은 판매자에게서 발생되는 유료 회원비나 각종 광고비가 주된 수입원이고, 해외 쇼핑몰은 구매자의 구매 활동에서 발생되는 판매수수료가 주된 수입원이다. 그렇다 보니 알리바바닷컴의 구조는 판매자가 잘 활동할 수 있도록 발달되어 있고, 해외 쇼핑몰은 구매자의 구매가 잘 이루어지도록 발달되어 있다.

회원 가입

회원 가입 시 절차나 필요한 요건들 역시 상대적이다. 알리바바닷컴은 이베이, 아마존과 비교했을 때 회원 가입 절차가 훨씬 간단하며, 유료 회원 전환 과정 역시 복잡하지 않다.

이메일주소, 사업자 등록증, 대표자의 신분증 혹은 전화비 영수증만 준비하면 간단하게 유료 회원으로 전환할 수 있다. 신분증으로 인증할 경우 별도의 인증 절차 없이 알리바바 사이트에 업로드만 하면 되고, 전화비 영수증으로 인증할 경우 알리바바닷컴에서 본인 인증을 하기 위해 해당 번호로 전화가 온다. 한국말을 할 줄 아는 직원이 전화하니 걱정할 필요가 없다. 유료 회원으로 전환하면 즉시 무제한으로 제품을 업로드할 수 있을 만큼 활동의 제약이 없다.

구매와 결제

구매와 결제는 알리바바닷컴과 해외 쇼핑몰의 가장 큰 시스템 차이라 할 수 있을 것이다. 해외 쇼핑몰은 구매자가 웹상에서 물건을 보고 사이트에서 직접 구매하고 결제까지 이루어진다. 하지만 알리바바닷컴은 한국 판매자의 경우 바이어와 제품 주문에 대해 서로 협의하고 은행 송금이나 페이팔 등으로 결제를 따로 받아야 한다. 2022년 현재 중국, 홍콩, 대만 그리고 이탈리아 판매자만이 알리바바 결제 시스템을 사용할 수 있다.

사이트 내에서 결제가 되지 않는다고 해서, 어렵게 느껴질 수 있는데 그렇지 않다. 비슷한 시스템이 바로 중고나라 거래 방식이다. '이 제품을 이 가격에 팝니다' 하고 올린 후에 물건을 사겠다고 연락 오는 사람들과 흥정을 통해 물건을 팔고, 원하는 방법으로 입금을 받으면 된다.

회사 정보 노출

알리바바닷컴은 일종의 온라인판 무역 박람회라 할 수 있다. 우리 회사와 제품을 홍보하는 곳이기 때문에 알리바바닷컴 내에서 회사 정보를 노출할 수 있다. 하지만 해외 쇼핑몰은 사이트 자체 내에서 거래가 이루어지고, 판매수수료가 수익이기 때문에 사이트 내에서의 거래만을 허용하며 회사 정보를 노출할 수 없다.

거래 특성

알리바바닷컴은 기본적으로 도매·제조 시장이다. 어떠한 사업을 하건 제품 공급자를 결정할 때는 개인적으로 사용할 소매 제품을 구매할 때보다 훨씬 까다롭고, 꼼꼼하고, 많은 것을 비교하게 된다. 대신 제품 공급자와 특별한 문제가 없다면 계속해서 재구매가 이루어진다.

그래서 알리바바닷컴에서는 비교적 소수의 고객과 장기간으로 거래하게 된다. 반면 해외 쇼핑몰은 제품 검색을 통해 최저가에 판매하는 판매자에게 제품을 구매하는 것이 일반적이다. 같은 제품을 다시 구매할 때 더 저렴한 판매자를 찾으면 전에 샀던 판매자에게 다시 재구매할 이유가 없다. 그래서 수많은 바이어와 일회성 거래를 하게 된다.

거래 주도권

알리바바닷컴에서는 주문이 성사되기 전, 판매자와 구매자 간의 의견 조율 단계를 반드시 거쳐야 한다. 수량, 가격, 결제, 배송 등 각각의 조건이 서로의 협의를 통해 이루어진다. 그 후에 거래가 이루어지기 때문에 클레임이 생기더라도 일단 바이어가 판매자와의 대화를 시도한다. 정말 문제가 있다면 교환, 환불을 해줘야 할 것이고 만약 바이어가 있지 않은 문제나 너무나 사소한 것으로 트집을 잡는다면 소신 있게 대처하면 된다.

10년간 알리바바닷컴을 운영하면서 나는 단 한 건도 억울하게 결제받은 돈을 바이어에게 다시 돌려준 적이 없다. 하지만 해외 쇼핑몰에서 구매한 건에 클레임이 발생하면 바이어는 일단 클레임부터 건다. 그러면 중간에 쇼핑몰에서 중재를 해주는데 명확하게 제품의 품질이나 배송에 문제가 없다는 것을 밝히지 못하면 판매자 입장에서 억울한 상황이 발생할 수도 있다.

바이어에게 신뢰 얻기

알리바바닷컴이나 해외 쇼핑몰이나 바이어가 판매자를 신뢰해야 구매가 이루어진다. 해외 쇼핑몰의 경우 아무리 제품을 저렴하게 팔아도 제품 구매 후기가 나쁘거나 판매 이력이 별로 없다면, 구매자 입장에서 이 판매자가 과연 제대로 된 제품을 보낼지 불안할 것이고, 제품 구매를 다시 한 번 고민하게 될 것이다. 그렇기 때문에 해외 쇼핑몰에서는 판매량, 활동기간, 피드백, 셀러 등급 등을 잘 관리해야 한다.

알리바바닷컴 역시 바이어가 판매자를 신뢰해야 주문을 성사시킬 수 있는데, 바이어 입장에서 판매자를 판단할 수 있는 기준은 온라인상에 보이는 회사 프로필, 회사 웹사이트, 업로드된 제품들 정도다. 그렇기 때문에 1인 기업이나 소규모 기업이라도 이런 것들을 잘 갖추어놓으면 바이어에게 신뢰를 얻을 수 있고, 주문을 성사시킬 수 있다.

다른 판매자 따라 하기

해외 쇼핑몰의 경우 어떤 제품을 얼마에 팔고 있고, 몇 개나 팔렸는지, 어떻게 배송하는지 모든 정보를 확인할 수 있기 때문에 비교적 롤 모델을 찾기도 쉽고, 다른 판매자를 따라 하기도 쉽다. 하지만 알리바바닷컴은 사이트만 확인했을 때, 판매자가 제품을 정확하게 얼마에 파는지, 몇 개를 팔았는지, 어떤 조건으로 팔고 있는지, 어떻게 바이어를 응대하는지 파악할 수가 없다.

그렇기 때문에 어떤 판매자가 잘하고 있는 판매자인지도 알 수가 없고, 따라 하고 싶어도 따라 하기가 어렵다. 초보 판매자 입장에서는 이런 점들이 어렵게 느껴질 수 있지만, 오히려 이것이 장점이 되어 오랫동안 사업을 유지할 수 있는 비결이 된다. 내가 잘되어도 다른 판매자들이 내가 잘되는지 안 되는지도 잘 모르고, 설령 알게 된다 해도 정확하게 따라 하기가 쉽지 않기 때문이다.

4

1인 기업에 딱 맞는 알리바바닷컴

알리바바에 대한 오해와 편견

보통 인터넷에 알리바바닷컴을 검색해보면, 2가지 종류의 기사가 나온다.

첫 번째는 알리바바그룹과 마윈 회장에 대한 기사다. '무역전쟁에도 불구하고 알리바바의 2019년 1분기 매출이 51% 증가했다', '인터넷 공룡 알리바바그룹이 홍콩증시 상장을 위한 작업을 본격화한다' 등의 기사다. 두 번째는 '어디서 중소기업을 위한 알리바바닷컴 입점 지원 사업을 한다', '입점 지원 세미나를 개최했다', '부산시에서 알리바바닷컴 입점 지원으로 중소기업 해외 진출을 도왔다', '매경교육센터에서 알리바바를 통한 수입 무역 비즈니스 과정을 개설했다' 등의 기사다.

그런데 이런 기사를 보면 다들 '알리바바가 세계적으로 대단히 큰 회사구나'라고 느끼지만, 문제는 '나와는 관계가 없구나'라는 생각을 갖는다는 것이다.

이베이나 아마존, 해외 직구 등의 해외 관련 판매 강의를 들으러 가보면 20~30대의 젊은 층이 주를 이룬다. 소규모 창업을 하려는 사람들이 많기 때문이다. 하지만 알리바바닷컴은 B2B 사이트다 보니 내 강의는 다른 강의에 비해 수강생 연령층이 아주 다양하다. 20~30대보다는 40~50대가 훨씬 많고 60대도 보인다.

이처럼 다양한 연령대의 각기 다른 경력과 상황을 가진 다양한 연령대의 사람들이 창업을 준비하거나, 현재 본인이 가지고 있는 사업을 확장하기 위해 수강을 하러 오는데, 알리바바닷컴에 가지고 있는 오해와 편견은 하나같이 똑같다는 것이 신기하다. 그리고 이 오해와 편견들이 알리바바닷컴에 보이지 않는 장벽을 만들어 이들을 가로막고 있다.

다음은 한 수강생의 강의 후기 중에 일부를 발췌한 것이다. 40대 여자 분인데, 이베이를 통해 제품 판매를 하고 있다.

간만에 교육에 참석해봤습니다. 역시 새로운 배움은 재충전의 힘이 됩니다. 알리바바닷컴은 이베이보다 먼저 알긴 했지만 짧은 판단으로 '이건 내가 할 일이 아니야'라고 멀리 등한시했던 시장이었습니다. 일단 제가 제조사가 아닌 관계로 'B2B는 욕심이다'라는 생각으로 …… 즉각적인 반응이 아닌 시간과의 싸움에서 버틸 자신이 없어서 이베이부터 시작했습니다.

'MADE IN KOREA'면 충분하다

내가 만난 대부분의 사람들은 알리바바닷컴에 대해 잘 알지 못하고 있었고 '내가 못하는 시장'으로 분류한 뒤 아예 시도조차 하지 않았다. 나라에서 하는 지원 사업 역시 중소기업 중심의 사업이고, 나와 같은 1인 기업 성공 케이스가 많이 홍보되지 않아, 1인 기업으로 가능한 시장이라는 생각조차 안 하는 것이다.

내가 해보니 알리바바닷컴은 1인 기업에 딱 좋은 시장이다. 우리가 G마켓이나 11번가에서 물건을 심사숙고해 구매한다 할지라도 그 판매자가 1인 기업인지 아니면 직원이 많은 큰 회사인지는 알 수 없다. 안다고 한들 회사의 규모가 구매를 결정하는 요소가 되지 않는다. 알리바바닷컴 역시 마찬가지다. 바이어가 확인할 수 있는 정보는 결국 온라인상에서 보이는 제품정보나 회사 정보뿐이다. 이런 것들만 잘 관리하면 바이어는 제품문의를 보내고, 내가 응대만 잘 해준다면 충분히 주문을 성사시킬 수 있다.

우리나라 사람들은 중소기업 제품보다는 대기업 제품을 선호하는 경향이 있기 때문에 또 걱정을 하는데, 이 역시 걱정하지 않아도 된다. 삼성이나 LG처럼 세계적인 대기업이 아니라면 알리바바닷컴에서 물건을 사는 바이어들은 우리나라 브랜드를 일일이 알지 못한다. 예를 들어 해외 바이어가 보기에는 아모레퍼시픽, 미샤, 에뛰드 하우스의 화장품이나 중소기업이나 1인 기업이 만든 유명하지 않은 자체 브랜드 화장품이나 똑같은 'MADE IN KOREA' 화장품이다.

예전에 러시아 바이어 한 명과 한국에서 만난 적이 있다. 우리 제품뿐 아니라 메이크업 제품도 사고 싶은데, 지금 러시아에서 잘 팔리는 한국 브랜드라며 나에게 브랜드명과 한국 판매자 연락처를 알려줬다. 한 번도 들어본 적 없는 브랜드였다. 전화를 해서 러시아에서 바이어가 왔는데 사무실을 방문하고 싶어 한다고 했더니, 그쪽 대표가 난감해했다. 자기는 1인 기업인데 집에서 일하고 있어서 손님을 응대할 환경이 안 된다고 했다. 이 사람 역시 나처럼 집에서 혼자 일하는 사람이었던 것이다.

이와 같이 알리바바닷컴에서는 1인 기업도 충분히 성공적으로 운영할 수 있다. 온라인에서 보이는 부분에 신경을 써주고, 고객 문의 응대를 잘 해주고, 품질이 좋은 제품을 판다면 1인 기업도 충분히 경쟁력이 있는 것이다.

5

Bad Experience를 이용하라

중국 판매자보다 5배 비싸게 팔아도 잘 팔린다

알리바바닷컴이 세계 1위 B2B 사이트이기 때문에 정부에서도 수출을 적극 장려하기 위해 입점비 지원 사업을 많이 한다. 그럼에도 불구하고 시장에 대한 이해도가 떨어져 제대로 활용하지도 못하고 1년을 흐지부지 보내다가 결국 어떠한 성과도 못낸 채 유료 회원 기간이 만료돼버리는 경우가 허다하다.

제품을 검색해보면 수많은 중국 판매자의 제품만 나오는 알리바바닷컴에서 내가 입점을 한다고 해도 이 수많은 판매자들을 제치고 어떻게 제품을 노출할 것이며, 설령 노출이 된다 해도 중국 판매자를 어떻게 단가로 이길 수 있을까 걱정된다. 그러니 아예 알리바바닷컴을 포기한다.

아는 지인 중 한 명이 석유관 파이프를 제조하는 회사에 다닌다. 해외 출장도 자주 다니고, 1회에 수천만 원이나 드는 해외 박람회에도 한 해에 여러 번 참가한다. 알리바바닷컴에도 제품을 올렸냐고 물었더니 아니라고 한다. 왜 알리바바닷컴은 활용을 안 하냐고 물으니 "알리바바닷컴은 중국 사람들이 너무 단가를 저렴하게 올려놔서 경쟁력이 없다"는 대답을 했다.

이런 식으로 알리바바닷컴을 생각하고 있다면 당신은 틀렸다. 생각을 완전히 바꿔야 한다. 알리바바닷컴에서 중국 사람을 이기고 제칠 필요가 없다. 제품 상위 노출에 집착할 필요도 없다. 내가 판매하고 있는 제품 역시 검색해보면 결코 상위 노출되지 않는다. 몇 페이지를 넘어가도 우리 회사 제품은 찾을 수가 없다. 가격 경쟁력이 있을 리 없다. 중국 판매자보다 거의 5배 정도 비싼 가격에 판다. 하지만 우리 회사 제품은 구매 문의도 잘 오고, 잘 팔린다. 이유가 뭘까? 바로 'MADE IN KOREA'이기 때문이다.

바이어들이 제품을 구매하는 데 있어 가장 중요하게 생각하는 것은 가격이 아니라 품질이다. 내가 구매자의 입장이 되어 생각해보면 이해가 쉽다. 내 남편의 취미 중 하나가 알리익스프레스에서 제품 구매하기였다. 첫째가 태어나자 육아용품이나 아기 장난감 등을 구매하기 시작했다. 아기 베개, 천기저귀(우리 아이는 천기저귀를 썼다)도 사고, 움직이는 강아지 장난감도 샀다.

물론 가끔 저렴한 가격에 득템하는 경우도 있었지만, 대부분 실

화면에 보여지는 제품과 직구한 실물의 현격한 품질 차이

패였다. 말도 안 되게 얇은 천기저귀를 보며 “중국 애들은 쉬를 이것밖에 안 하나?”라는 말이 나오고, 움직이는 강아지 인형은 건전지를 넣으니 타는 냄새가 나면서 미친 듯이 짖다가 멈춰버렸다.

아무리 저렴할지라도 내 돈 주고 쓰레기를 사고 싶지는 않을 것이다. 특히 내 아이가 쓸 물건이라면 더 그렇다. 알리바바닷컴에서 중국 판매자에게 물건을 사면 알리익스프레스에서 직구한 물건 같은 제품이 올 확률이 크다.

한국에서 유통되고 있는 물건 중에 품질 좋은 중국산 제품도 많이 있다고 반문할지도 모르겠다. 대륙의 실수 샤오미가 보여주듯 중국산 제품을 모두 싸구려 제품 취급하는 시대는 지났다.

여기서 우리가 알아야 할 점은 첫 번째로, 한국에서 유통되고 있는 제품들은 한국인의 손을 한 번 거친 제품이라는 것이다. 유통단계에서 한국 사람의 손을 거친 제품은 중국 판매자에게서 직구한 제품과 확연한 품질 차이가 있다. 여러분이라면 건전지를 넣자마자 타는 냄새가 나며 꺼져버리는 강아지 인형을 팔겠는가? 우리나라 사람은 버리면 버렸지 이런 제품은 안 판다.

두 번째는 물론 중국에서도 제값을 주면 좋은 제품을 찾을 수 있지만, 문제는 판매자가 너무너무 많아서 비교하기가 아주 힘들다는 것이다. 우리가 온라인에서 확인할 수 있는 정보는 사진과 가격 정도밖에 없고, 각 회사별로 샘플을 비교해보자니 판매자가 너무 많아서 엄두가 안 난다.

바이어들이 저렴한 물건만 찾는 건 아니다

얼마 전 바이어에게 온 메시지에 이런 내용이 있었다. "I have a bad experience on China Quality." 중국 제품을 샀는데 품질이 너무 안 좋아서 쓰지도 못하고 다 버렸다고 한다. 그러면서 우리 회사 제품의 품질은 어떤지 물어봤다.

나 역시 안 좋은 경험이 있다. 내가 판매하는 제품 중에 온돌매트에 들어가는 동그란 온돌판처럼 생긴 것이 있는데, 국내에서 구하기 쉽지 않았고, 품질이 중요하지 않아서 알리바바닷컴에서 판매자를 찾아 발주를 넣었다. 당연히 정식 발주 전 샘플 확인도 했다.

내가 원한 제품은 사진으로 보면 알겠지만 아주 매끈하고 잘 정

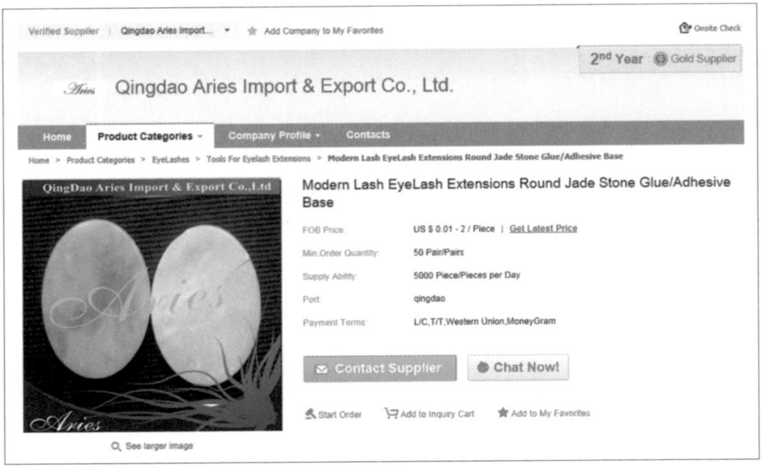

알리바바닷컴에 나와 있는 제품 사진

샘플 제품(좌), 배송되어온 제품(우)

리된 옥돌이었다. 위 사진의 왼쪽에 있는 것이 샘플 제품이고, 오른쪽이 실제 배송되어온 제품이다. 심지어 개별 포장도 안 돼 있고 에어캡 포장도 안 해서 다 깨진 것들이 많았다.

한 개 1달러 정도였는데 500개를 샀다. 알리바바닷컴에 클레임

배송 중 깨진 것들

을 걸어보았지만 어떠한 보상도 받지 못했다. 그 이후에도 다른 제품을 발주했을 때 이런 일이 몇 번 더 있었다. 핀셋을 발주했는데 쇠가 너무 단단해서 도저히 쓸 수 없기도 했고, 고무로 된 송풍기가 다 눌려서 찌그러져서 오기도 했다. 이런 일이 과연 나에게만 일어났을까? 아마 다른 해외 바이어들에게도 일어났을 것이다.

한국 사람들에게 물건을 사겠다고 구매 문의를 보내는 바이어들은 중국보다 저렴한 가격을 찾는 것이 아니다. 그들은 좋은 품질의 제품을 합리적인 가격에 사고 싶어 하고, 서비스가 좋고, 믿을 수 있는 판매자를 찾는다. 중국보다 한국 제품이 더 비싸다는 것은 굳이 바이어에게 설명해주지 않아도 잘 알고 있다. 우리는 그런 바이어들에게 물건을 팔면 되는 것이다.

2장

알리바바 고수, 무역공주는 왜 아직도 잘될까

ALIBABA

1

나는 불황을 모른다

다양한 국가와 거래하라

내가 알리바바닷컴을 통한 판매를 한다고 하면, 흔히들 중국에 물건을 파는 줄 알거나 중국 물건을 사다가 국내에 파는 줄 안다. 알리바바가 중국 회사이고, 또 한국 화장품이 중국에 워낙 잘 팔린다고 하니 하는 오해이다.

알리바바닷컴에는 200여 개국 바이어들이 활동하고 있고, 물론 중국 바이어도 있다. 우리 회사 제품은 61개국에 수출된다. 실제로 제품이 결제가 이루어져 판매가 된 나라만 정리한 것이고, 이 중 몇 개 국가를 제외하고는 거의 모든 국가에서 꾸준히 제품이 판매되고 있다. 아마 인콰이어리(enquiry, 구매 문의)를 받은 국가까지 합한다면

| 뷰티인서울의 바이어 국가 |

대륙	국가
아시아(11)	러시아, 카자흐스탄, 몽골, 중국, 대만, 필리핀, 인도네시아, 싱가포르, 키르기스스탄, 태국, 인도네시아
유럽(33)	스웨덴, 노르웨이, 핀란드, 아일랜드, 영국, 덴마크, 독일, 라트비아, 폴란드, 벨라루스, 벨기에, 프랑스, 체코, 우크라이나, 루마니아, 이탈리아, 포르투갈, 스페인, 그리스, 사이프러스, 네덜란드, 룩셈부르크, 리투아니아, 모나코, 몰도바, 벨라루스, 스위스, 슬로바키아, 알바니아, 에스토니아, 오스트리아, 크로아티아, 폴란드
중동(7)	이스라엘, 이라크, 이란, 쿠웨이트, 사우디아라비아, 아랍에미리트, 오만
아프리카(3)	이집트, 나이지리아, 남아프리카공화국
북아메리카(2)	미국, 캐나다
남아메리카(3)	베네수엘라, 브라질, 칠레
오세아니아(2)	호주, 뉴질랜드

100개국이 넘을 것이다.

알리바바닷컴 조사결과에 따르면 인콰이어리의 40%가 유럽, 북미 23%, 중남미 14%, 아시아 13% 순으로 집계된다고 한다. 우리 회사에서 제품이 판매되는 것과 비슷한 수치다. 이와 같이 바이어가 다양한 국가에 포진되어 있으면 여러모로 장점이 많다. 가장 좋은 점은 우리나라 경기가 안 좋아도 영향을 받지 않는다는 점이다.

10년째 한결같은 대답 "아직도 잘돼요!"

우리 회사는 거래하는 은행에서 매일 외화 들어오는 회사로 유명하다. 요새 불경기라서 많은 회사들이 흔들린다는데 나는 경기가 좋은지 나쁜지 느끼지를 못해서 잘 모르겠다. 은행 직원들도 세무사도 늘 물어본다. 어떻게 '뷰티인서울'은 계속해서 괜찮냐는 것이다. 10년 동안 흔들림 없이 꾸준히 매출이 나오니 신기해서 묻는 말 같다. 주위에 오랫동안 알고 지낸 해외 쇼핑몰(이베이, 아마존, 큐텐 등) 판매자 친구들도 가끔 연락이 닿으면 늘 물어보는 질문이 "아직도 잘돼요?"이다. 늘 그렇듯 내 대답은 10년째 "아직도 잘돼요!"이다.

어떻게 회사가 아무 일 없이 10년 동안 계속해서 순탄하게 돌아갈 수 있을까? 60여 개국에 고정 바이어만 200개가 넘고 국가별로, 회사별로 별별 일이 다 벌어진다. 그리고 열 손가락에 꼽는 큰 바이어들이 흔들리면 우리 회사도 휘청거리긴 한다.

내가 사업을 시작하던 초창기 때부터 계속해서 함께하는 우크라이나 바이어가 있다. 우리는 주문을 받으면 100% 선금을 받지 않고는 물건을 보내지 않는 것이 원칙인데, 유일하게 그 바이어만 월말 후불제였다. 거의 10년을 함께했고 한 번도 결제로 문제되지 않았던 회사이기 때문이었는데, 2018년 우크라이나에 전쟁이 터졌다! 내가 전쟁이 날 줄 상상이나 했을까? 미수금이 8만 달러(약 9,000만 원)나 있는 상황이었는데 전쟁이 나면서 달러 환율이 치솟았고, 바이어가 환율이 너무 높아서 도저히 결제를 못하는 상황이 되었다. 그래도 이 바이어는 2년에 걸쳐 미수금을 다 결제했고, 아직도 우리 회사와 거래하고 있다.

5년 넘게 큰 주문을 하던 러시아의 바이어가 떨어져나간 적도 있다. 2~3개월에 한 번씩 8만~9만 달러(9,000만~1억 원)씩 주문하던 빅 바이어였는데, 회사 주인이 바뀌었다며 담당자가 자꾸자꾸 바뀌더니 어느 순간 주문이 뚝 끊겼다.

하지만 우리 회사가 유지되는 비결은, 어디선가 구멍이 나면 어디선가에서 메워진다는 것이다. 일단 기존 고객의 주문량이 느는 경우가 많다. 우리 회사 바이어들은 수년간 거래해온 장기 거래처가 많다. 또 이 중 몇은 지속적으로 규모가 성장하기도 하고 갑자기 주문량이 확 늘기도 한다. 파트너 입장에서 참 뿌듯한 일이다.

최근에는 이란에서 제품이 갑자기 잘 팔린다. 이란은 내전국이 아닌가? 트럼프 대통령이 이란을 국제적으로 많이 규제한다는 뉴스를 분명히 봤는데 어떻게 제품을 많이 사가는지 의아했다. 알고 보니 이란이 원래 일본 제품을 좋아했는데, 일본 제품 가격이 비싸다 보니 상대적으로 저렴하면서 품질이 좋은 한국 제품이 인기를 끌고 있다고 한다.

만약 우리 회사가 국내에만 제품을 팔았다면, 또는 거래하는 바이어가 얼마 안 되었다면, 상황에 따라 매출이 크게 좌우되었을 것이다. 하지만 알리바바닷컴에서 워낙 다양한 국가에 많은 고객들에게 팔다 보니 흔들리는 바이어가 있으면 성장하는 바이어가 있다. 그저 나는 우리 바이어들이 잘되었으면 하는 마음으로, 좋은 품질의 물건을 신속하게 보내주는 나의 역할에만 충실할 뿐이다.

2

70:30 콘셉트 법칙

책쓰기를 시작하며 출판사 관계자들과 여러 번 미팅을 했는데 내 책이지만 내 맘대로 정하면 안 되는 것이 많았다. 나는 책 내용에 자신이 있었는데, 출판사에서는 내용보다 더 중요한 것이 바로 콘셉트라고 한다. 일명 70:30의 법칙이다. 책이 구매로 이어지는 데는 콘셉트가 70%이고, 콘텐츠, 즉 내용이 30%라고 한다.

일단 콘셉트가 좋으면 콘텐츠가 약해도 반짝 많이 팔릴 수 있고, 여기에 콘텐츠까지 좋다면 오랫동안 잘 팔리는 책이 된다. 반면 콘텐츠가 아무리 충실하고 좋을지라도 콘셉트를 잘못 잡으면 판매 자체가 아예 되지 않는다고 한다.

내가 파는 제품은 알리바바닷컴에 검색해보면 한국 경쟁자들이 많은 편이고 나보다 유료 회원 연차수가 높은 곳도 꽤 있다. 그런데도 내가 그들을 제치고 더 잘 팔 수 있었던 이유가 뭘까? 내가 물건을 사오는 제조공장은 직원만 400명이 넘는 큰 회사다. 그 회사 역시 나 이외의 수많은 업체들에 제품을 납품하는데 유독 우리 회사 것이 잘 팔린다고 한다. 분명 같은 공장에서 나온 물건이니 품질은 같을 것이다. 그런데 왜 우리 회사 물건이 더 잘 팔릴까?

사고 싶은 디자인이 더 큰 주문을 부른다

경쟁사들 제품 중에는 한글로 '최고의 품질'이라고 써져 있는 것도 있고, 무궁화나 태극마크가 들어가 있는 것도 있다. 한마디로 디자인이 촌스럽다. 제조공장 사장님도 나에게 그렇게 말했다. 이랑씨네 디자인이 예뻐서 제품이 잘 팔린다고 말이다. 제품 판매는 품질만 좋다고 되는 것이 아니다. 알리바바닷컴도 결국 온라인 판매이고, 바이어들은 제품의 사진과 디자인, 상품 상세설명 등을 확인한 후 구매 문의를 보낸다. 품질 확인은 그다음 단계이다.

제조업체들이 알리바바닷컴에서 스스로 물건을 잘 판다면 그것은 금상첨화이고, 더 이상 바랄 것이 없는 최고의 스토리이다. 하지만 대부분의 업체들이 그렇지 못하다. 저마다 각기 잘하는 분야가 다르듯, 제조와 판매는 완전히 다른 분야이다.

제조사는 완벽하고 꼼꼼해야 한다. 제품의 완성도에 최선을 다해야 한다. 제품에 대해서도 원료부터 공정까지 완벽하게 알고 있어야 한다. 이는 하루 이틀 안에 완성되지 않는다. 수년 수십 년의 경험이 필요하다. 그렇다 보니 제조사는 제품에 대한 자부심이 대단하다. 어느 제조사를 가더라도 "우리 회사 제품의 품질은 최고입니다"라고 이야기한다. "우리 회사 제품은 가격 대비 품질이 괜찮은 편입니다"라든지, "우리 회사 제품보다 경쟁업체 제품이 솔직히 더 좋습니다"라고 이야기하는 제조사 대표는 없다.

품질은 좋은데 디자인이 문제다. 대부분 제조사 대표님들은 아저씨가 많다. 우리 거래처 중에 백발의 할아버지 대표님도 있다. 디자인을 하면서 제조사 대표님의 의견이 많이 반영되면 해외로 수출해야 하는 제품 디자인에 '최고의 품질'이라는 문구가 한국말로, 심지어 궁서체로 들어갈 수 있다. 대표님이 따봉을 하며 활짝 웃는 모습이 들어갈 수도 있다.

제품 판매를 잘하려면 바이어가 인터넷으로 검색했을 때 사진만 보고도 사고 싶도록 만들어야 한다. 매력적인 제품 디자인을 하기 위해서는 감각이 있어야 하고 제품 디자인 관련 전문지식도 있어야 한다. 내가 좋아하는 디자인이 아니라 다른 사람들이 봤을 때 사고 싶은 디자인을 해야 하는 것이다.

또한 이렇게 기본 디자인을 잘 해놓으면 바이어 브랜드 주문 제작(OEM)도 덩달아 많이 들어온다. 이미 되어 있는 디자인에 로고만 바꿔달라고 하거나 조금만 변형해달라는 요청이 많다. 주문 제작을 하면 보통 소량제작은 안 된다. 제작에 필요한 최소 주문 수량은 채워줘야 한다. 결국 제품의 이미지가 더 큰 주문을 만들어내는 것이다.

회사의 면모를 갖춰라

바이어는 만나본 적도 없는 다른 나라의 누군가에게 제품을 사기 위해 돈을 보내야 한다. 바이어 입장에서 상당히 불안한 일이다. 믿을 만한 회사인지 아닌지 알아봐야 할 텐데 확인할 수 있는 정보는 회사 프로필과 웹사이트 정도다.

알리바바닷컴 내에 회사 프로필과 미니 웹사이트가 잘 관리되어 있고, 더불어 영문 웹사이트까지 가지고 있다면 바이어 입장에서 '아, 이 회사는 진짜 회사구나'라고 생각한다. 게다가 바이어가 문의를 보냈는데 답변까지 신속, 정확하게 해준다면? 고객 서비스까지 좋은, 신뢰할 수 있는 회사가 되는 것이다.

큰돈을 들여서 회사 웹사이트를 만들라는 것이 아니다. 나는 창업 초기에 카페24에서 30만 원 정도 하는 쇼핑몰 폼을 사서 간단하게 수정만 했다. 기본 회사 정보와 판매하는 제품에 관한 것만 깔끔

네이버 modoo! 홈페이지 메인 화면(modoo.at/home)

하게 업로드해놓으면 된다. 카페24 쇼핑몰 폼이 개편되면서 재작년에 웹사이트를 새롭게 만들었는데, 네이버의 홈페이지 제작 플랫폼 '네이버 modoo!'를 이용해 만들었다. 제작 방법도 간단하고 사용료도 없다.

알리바바를 성공하고 싶다면 웹사이트는 반드시 만들기를 추천한다. 이 웹사이트 유무가 바이어가 공급처를 결정하는데 큰 평가 기준이 되기 때문이다. 더군다나 내세울 것 없는 1인 기업이 그럴듯한 회사 웹사이트를 가지고 있다면, 그것만으로도 큰 경쟁력이 될 것이다.

알리바바닷컴도 결국 온라인마켓이다. 고객의 시선을 사로잡는 콘셉트(디자인, 이미지, 회사의 면모)와 콘텐츠(품질)를 겸비한다면, 100%짜리 성공적인 판매를 할 수 있다.

3

끝까지 찾아라

최선을 다해 찾아주고 대답해줘라

처음 제품을 판매할 때는 정말 제품에 대해 모르는 것이 많았다. 바이어에게 오는 문의도 모르는 내용투성이였다. 내가 파는 물건에 대해서도 깊은 지식이 없는데다 내가 팔지도 않는 제품이 있냐고 물어보는 바이어도 많았다. 잘 모르지만 뭔가 필요하니까 물어보는 것이겠거니 하고 뭐든 다 최선을 찾아주고 답변을 해주었다. 그런데 이것이 결국 큰돈을 버는 비결이 되었다.

첫 번째로 내가 팔고 있는 접착제 이야기를 해보겠다.

속눈썹 연장술용 접착제는 참 까다로운 제품이다. 기본 베이스가 순간접착제인데 눈 가까이 써야 하기 때문에 안전성은 기본이고 접착력도 뒷받침되어야 한다. 제품이 아주 예민해서 온도 습도에 따라 순식간에 변질되기도 하고, 패킹 용기도 아무것이나 써서는 안 된다.

하지만 속눈썹 연장술에 있어 가장 중요한 것이 바로 이 접착제이다. 내가 현재 거래하고 있는 접착제 제조사는 제품 품질이 아주 좋다. 더 좋은 점은 우리 회사 말고 거래하는 회사가 별로 없어 인지도가 낮다는 것이다. 고생해서 찾았지만 거래를 하는 10년 동안 브랜드 이미지가 좋아졌고 접착제뿐 아니라 다른 제품까지 덩달아 잘 팔렸다.

제조사를 찾는 방법을 알려주겠다. 일단 인터넷에 찾는 제품을 검색한다. 나의 경우 '순간접착제 제조', '순간접착제 공장' 등을 검색했다. 홈페이지가 잘돼 있는 곳도 있고, 관리가 전혀 안 된 곳도 있고, 아예 없는 곳도 있고, 공장이라기보다 쇼핑몰처럼 보이는 곳도 있고 아주 다양하게 검색된다.

홈페이지의 모습으로 그 회사를 판단하지 말고, 일단 전화를 걸어 방문을 하고 싶다고 하라. 그러면 또 반응이 아주 다양한데 사실 나처럼 사무실도 없이 집에서 일해서 그런 건지 매우 난감해하며 카페에서 만나자는 사람도 있고, 사무실은 있는데 공장설비가 보이지 않는 회사도 있고, 설비가 있긴 한데 너무 영세해 보이는 회사도 있고, 진짜 큰 제조회사도 있다.

나는 관계없이 다 만나본다. 큰 회사이건 작은 회사이건, 영세하건 아니건 이들은 제조라는 타이틀을 달고 있기에 이 분야의 전문가이다. 제품에 대한 것도 물어보고, 단가나 제조수량 등도 비교해본다. 그러면 여러 업체를 알 수 있어서 좋고, 나도 제품에 대해서 배워서 좋다. 제품에 대해 많이 알수록 바이어 응대하기가 훨씬 수월하고, 주문을 잘 성사시킬 수 있다.

바이어가 문의하는 것이 바이어가 필요한 것이다

두 번째 예는 내가 팔고 있는 아이패치에 대한 이야기이다. 우크라이나 바이어가 이런 아이패치가 있냐며 사진을 찍어 보내왔다. 내가 기존에 알고 있는 아이패치는 눈 밑을 다 덮는 약간 두꺼운 패치였는데, 바이어가 원하는 아이패치는 얇고 사이즈도 작았다. 속눈썹 연장술을 할 때 아랫속눈썹이 윗눈썹과 들러붙지 않게 의료용 테이프로 덮어 붙이는데, 그것을 대용할 아이패치를 중국에서 찾았지만 마음에 들지 않는다고 했다.

바이어에게 샘플을 받고, 무작정 그 아이패치를 찾아 나섰다. 일단 인터넷에 아이패치나 마스크팩 제조공장을 찾아 무작정 전화를 걸어보기 시작했다. 계속해서 모른다는 답변만 받다가 한 20통쯤 걸었을 때 비슷한 제품을 만들 수 있는 곳을 알고 있으니 소개해주겠다는 대답을 받았다. 그렇게 해서 지방에 있는 한 화장품 제조회사를 방문했고, 거기서 제품을 만들 수 있다는 답변을 받았다. 심지어 내가 준 샘플보다 훨씬 더 얇게 만들 수 있다고 했다.

아이패치는 대박 성공을 거두었다. 우크라이나 바이어도 많이 팔았고, 나도 많이 팔았다. 솔직하게 이야기하자면 공장에서 190원에 사 800원 가까이 받았다. 그때 기존에 팔고 있던 아이패치가 500원이어서 그것보다 좀 비싸게 팔아도 되겠다 싶었다. 그래서 좀 비싸게 불렀는데 다른 회사에 없는 제품이라 그런지 비싸도 잘 팔렸다. 그렇게 한 3년 동안 몇십만 개를 팔았다.

아마 내가 이것을 일반 쇼핑몰에 팔았다면 일주일 내로 카피 상품이 나왔을 것이다. 3년 동안이나 이렇게 큰 마진을 남기면서도 혼자서 팔 수 있었던 비결은 바로 알리바바닷컴에서 팔았기 때문이다. 알리바바닷컴은 사이트 내에서 결제가 이루어지지 않아 내가 제품을 업로드해놓아도 경쟁자들이 이 상품이 얼마나 잘 나가는지 모른다. 그래서 3년 동안 따라 하는 사람이 없었다.

바이어가 문의하는 것이 바로 바이어가 필요한 것이다. 바이어가 필요한 것이 주문을 받을 수 있는 제품이고, 돈을 벌 수 있는 길이다. 모르는 것을 모른다고 대답하고 없는 것을 없다고 대답하면 발전할 수 없다. 바이어의 문의를 지나치지 말고 끝까지 찾아내라. 처음에 이런 과정은 마치 한양에서 김서방 찾기처럼 참 막막하게 느껴질 수 있다. 하지만 생각해보면 별것 없다. 전화 몇 번 해보고 방문 몇 번 해보면 되는 것이다. 일이다 생각하지 말고 공부다 생각해보자. 모두 다 당신의 경험이 되고 실력이 되어 나중에는 바이어에게 어떤 문의가 오더라도 척척 답변해줄 수 있는 전문가가 된다.

4

24시간 고객센터를 운영하라

바이어와 연락이 되는 판매자가 되어라

내가 알리바바닷컴을 시작한 2009년, 그때는 막 스마트폰이 보급되기 시작했을 때이다. 그렇다 보니 지금처럼 스마트폰 사용이 일반적이지 않았다. 당시만 해도 제품을 사고 싶어 하는 바이어들이 판매자들이 실존하는지 안 하는지 확인하기 위해 전화를 그렇게 많이 했었다.

보통 우리나라 사람들이 영어 울렁증이 있듯이 나 역시 다르지 않다. 그래서 2012년, 2013년에 강의할 때만 해도 영어를 못하겠으면 일단 전화를 받아 "Please send me Email!"이라 외치라고 교육했다. 당시 한 미국 바이어와의 통화가 기억나는데 전화를 받아서

"I cannot speak English, Please send me Email"이라고 외쳤더니 잠깐만 끊지 말고 기다리라고 한다. 내가 전화를 한 담당자는 나이 많은 아줌마였다. 한국의 여러 업체에 전화를 걸었는데 드디어 영어를 할 수 있는 사람을 만나 너무 반갑다고 했다. 다른 업체들은 심지어 그 말조차 영어로 못했나 보다. 이게 바로 일반적인 대한민국 국민의 영어 현실이다.

바이어가 주문을 하는 데 있어 가장 큰 걸림돌이 되는 것이 바로 판매자를 믿지 못해 생기는 불안감이다. 이 불안감을 해소해줄 수 있는 방법 중의 하나가 바로 언제나 바이어와 연락이 되는 판매자가 되는 것이다. 일을 하다 보면 급하게 서로 연락해야 할 일이 생긴다. 내 바이어들의 경우 당장 박람회에 나가야 하는데 재고가 부족하다든가, 갑자기 주문을 많이 받아 물건이 떨어졌다, 학원 학생들 학기가 시작되는데 학습용 제품이 부족하다 등의 이유를 대면서 물건을 급하게 보내달라고 연락하는 경우가 자주 있다.

그런데 가뜩이나 해외에 있는 제품 공급처가 연락이 잘 안 된다면 바이어들은 큰 어려움을 겪을 것이다. 그래서 바이어와 연락이 잘되는 것이 바이어와의 장기적인 거래를 이끌어낼 수 있는 하나의 큰 경쟁력이 된다.

한국은 시간이 세계 기준시간보다 11시간이나 빠르다. 그래서 보통 바이어들한테 오후나 늦은 밤에 연락이 많이 온다. 일을 해보니 한 3~4시부터 슬슬 연락이 오기 시작해서 늦은 밤, 새벽에도 끊임없이 연락이 온다. 나의 경우 답변을 해줄 수 있는 내용은 바로 해주고, 시간이 좀 걸리는 복잡한 내용이면 지금 한국이 늦은 시간이니 내일 답변해주겠다고 양해를 구한다. 이렇게 한마디라도 바이어 응대를 즉각 해주면 주문을 성사시킬 확률이 훨씬 높아진다.

바이어는 나뿐만 아니라 다른 판매자들에게도 문의를 보낸다. 문의가 오는 즉시 내가 빠르게 응대해주면 다른 판매자가 문의를 확인해보기도 전에 나는 주문을 받을 수도 있다.

BEAUTY IN SEOUL

Add: 469-26, Hwagok 4dong, Gangseo-Gu, Seoul, South Korea Web: www.bislash.co.kr
E-mail: bislash@naver.com/ Skype: beautyinseoul/ What's app:

Invoice

Order Number: M190726-4

1.Company Name:	GOROD KRASOTY
2.Contact Person (Full Name) :	VODYANAYA EKATERINA
3.Shipping Adress:	690088, RUSSIA VLADIVOSTOK, STREET JUGURA, 4
4.Telephone No:	89,532,211,231
5.E-mail adress:	BLONDI8699@MAIL.RU
6.Web:	https://www.instagram.com/luxury_vl_lashes/

[Order Detail]

Note	Products	Curl/ Thickness x mm	Price	Qty	Total US$
		LASH TRAY 16 Lines			
	Mink Lash 16Lines	C/0.07x7-15mix	6.5	3	19.5
		C/0.10x8mm	5	5	25
		C/0.10x9mm	5	5	25
		C/0.10x10mm	5	5	25
		C/0.10x11mm	5	5	25
		C/0.10x12mm	5	5	25
		C/0.10x13mm	5	2	10
		C/0.10x14mm	5	1	5
		C/0.10x7-15mix	5.75	10	57.5
		D/0.10x8mm	5	5	25
		D/0.10x9mm	5	5	25
		D/0.10x10mm	5	5	25
		D/0.10x11mm	5	6	30
		D/0.10x14mm	5	5	25
		D/0.10x7-15mix	5.75	10	57.5
		D/0.15x16mm	5	1	5
		CC/0.10x7-15mix	5.75	3	17.25
		L/0.10x7-15mix	7.25	5	36.25
	SILK Lash 16Lines	D/0.07x8mm	5.75	1	5.75
		D/0.07x9mm	5.75	1	5.75
		D/0.07x10mm	5.75	1	5.75
		D/0.07x11mm	5.75	1	5.75
		D/0.07x12mm	5.75	1	5.75
		D/0.07x13mm	5.75	1	5.75
		D/0.07x7-15mix	6.5	3	19.5
		[NEW Arrival] MINI LASH 5 Lines			
Note	Products	Curl/ Thickness x mm	Price	Qty	Total US$
NEW	Color/ Neon Pink	D/0.07x9-13mix	3	1	3
		Glue & Solvents			
Note	Products		Price	Qty	Total US$
	Remover Gel	15ml	3.5	2	7
	Pre-Treatment (Bottle)	15ml	3.5	2	7
	Primer (Bottle)	15ml	4	2	8
		Lint Free Eyepatch			
Note	Products		Price	Qty	Total US$
	Double Thin Patch	2pairs/1pouch	0.4	2	0.8
				Order Amount(US$):	542.8
				BANK FEE	30

Expecting Shipping Weight: 3.5kg
EMS Shipping Charge (US$) : 59.5

[Grand Total]

Bank Transfe 632.3 US$ (To South Korea Bank Account)

It's to be Certified & Correct.

Kindly Confim and Oblige
Beauty in Seoul
President: Seo Lee Lang

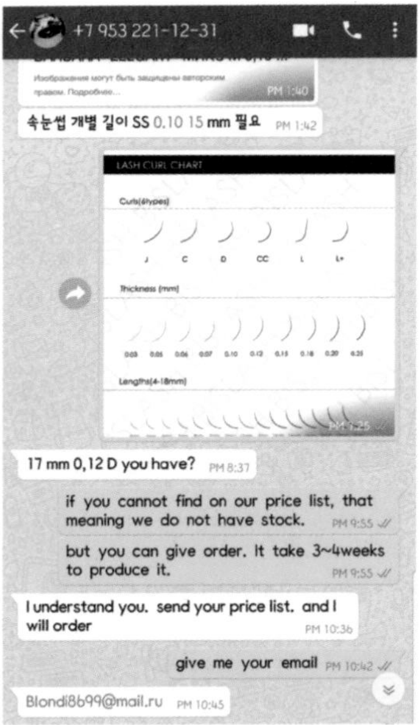

+7 953 221-12-31
PM 1:40
속눈썹 개별 길이 SS 0.10 15 mm 필요 PM 1:42
LASH CURL CHART
Curls(6types)
J C D CC L L+
Thickness (mm)
Lengths(4-18mm)
17 mm 0,12 D you have? PM 8:37
if you cannot find on our price list, that meaning we do not have stock. PM 9:55
but you can give order. It take 3~4weeks to produce it. PM 9:55
I understand you. send your price list. and I will order PM 10:36
give me your email PM 10:42
Blondi8699@mail.ru PM 10:45

앞 페이지의 메시지 내용을 보면 대화 시간이 오후 10시 정도인 것을 확인할 수 있다. 하지만 러시아에서는 오후 4시다. 이 바이어는 나와 대화를 나누고 나서 이틀 뒤에 500달러 정도의 주문을 했다.

빠른 대답은 빠른 주문과 직결된다

그렇다고 밤낮없이 24시간 일하라는 것은 아니다. 나 역시 지금은 실제로 PC 앞에 앉아 열심히 일에 집중하는 시간은 하루 2시간 정도밖에 안 된다. 스마트폰 사용이 일반화되면서 요새는 전화, 문자보다는 메시지 앱을 통해 연락이 많이 온다.

우리나라 사람이 많이 쓰는 메시지 앱이 카카오톡이라면 해외에서 가장 많이 쓰는 것은 바로 왓츠앱(What's app)이다. 왓츠앱만 스마트폰에 설치해두면 24시간 고객센터를 운영할 수 있다. 왓츠앱으로는 전화가 오더라도 응대하기가 훨씬 쉽다. 영어가 안 되면 일단 끊고 나서 채팅창을 통해 응대해주면 되기 때문이다.

2010년에 이탈리아 볼로냐에서 열리는 미용 박람회 코스모 프로프(COSMOPROF)에 가본 적이 있다. 세계에서 가장 큰 미용 박람회답게 규모가 어마어마했는데, 홀만 46개가 있었고 박람회장 안에 버스가 돌아다녔다. 부스 참가를 한 것은 아니고, 샘플을 들고 가서 잠재고객들에게 영업을 하러 다녔다. 결과는 대실패였지만 어쨌든 그때 봤던 업체 중에 부스가 아주 컸던 몇 업체들은 기억하고 있었다.

놀랍게도 그중 'JULIANA NAILS'라는 업체가 2012년에 알리바바닷컴을 통해 나에게 제품 문의를 보냈다. 이 업체는 오스트리아에 본사가 있고 유럽 5개국에 지사가 있는 큰 회사였는데 자기네 브랜드로 주문 제작하고 싶어 했다. 나에게 주문할 것이라고는 기대도 하지 않았다. 하지만 나는 평소와 같이 문의에 즉각 응답해주었고 답변을 빨리빨리 해주니 주문 진행이 빨리 됐다. 그렇게 이 회사는 2012년 우리 회사에 주문을 시작해서 아직도 우리 회사와 거래하고 있다. 몇 달에 한 번씩 정기적으로 주문을 한다.

빠른 대답은 빠른 주문과 직결된다. 특히 왓츠앱 같은 메신저 앱이나 알리바바닷컴앱 등을 활용하면 핸드폰으로 실시간 문의확인이 가능해, PC를 통해 업무를 하는 것보다 훨씬 더 빠른 응대가 가능하다. 스마트폰을 이용해 24시간 고객센터를 운영해보자.

BEAUTY IN SEOUL

Add: 748-3, Mok 4dong Yangcheon-gu, Seoul, South Kore/ Tel:

E-mail: easylash@hotmailcom/ Web: www.bislash.co.kr/ Skype: beautyinseoul

COMMERCIAL INVOICE

Order From

1.Company Name: JULIANA NAILS GmbH

2.Contact Person (Full Name) : Ivanka Bilic

3.Shipping Adress: Adi-Dassler-Gasse 7, 9073 Klagenfurt an Worthersee Viktring Austria

4.Telephone No: 00385 1 7898 922

5.E-mail adress: ek@juliana-nails.com

[Order Detail]

Lash Tray					
Note	Products	Curl/ Thickness x mm	Price	Qty	Total US$
Custom Design	Mink Lash 16Lines	C/0.15x8mm	5	100	500
		C/0.15x10mm	5	100	500
		C/0.15x12mm	5	100	500
		B/0.15x7-15mm	5.75	100	575
		C/0.15x7-15mm	5	100	500
Custom Design	Glitter Lash 16Lines	C/0.15x12mm	8.7	100	870

Glue & Solvents					
Note	Products		Price	Order Qty	Total US$
without label	Black Glue Plus Pro	5ml	3.6	50	180
without label	Black Glue Master	5ml	4.2	50	210
without label	Black Glue Super Z	5ml	4.8	50	240
without label	Remover Liquid	15ml	2.5	100	250
without label	Pre-Treatment (Bottle)	15ml	3.5	100	350
without label	Primer (Bottle)	15ml	4	100	400

Lint Free Eyepatch					
Note	Products		Price	Order Qty	Total US$
without label	Collagen Patch	1pairs/1pouch	0.5	400	200

Tools				
Note	Products	Price	Order Qty	Total US$
	[Vetus] Tweezer Straight	1.85	100	185
	[Vetus] Tweezer Strong Curved	1.85	100	185
	Pink Air Blower	1.2	50	60
	(3M) Micro Pore Tape	0.7	100	70
	Crystal Plate	1.7	100	170

Others			
Label Fee(1000pcs)	80	4	320

Total Amount(US$):	**6265**
Discount 10%	**5638.5**

Expecting Shipping Weight: 56kg

EMS Shipping Charge (US$) : 420

Total: **6058.5** US$

JULIANA NAILS에 보낸 인보이스

5

한 방에 주문으로 연결되는 시스템을 만들어라

바이어와 시간끌기를 하지 마라

우리가 온라인으로 쇼핑할 때를 생각해보자. 마음에 드는 상품을 눌렀는데 버퍼링이 걸리면서 기다려도 상세페이지가 안 나오면 바로 다른 상품으로 넘어간다. 제품을 구매하고 싶은데 궁금한 내용이 있어 판매자에게 전화를 걸었는데 받지 않는다면 상품게시판에 문의글을 올린다. 다음날 답변이 올라왔지만 나는 이미 다른 판매자에게 상품을 구매한 후이다.

온라인 구매를 하면서 조금만 불편함을 느껴도 금방 다른 판매자를 찾는 것과 마찬가지로, 알리바바닷컴의 바이어들 역시 판매자와의 계속되는 시간끌기를 기다려주지 않는다. 바이어와 나눈 대화가 길어질수록 오고간 이메일이 많아질수록, 시간이 지날수록 바이어에게 주문을 받을 확률이 떨어진다는 것을 명심해야 한다.

바이어에게 문의가 왔을 때 물어보지도 않은 우리 회사 소개를 구구절절 해가면서, 마지막에 궁금한 점이 있으면 언제든지 연락해라 답변하면 안 된다. 그런데 대부분의 판매자들이 이런 식으로 바이어 문의에 답변을 보낸다.

중국 판매자에게 온 답변내용을 예로 한번 살펴보자. 나는 가방 판매자에게 제품 문의가격이 얼마냐고 물어보았고 다음과 같은 답변이 왔다. 본인 회사 소개를 했고, 제품 사진을 저렇게나 많이 첨부파일로 보냈다. 내가 보기엔 0점짜리 답변이다.

제품을 구매하는 데 필요한 정보가 아무것도 없다. 구매를 위해 다시 물어봐야 하는 것투성이다. 제품 가격도 없고, 제작은 얼마나

Straw bag catalog from Freya zhejiang shunpu

보낸 사람 Freya Zhao <group807@shunpu.com>

일반 첨부파일 1개 (8MB)

HANDBAG CATALOGUE.pdf 8MB

Hi Alice,
Nice day for you.

The attachment is our newest handbag catalog, pls check which design you wanted, then we will send you the accurate quotation .
Also our company have design team, can do OEM, if you want to do any other design, pls kindly send your requirement to you.

We have worked with walmart, ZARA, H&M, etc for many years, the quality of the goods will meet your reuqirement.

Pls check the attachment then feedback your advice.

Hope we can have business in the future.
Best regards,
Freya

Mrs. Freya Zhao (Sales)
Zhejiang Shunpu Art And Crafts Co., Ltd
Phone: +8615057230730
Whatsapp: 0086-15057230730

걸리는지, 배송비는 얼마인지, 결제는 어떻게 해야 하는지. 도대체 어떻게 주문을 하라는 건지 모르겠다. 물어보기 짜증나서 다시 연락하고 싶지 않아진다.

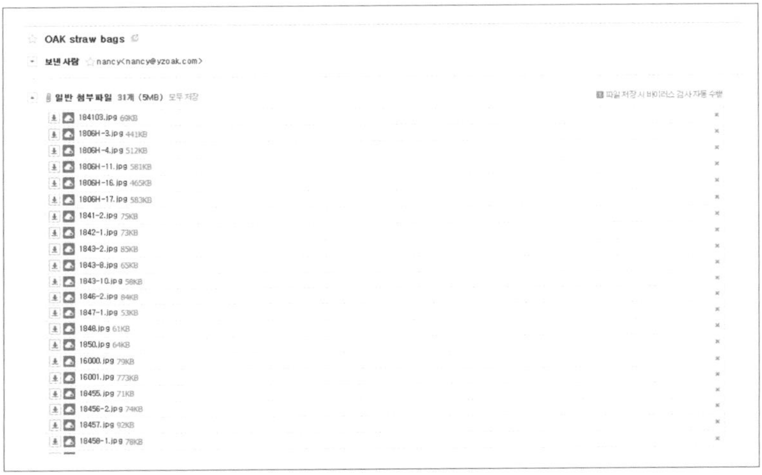
OAK straw bags

보낸 사람 nancy<nancy@yzoak.com>

일반 첨부파일 31개 (5MB) 모두 저장 | 파일 저장 시 바이러스 검사 자동 수행

184103.jpg 69KB
1806H-3.jpg 441KB
1806H-4.jpg 512KB
1806H-11.jpg 581KB
1806H-16.jpg 465KB
1806H-17.jpg 583KB
1841-2.jpg 75KB
1842-1.jpg 73KB
1843-2.jpg 85KB
1843-8.jpg 65KB
1843-10.jpg 58KB
1846-2.jpg 84KB
1847-1.jpg 53KB
1848.jpg 61KB
1850.jpg 64KB
16000.jpg 79KB
16001.jpg 773KB
18455.jpg 71KB
18456-2.jpg 74KB
18457.jpg 92KB
18458-1.jpg 78KB

2018-09-20

Best regards
Nancy

Yangzhou OAK Imp&Exp Co.,Ltd

To Provide The Best Service And Best Quality Prod ucts For Customers.
Tel:+514-82823978
Website:http://yzoak.en.alibaba.com

이미지 미리보기 (31개의 이미지가 있습니다.)

184103.jpg | 1806H-3.jpg | 1806H-4.jpg

주문과 결제까지 막힘없이 매끄럽게

주문을 성사시키려면 주문과 결제까지 막힘없이 매끄럽고 빠르게 진행되어야 한다. 이를 위해 지켜야 할 것 2가지는 바이어와의 대화를 최소화하는 것, 그리고 주문방법을 아주 쉽게 만들어야 한다는 것이다.

첫 번째, 바이어와의 대화를 최소화하기 위해서는 바이어에게 필요한 정보를 한 번에 제공해주어야 한다. 물건을 구매하는 데 있어 바이어가 궁금한 것은 뻔하다. 제품 관련 정보, 가격, 제작 기간, 배송, 결제에 대한 것이다. 바이어가 물어보지 않았다고 해서 바이어가 알고 있을 거라고 생각하면 안 된다. 바이어에게 '궁금하면 언제든지 물어 보세요, 친절하게 답변해 드리겠습니다'라고 안내할 것이 아니라, 물어보기도 전에 필요한 것은 미리 알아서 알려주어야 한다. 그래야 이다음 바이어의 이메일 내용이 '이 제품을 주문할게요'가 된다.

두 번째는, 주문방법을 아주 쉽게 만들어야 한다는 것이다. 우리가 일반 쇼핑몰에 제품을 판다면 신경 쓰지 않아도 될 부분이지만, 우리는 알리바바닷컴에 물건을 판다. 사이트 내에 결제가 되지 않는 한국 판매자이기 때문에 바이어에게 주문하는 방법을 따로 안내해주어야 한다. 나는 우리 제품에 대해 잘 알고, 우리 회사 시스템에 대해 잘 알지만 바이어는 모른다. 그래서 누가 들어도 한 번에 이해될 수 있게 쉽게 주문할 수 있는 방법을 만들어야 한다.

이것은 취급하는 품목에 따라 다를 텐데 정답은 없다. 본인 제품에 맞게 머리를 써서 어떻게 하면 바이어가 쉽게 내 제품을 주문할 수 있을까 고민해봐야 한다. 나의 경우 엑셀로 주문서를 가격표 겸용으로 사용할 수 있게 만들었다. 바이어가 제품별 가격을 확인하면서 주문수량을 바로 입력하기만 하면 되게 말이다.

글로만 봐서는 이해가 잘 가지 않을 테니, 우리 회사의 답변양식과, 가격표(주문서)양식을 아래에서 확인해보자. 바이어에게 문의가 오면 다음과 같은 답변을 보낸다.

Dear OOO

Thanks for your inquiry. Here is information of Order, Shipping, Payment.

1) Product Detail

- You can check product detail on our website www.bislash.co.kr

2) How to give order

- I attached Price list(order form) with Excel file. Put your order qty in order form, and send me by email.

3) Shipping

- We ship goods within 1~2 days after payment confirm.
- We use DHL/EMS, it take 3~4 days to delivery.
- Here is example of shipping cost. It's can be different upon country, total weight.

1kg(20~25pcs order): 31US$

3kg(70~80pcs order): 57US$

5kg(150~160pcs order): 70US$

10kg (300~320pcs order): 105US$

4) Sample

- We offer whole sale price for sample order, even 1pcs order is okay.

5) Payment

- We accept 100% Advance Only.
- You can pay with Bank Transfer(T/T), Paypal, Western Union

6) Our Contact

- Email: bislash@naver.com
- What's app: 0082-10-5678-4321

If you have any question, ask me freely. Thank you.

Best Regards
Alice / BEAUTY IN SEOUL.

OOO님께
문의주셔서 감사합니다. 주문과 배송, 결제정보를 알려드립니다.

1) 제품상세내용

- 회사 웹사이트에서 확인하실 수 있습니다. 주소는 www.bislash.co.kr 입니다.

2) 주문방법

- 주문서양식(가격표)를 엑셀파일로 첨부하였습니다. 필요한 수량을 입력해 이메일로 보내주세요.

3) 배송

- 입금 확인 후 1~2일 내로 제품이 발송됩니다.
- EMS와 DHL를 통해 배송되며, 제품배송까지 약 3~4일이 소요됩니다.

- 대략적인 배송비 정보를 드립니다. 배송비는 국가에 따라 총무게에 따라 달라질 수 있습니다.

1kg(20~25개 주문): 31달러

3kg(70~80개 주문): 57달러

5kg(150~160개 주문): 70달러

10kg (300~320개 주문): 105달러

4) 샘플

- 도매가로 샘플을 제공합니다. 1개 주문도 가능합니다.

5) 결제

- 100% 선금만 받습니다.
- 은행 송금, 페이팔, 웨스턴유니온으로 결제할 수 있습니다.

6) 연락처

이메일: bislash@naver.com

What's app: 0082-10-5678-4321

궁금한 점 있으면 언제나 연락주세요. 감사합니다.

일반적으로 구매에 필요한 정보를 제공하면서 보기 쉽게 정리했고, 읽는데 부담스럽지 않은 정도의 길이다. 쉬운 단어만 사용해 영어권 바이어가 아니어도 어렵지 않게 이해할 수 있다. 회사 웹사이트를 소개하며 회사에 대한 신뢰도를 높이도록 했고, 주문방법도 쉽다. 배송비는 국가마다 다르지만, 바이어는 대략적인 배송료라도 알고 싶어 하기 때문에 예시를 함께 제공한다. 샘플 주문과 결제 방법도 포함하고 있으며, 왓츠앱 연락처를 알려주며 더 빠른 대화가 이루어질 수 있게 된다.

다음은 주문서(가격표) 양식이다.

바이어가 이 양식에 본인의 배송주소와, 주문 수량만 입력해서 이메일로 보내면 배송비와 결제 방법을 포함해 바이어에게 인보이스를 보낸다.

이렇게 필요한 정보를 한 번에 제공하고, 쉬운 주문시스템을 만들면 바이어와 두세 번의 이메일만 오가도 주문을 이끌어낼 수 있다.

BEAUTY IN SEOUL

Add: 469-26, Hwagok 4dong, Gangseo-Gu, Seoul, South Korea Web: www.bislash.co.kr

E-mail: bislash@naver.com/ Skype: beautyinseoul/ What's app:

ORDER Form"2019"

Shipping information

1.Company Name:

2.Contact Person (Full Name) :

3.Shipping Adress:

4.Telephone No:

5.E-mail adress:

6.Web:

[Order Detail]

LASH TRAY 16 Lines

Note	Products	Detail	Price	Qty	Total US$
	A		1	0	0
	B		2	0	0
	C		3	0	0

Order Amount(US$): **0**

Expecting Shipping Weight: kg

DHL Shipping Charge (US$) :

[Grand Total]

Bank Transfe 0 US$ (To South Korea Bank Account)

It's to be Certified & Correct.

Kindly Confim and Oblige

Beauty in Seoul

President: Seo Lee Lang

주문서 양식

6

주문 제작에 능숙하게 응대하라

주문 제작을 두려워하지 마라

알리바바닷컴의 거래가 일반 소매 거래와 다른 점 중의 하나가 바로 주문 제작에 관한 것이다. 소매 거래에서는 기존 제품만 판다면, 알리바바닷컴에서는 기존 제품에서 바이어의 요구에 맞게 변형된 주문 제작 의뢰가 많다.

OEM, ODM, Private labeling, Private logo 등이 가능하냐고 물어보는데, 모두 바이어의 요구대로 기존 상품의 브랜드나 디자인 등을 변경해 제품을 제공할 수 있는지를 묻는 것이다. OEM는 Original Equipment Manufacturer의 약자로, 주문자 상표 부착 생산방식을 의미한다. 상품의 생산을 주문한 발주자의 상표를 부착하는 경우이다. ODM은 Original Development Manufacturing의 약자로 제조자 설계생산 방식이다. 기술이 뛰어난 전문 제조업체가 이러한 방식을 쓰며, OEM 업체가 ODM을 겸하는 경우도 많이 있다.

내가 만약 빨강, 노랑, 파랑색의 티셔츠를 파는 판매자라고 생각해보자. 만약 구매자에게 "하늘색 티셔츠는 없나요?"라는 문의를 받았을 때 응대가 달라진다. 소매 판매자라면 "죄송합니다만 우리는 빨강, 노랑, 파랑색 티셔츠밖에 없습니다. 하늘색과 비슷한 파랑색 티셔츠는 어떠세요?"라고 응대할 것이다.

하지만 알리바바닷컴 판매자라면 "빨강, 노랑, 파랑색 티셔츠는 재고가 있어서 소량 구매가 가능하지만 하늘색은 재고가 없어 주문 제작을 해야 합니다. 주문 제작의 경우 최소 제조 수량은 100장이며 가격은 5,000원이고, 제작 기간은 2주일입니다"라고 안내해줄 수 있다.

지인 중에 액세서리 가게에서 물건을 가져다 이베이에서 판매하는 언니가 있다. 알리바바닷컴에 제품을 올렸더니 바이어 문의가 왔는데 어떻게 답변을 해야 될지 모르겠다며 나에게 물어왔다.

문의가 온 제품은 핸드폰 액세서리였는데, 이어폰 꽂는 자리에 꽂는 장식이었다. 고양이, 판다, 토끼 모양의 장식밖에 없었는데 바이어는 드래곤 모양의 장식을 찾고 있었다. 자기는 미국에 있는 학교 교장인데, 학생들 졸업선물로 학교 로고인 드래곤 모양의 핸드폰 장식을 500개 주문하고 싶다고 했다.

알리바닷컴을 시작한 사람들에게 잘되냐고 물어보면 다들 '어렵다'고 답한다. 뭐가 제일 어렵냐고 물어보면 바로 '바이어 문의에 뭐라고 대답해야 할지 모르겠다'는 것이었다. 바로 이 언니의 경우가 그렇다. 평소에 기존에 있는 제품만 팔다가 바이어가 주문 제작을 의뢰하니 어떻게 해야 할지 모르겠는 것이다.

어렵게 생각할 것 없다. 앞서 말했듯이 이렇게 바이어 문의를 받으면서 공부한다 생각하는 마음으로 하나씩 알아보면 된다. 일단 나는 언니에게, 액세서리 가게 사장님에게 물어보라고 했다. 그랬더니 제작 가능하다는 답변을 받았다. 생각보다 많이 만들지 않아도 된다고 했고, 가격도 그리 비싸지 않았던 것으로 기억한다.

예를 들어 액세서리 가게 사장님이 드래곤 모양의 장식을 새로 만들려면 최소 1,000개를 만들어야 한다고 말했다고 가정해보자. 바이어가 필요한 수량은 500개이므로, 이럴 경우 바이어에게 물어보고 조율하면 된다. 바이어가 필요한 것은 500개지만 본인 학교 상징으로 만드는 것이니 좀 넉넉하게 만들고 내년에 쓰든지 다른 학생들도 나눠주든지 할 수도 있다. 수량이 안 맞는다고 포기하면 안 된다. 알리바바닷컴에서는 늘 바이어와 협상하고 조율하는 과정을 거쳐야 하고 이는 당연한 것이다.

팔 수만 있다면 팔아라

만약에 우리 회사 자체 브랜드 제품을 파는 판매자라면 어떻게 접근해야 할까? 제품은 어떻게 팔든 팔리는 대로 많이 파는 것이 좋다. 자체 브랜드를 가지고 있는 회사라면 바이어 브랜드로 제품을 소량

제작해준다든가 제품이 로고 없이 나가는 것을 걱정할 수도 있다. 본인 회사 제품 브랜드가 찍혀 나가야 제품 홍보가 되고, 제품 홍보가 돼야 물건이 더 많이 팔릴 것이라고 생각하기 때문이다. 하지만 이것은 아주 일차원적인 생각이다.

이 생각은 바이어도 똑같이 한다. 바이어가 본인의 나라에 잘 알려져 있지 않은 한국의 중소기업 브랜드 제품을 가져다가 본인의 국가에 팔았는데 그 제품이 아주 유명해지고 너도나도 그 제품을 찾기 시작했다고 생각해보자. 만약 그 바이어가 한국 판매자로부터 브랜드 총판권을 얻지 못하면 금세 다른 사람들도 한국에서 그 제품을 사다가 팔기 시작할 것이다. 그러면 초반에 제품을 홍보하기 위한 노력은 노력대로 하고 남 좋은 일만 한 꼴이 되는 것이다.

우리가 우리 회사 자체 브랜드를 만들어 홍보하고 싶듯이 바이어도 본인의 브랜드를 만들고 싶어 한다. 내 입장이 이렇다면 바이어 입장도 이런 것이다. 그러니 본인의 브랜드를 홍보하는 데 욕심을 부리지 말고 어떤 식으로든 바이어가 달라는 대로 팔 수만 있다면 파는 것이 좋다.

우리 회사의 경우 자체 브랜드 제품도 팔고, 바이어 회사의 브랜드로도 팔고, 브랜드 없이 노라벨(No label)로도 많이 팔린다. 바이어 브랜드로 제품이 나가는 곳들은 기본 제작 수량이 몇천 개 단위다. 주문량이 많으니 당연히 큰돈이 된다. 그리고 한 번 브랜드 제작을 시작하면 쉽게 공급자를 옮기지 못한다. 이미 브랜드 제작에 필요한 초기 비용을 우리 회사에 투자했기 때문이다. 다른 공급처로 옮겨가려면 그 비용이 다시 들어간다. 해당 바이어가 망하지 않는 한 우리의 충성고객이 된다.

규모가 작은 바이어들은 그냥 재고가 있는 우리 회사 브랜드로 만들어진 재고를 사다 판다. 이들도 다 사업을 하는 사람이라 그런지, 부탁하지 않아도 우리 회사 브랜드 제품을 페이스북이나 인스타그램으로 홍보까지 해준다. 너무나 고마운 일이 아닐 수 없다.

로고 없이 제품을 달라는 사람들도 있다. 일정 주문수량만 되면 그렇게도 판다. 이렇게 팔면 마진이 더 남는다. 라벨비나 라벨 작업비를 아낄 수 있기 때문이다.

어떻게 팔든지 그런 것은 중요하지 않다. 바이어가 원하는 방식으로 팔면 된다. 내 브랜드가 잘 팔리든, 바이어 브랜드가 잘 팔리든, 아니면 브랜드 없이 팔리든, 중요한 것은 많이 팔리느냐 아니냐지 어떻게 팔리느냐가 아니다. 정말 신기한 것은 로고 없이 나가도, 바이어 브랜드로 나가도, 그 제품을 보고 어떻게 알았는지 다른 바이어들이 우리에게 그 제품 문의를 해오고 사간다는 것이다. 제품은 어떤 식으로 팔리든 많이 팔리는 만큼 자동적으로 많이 홍보가 된다는 것을 기억하자.

7

좋은 파트너를 찾아라, 그리고 좋은 파트너가 되어라

소탐대실하지 마라

여러 업체를 다니다 보면 업체마다 규모도 제각각이지만, 그 업체의 대표라든지 담당자의 성격도, 인품도 제각각이다. 처음에는 낮은 단가에, 적은 제작 수량 등 좋은 조건을 제시하는 업체에 혹할 수밖에 없다. 하지만 몇 년 같이 일하다 보면 좋은 파트너업체를 만나는 것이 아주 중요하고 또한 쉽지 않다는 것을 알게 된다. 함께해주는 좋은 파트너가 많기 때문에 우리 회사가 잘되는 것인데, 그렇다고 늘 좋은 파트너만 있는 것은 아니다. 몇 군데의 거래처 이야기를 좀 해보겠다.

첫 번째 거래처는 앞서 예로 든 아이패치 제조업체이다. 이 업체에서 받은 아이패치를 3년 동안 몇십만 개 팔았다. 190원에 사서 800원 가까이에 팔았으니 아이패치만으로도 나는 상당히 큰돈을 벌었다.

그런데 어느 순간부터 이상하게 아이패치가 예전만큼 잘 팔리지 않았고 이를 이상하게 여겨 아이패치 공장을 다시 한 번 방문했다. 그 아이패치 공장은 내가 의뢰한 제품이고, 내가 많이 팔고 있으니 다른 경쟁업체에 팔지 않기로 약속을 받은 상태였다.

대표를 만나 "다른 곳에 팔지 않기로 나와 약속하지 않았냐?"라고 물으니, 자기는 들어본 적 없는 이야기라며 시치미를 뚝 뗐다. 확인해보니 다른 경쟁업체에도 아이패치를 판 것이다. 그래서 경쟁업체들이 단가를 싸게 낮추니 우리 회사 제품이 안 나갔던 것이다. 그 회사가 다른 곳에도 아이패치를 팔았다고 돈을 많이 벌었을까? 절대 아니다. 그때 우리 회사를 담당했던 대리에게 물어보니(그 대리가 이 일 때문에 나에게 굉장히 미안해했다) 오히려 우리 회사에만 물건을 줄 때보다 발주량이 떨어졌다고 했다. 이렇게 우리 회사와의 신뢰를 깼으니 내가 더 이상 이 회사에 발주를 할 이유가 없다. 소탐대실인 것이다.

두 번째 케이스는 속눈썹 제조공장이다. 2017년에 속눈썹 원사 대란이 와서, 전체적으로 시장에 원사가 아주 모자란 적이 있었다. 그래서 원래 거래하던 공장에 물건을 발주하면 한 달이면 됐는데 두세 달이 지나도 물건 준비가 안 되어 급하게 다른 업체를 찾아 발주를 넣었다. 이게 문제였다. 무려 발주를 8만 5,000달러어치 넣었는데(9,500만 원), 대부분의 제품이 불량이었으며 원래 거래처의 제품보다 품질이 확연하게 떨어졌다. 더 큰 문제는 이 물건의 절반 이상이 바이어에게 순식간에 나갔다는 것이다.

몇 달 동안 재고가 모자라 밀린 주문들을 한꺼번에 발송했고, 또 연장술용 속눈썹은 육안으로 불량을 판단하기가 어려워 일일이 검수를 하고 내보낼 상황도 못 되었다. 당연히 바이어들에게 클레임이 빗발치게 들어오기 시작했고, 우리 회사 자체 브랜드 이미지에 엄청난 타격을 받았다. 결국 전 제품 환불 및 교환을 해주었고, 큰 손해를 보았다.

그런데 상대방 공장 대표의 태도가 가관이었다. 내가 선금으로 5만 5,000달러(약 6,000만 원)를 지급하고 3만 달러 정도(3,500만 원)의 잔금이 남아 있는 상황이었는데, 불량 난 것 다 알고 그것을 인정했으면서도 반품은 받지도 않고 잔금을 달라며 소송을 걸어왔다. 이런 양심 없는 업체가 잘될 리 없다. 빚이 많아 운영에 어려움을 겪고 있고 직원 관리도 안 되어 계속 직원들이 그만둔다는 이야기를 건너 들었다.

바이어는 내 사업 동반자다

이런 업체들하고만 거래했다면 내가 10년 동안 이렇게 사업이 꾸준하게 잘될 리가 없다. 나는 대부분 아주 좋은 파트너 업체들과 거래하고 있다. 나와 가장 친분이 두터운, 내가 스물세 살 때 찾아낸 눈썹공장 사장님은 여자 사장님인데 당시 거의 가내수공업 수준이었지만 10년이 지난 지금 직원이 400명이 넘는 큰 회사로 성장했다. 이 사장님은 품질관리가 철저하다. 다른 공장에는 검수직원이 아예 없거나 5명 미만인 반면, 이 회사는 40명 이상이 검수한다. 그래서 검수하면서 거의 완성품의 20퍼센트를 폐기처분한다.

두 번째로 비밀 엄수인데, 그 사장님은 절대로 자기네 공장에서 어느 회사에 납품을 하고 있는지 자랑삼아 이야기하지 않는다. 철저하게 비밀을 지킨다. 나 역시 그 공장에서 또 어느 다른 경쟁업체에 물건을 주는지 전혀 모른다. 내가 아는 것이라고는 우리 회사가 그 업체에 아주 중요한 큰 고객이라는 정도다. 결국 품질이 좋고 신뢰를 지키는 파트너 업체를 찾는 게 아주 중요하다는 이야기다. 또한 나 역시도 우리 바이어에게 이런 파트너가 되어야 한다.

알리바바닷컴에서 우리 회사와 인연을 맺은 바이어는 단순히 고객님이 아니다. 우리는 주문한 바이어를 사업 파트너이자 내 사업의 동반자로 생각해야 한다. 내 바이어의 사업이 잘돼야 내 사업이 잘된다. 문제가 생겼을 때 이를 적극적으로 해결해주기 위해 노력해야 한다.

우리 회사는 제품에 문제가 생기면 100% 환불이나 교환 처리를 해준다. 우리 쪽 실수가 있을 때는 바로 인정하고 바이어가 원하는 방식으로 해결해준다. 이것저것 핑계를 댄다든지 아닌 척 잡아뗀다든지 절대 그러지 않는다. 내가 바이어에게 최선을 다하면 바이어도 이를 느끼고 고마워한다. 바이어의 이야기를 귀담아듣고 신뢰를 지키는 공급자가 결국은 바이어와 장기간 거래를 유지할 수 있다. 이것이 바로 우리 회사가 오랫동안 거래한 단골고객이 많은 가장 큰 이유이다. 좋은 파트너를 찾아라. 그리고 좋은 파트너가 되어라.

3장

알리바바닷컴 시작하기

ALIBABA

1

어떻게 시작해야 할지 막막하다면

주변 사람에게 물어봐라

알리바바닷컴으로 물건을 팔아보고 싶은데 무엇을 팔아야 할지가 제일 큰 고민이다. 내가 아는 것은 한계가 있고 평소에 내가 구매하던 그 비슷한 제품밖에 생각이 안 난다면, 주변을 둘러보고, 주위의 인맥을 적극 활용해보자. 이런 고민을 가진 사람들에게 나는 이렇게 되묻는다.

“남편 무슨 회사 다니니? 아버지는 무슨 일 하셔? 친척 중에 도매나 공장하는 사람 없니? 아빠 친구 중에 사업하는 사람 없어?”

내 주위를 살펴보겠다. 내 남동생은 젤네일 영업사원이다. 또 내 남편 친구 중에 아버지 사업을 물려받아 양말공장을 하는 친구가 있다. 엄마 친구 중에는 중고가전제품을 파는 친구도 있고, 시아버님 친구 중에는 온수매트공장 사장님이 있다. 옆집 사는 친구네 아버지는 가방도매를 하고, 아는 언니 아버지는 자동차부품 공장을 한다. 이런 식으로 주변에 어떤 아이템이 있는지 탐색해보자.

이쯤에서 내가 왜 주변 사람에게 먼저 물어보라고 하는지 그 이유를 알려주겠다. 알리바바닷컴은 기본적으로 도매·제조시장이다. 그렇기 때문에 구매자들이 본인이 사고자 하는 제품에 어느 정도 전문 지식을 가지고 있다. 주문을 성사시키려면 그들의 문의에 대답을 성실하게 해줘야 하는데, 이때 지인찬스를 쓰기 위해 주변의 인맥을 활용하라는 것이다.

예를 들어 동생이 젤네일 영업사원이니, 젤네일을 팔아보자고 결심했다 가정해보자. 내 남동생이 다니는 회사는 규모가 작다 보니 동생한테 영업뿐만 아니라 별별 일을 다 시킨다. 그래서 동생은 젤네일에 대해 아주 잘 안다. 젤 네일의 원료를 어디서 사오는지, 거기서 색깔을 내는 안료는 어디서 사서 어떻게 섞어 만드는지. 어떤 젤이 품질이 좋은지 어떤 젤이 안 좋은지 이런 것을 잘 알고 있다. 젤뿐만 아니라 젤을 담는 병은 어디서 사는지, 무슨 종류가 있는지, 병에 끼우는 붓은 종류가 무엇이 있고, 어떤 것이 좋은지 나쁜지도 잘 안다.

만약 바이어가 구매한다고 하면 단가는 얼마인지, 제작은 얼마나 걸리는지, 바이어 브랜드로도 생산이 가능한지, 가능하다면 수량을 몇 개를 해야 하는지 이런 문의에 대해 나는 문제없이 동생한테 물어보고 답변해줄 수 있다. 내가 젤네일을 팔고 싶다면 만들어서 팔 수도 있을 정도다.

이런 식으로 계속 바이어 응대를 해주다 보면 나 역시도 내가 파는 제품에 대해 전문가가 되고, 바이어들이 무엇을 원하는지 알게 된다. 이러면서 점점 성장하는 것이다.

이번에는 내 친구 이야기를 잠깐 해보겠다. 친구는 취업준비생, 백수였는데 장기간 취업이 안 되어 1년 넘게 놀고 있었다. 집에 있기는 눈치가 보여 맨날 우리 집에 와 있었다. 그러다 문득 알리바바닷컴에 관심이 생겼나 보다.

"이랑아, 나도 알리바바닷컴에 뭐 팔아볼까? 뭐 팔지?"

"니 남자친구 속옷회사 다니지? 그거나 올려봐라." (남자친구가 속옷회사 영업사원이었다.)

그렇게 친구는 속옷 몇 개를 알리바바닷컴에 업로드했고, 갑자기 기다리던 취업이 되어, 알리바바닷컴은 까맣게 잊고 있었다. 그렇게 몇 년이 흘러 그 친구는 이 회사 저 회사를 옮겨다니다가 우리 회사에 들어오게 되었는데, 이 친구가 일하다가 갑자기 이런 소리를 했다.

몇 년째 계속 핸드폰 메시지함에 음성메시지가 있다는 알람이 떠 있어 스팸이겠거니 하다가 얼마 전 궁금해서 한번 들어가봤는데, 뜻밖에도 두바이 사람이 물건을 사고 싶은데 왜 연락이 안 되냐고 노발대발 화를 내며 연락을 달라고 했다는 것이다. 나중에 남자친구에게 물어보니, 중동에서 우리나라 속옷을 아주 좋아해 수출이 엄청나게 잘된다고 했단다. 이 이야기를 듣고 있던 친구 엄마(이분도 지금 우리 회사에서 같이 일하신다)가 지금이라도 좀 연락을 해보면 안 되겠냐며 매우 안타까워하셨다. 하지만 이미 5년이 흘렀다. 그 친구가 그때 알리바바바닷컴을 열심히 했더라면 나와 같이 나란히 건물주가 될 수도 있지 않았을까?

돈 한푼 없이 시작하는 법

이렇게 어찌어찌 아이템을 정했다 하자. 우리나라 사람들에게 알리바바닷컴으로 물건을 팔아보라고 하면 제일 먼저 큰돈을 들여 제품을 만들 생각부터 한다. 물건이 없는데 어떻게 파냐고 되묻는다. 팔리면 다행이지만 안 팔리면 어떻게 할 생각인가? 하필 또 유통기한이 있는 상품이라면? 아주 위험한 생각이다.

당시 나의 창업비용은 간호사 생활 6개월간 모은 600만 원이 전부였다. 심지어 절반 이상이 학원비(웹디자인, 사진 촬영, 미용학원)로 나갔다. 그랬던 내가 처음에 어떻게 시작했는지 알려주겠다.

① 팔 아이템을 정하고 공급업체를 찾는다.
② 그 상품을 알리바바닷컴에 업로드한다.
③ 바이어 문의가 오면 응대해준다.
④ 바이어가 샘플을 주문할 경우 업체에서 샘플을 얻거나 조금만 사서 바이어에게 판다.

⑤ 바이어가 샘플을 확인하고 정식 주문하고 입금을 한다.

⑥ 바이어로부터 돈이 들어오면 그 돈으로 공급업체에 발주를 넣는다.

⑦ 물건이 완성되면 제품을 발송한다. 샘플비와 샘플 배송비 역시 바이어한테 받았다.

어떤가? 내 돈은 하나도 들지 않았다. 나는 처음에 이런 식으로 재고 없이 물건을 팔았다. 단점은 작은 주문을 받을 수 없다는 것, 회전이 느리다는 것인데, 원래 첫술에 배부를 수 없는 것이다. 이렇게 팔면서 제품에 대해 공부하고, 어떤 것이 잘 팔리는지, 바이어가 원하는 것이 무엇인지 파악한다. 이후 자본금이 좀 모이면 재고 품목을 하나둘씩 늘려간다.

그래서 나는 처음 3년 정도는 번 돈을 거의 다 재고 늘리는 데 썼다. 지금은 재고가 있어서 작은 주문이건 큰 주문이건 할 것 없이 다 처리할 수 있다. 처음부터 욕심 부리지 말고 이렇게 서서히 키워나가면 된다.

2

시작하기 전에 시장조사부터 하자

나의 경쟁자는 누구인가

알리바바닷컴을 시작하기 전, 시장조사를 어떻게 해야 할지 알아보자. 시장조사 내용은 크게 2가지인데, 나의 경쟁자가 누구인지와 내가 팔 아이템에 대한 바이어의 수요가 있는지다.

첫 번째로 경쟁자를 조사해보자. 알리바바닷컴에 판매할 제품을 검색한다. 검색창 옆에 Products를 Suppliers로 바꾸면 해당 제품을 판매하는 판매자가 몇이나 있는지 알 수 있다.

'earings'를 검색해보자. 총 1,722개 판매자가 있는 것으로 나타났다. 일단 알리바바닷컴에 등록된 모든 국가의 판매자가 검색된다. 대부분 중국 판매자이기 때문에 중국 제품이 많이 검색된다.

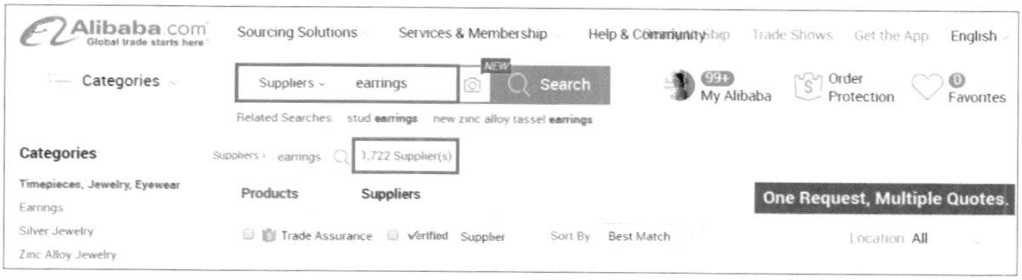

앞서 말했듯 알리바바닷컴에서는 제품이 정확하게 얼마에 팔리는지 얼마나 팔렸는지 알 수가 없어서 다른 판매자를 따라 하기가 힘들다. 하지만 중국 판매자는 사이트 내에서 결제가 이루어질 수 있고, 해당 판매자의 제품이 얼마나 팔렸는지를 대략적으로 알 수 있다.

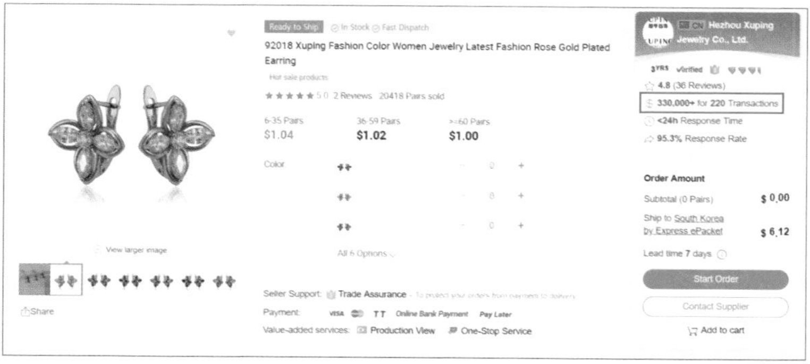

위 이미지에서 제품 사진 오른쪽에 바이어 회사 정보 부분을 보면, 지난 6개월간 220건의 결제가 이루어졌으며, 총 금액은 약 330,000달러(약 3억 6,000만 원)라는 것을 알 수 있다. 하지만 판매자가 판매하는 여러 가지 제품들 중에 정확하게 어떤 제품이 얼마에

얼마나 팔렸는지는 알 수가 없다.

앞에서 말했듯, 우리의 경쟁상대는 중국 판매자가 아니라 한국 판매자다. 해당 제품을 판매하는 한국 판매자가 얼마나 많이 있는지를 확인해야 한다. 2020년에 무료 회원의 제품은 아예 검색이 안 되게 변경되었고, 결국 중요한 숫자는 해당 제품을 판매하는 한국 판매자의 숫자일 것이다.

검색창에서 'Manufacturer' 탭을 클릭한 후 제품을 검색한다. 기본으로 Verified Manufacturers로 검색되는데, 한국은 Verified 멤

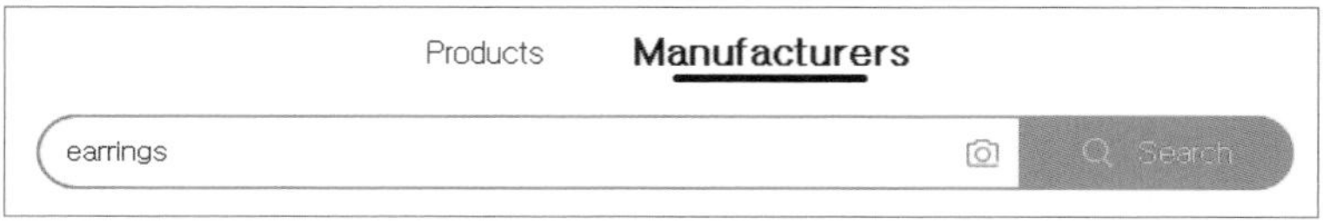

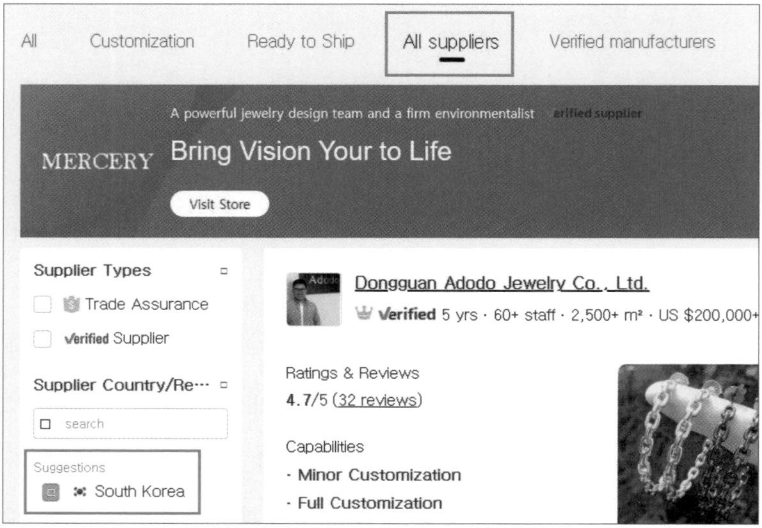

버가 거의 없으므로, 'All Suppliers'로 탭을 선택한 후, 왼쪽 아래에 'South Korea'를 체크하면 해당 제품을 판매하는 판매자가 얼마나 있는지 확인할 수 있다.

한국 판매자가 많은지 적은지는 제품군별로 다르다. earring의 경우 12개의 한국 판매자가 검색되는 반면 화장품(Cosmetic)의 경우 120개의 한국 판매자가 검색된다. 경험상 뷰티산업군의 판매자는 많은 편이고 나머지 산업군은 판매자가 별로 없어 경쟁이 그리 치열하지 않다. 뷰티산업군을 제외한 나머지 산업군들은 유료 회원으로 전환하게 되면 한국 판매자들끼리 검색했을 때 1~2페이지 안에 검색될 만큼 경쟁사가 별로 없다.

이와 같이 알리바바닷컴을 시작하기 전에 내가 판매하는 제품의 한국 판매자가 얼마나 있는지를 꼭 먼저 조사해보자.

제품 수요가 있을까

경쟁자를 조사해보았으니, 이제 제품 수요가 있는지를 알아볼 차례다. 제품 수요는 Trade Assurance 결제가 가능한 중국 판매자 정보에서 간접적으로 알 수 있지만, 이 방법보다는 바이어의 RFQ(구매 공고)를 확인하는 편이 낫다. RFQ는 바이어가 본인이 필요한 제품에 대해 구체적인 제품 스펙과 수량 등의 정보를 포함해 구매 공고를 올린 것을 말한다. 그래서 RFQ를 검색해보면 제품 수요가 있는지 없는지 확인할 수 있다.

RFQ는 RFQ 마켓에서 확인할 수 있다. RFQ는 알리바바에 로그인 후 My Alibaba-Recommended Quotations에서 확인할 수 있다. 혹은 주소창에 sourcing.alibaba.com을 직접 입력해도 된다.

여기서 'earrings'를 검색해보겠다. 총 1,474개의 RFQ가 검색된다. 이 중 하나에 들어가보자.

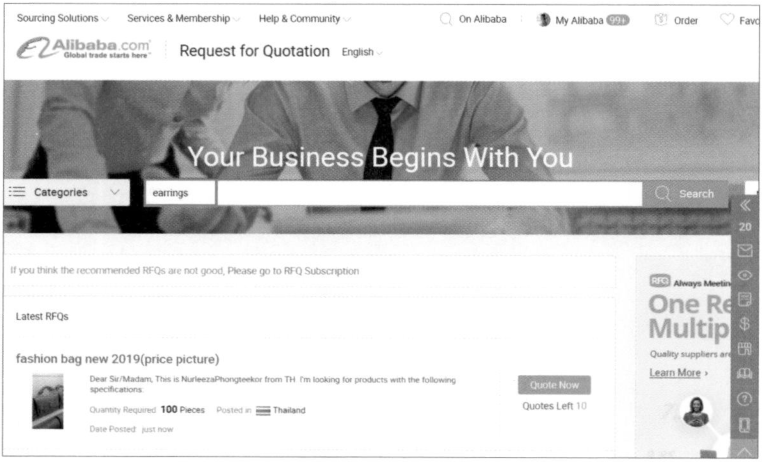

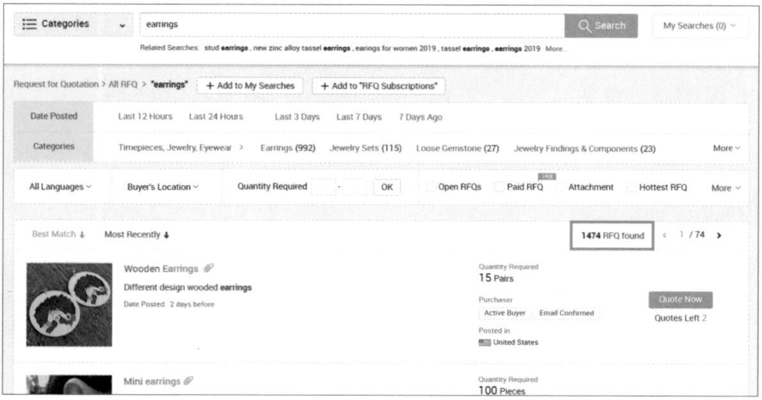

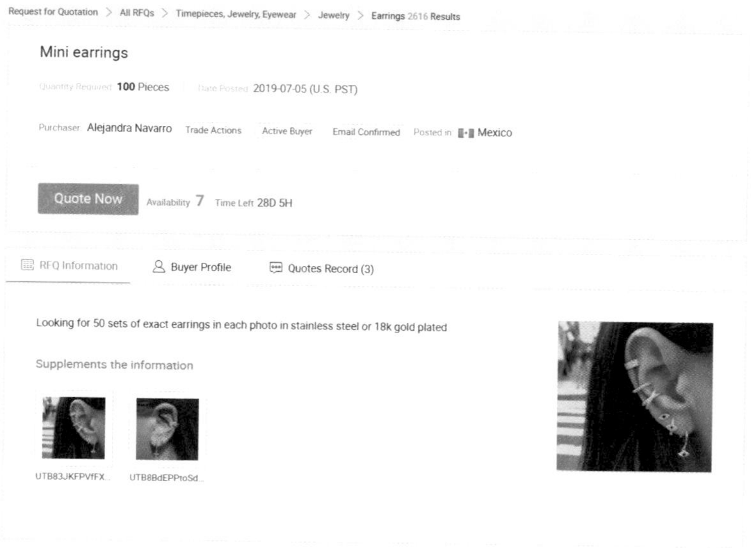

이 바이어는 멕시코 바이어이고, 본인이 원하는 제품의 사진을 첨부했다. 재질은 스테인리스 스틸이거나 금으로 18k 도금이 되어야 하며 원하는 수량은 50세트다.

'Buyer Profile'을 누르면 해당 바이어의 최근 활동 상황도 알 수 있다.

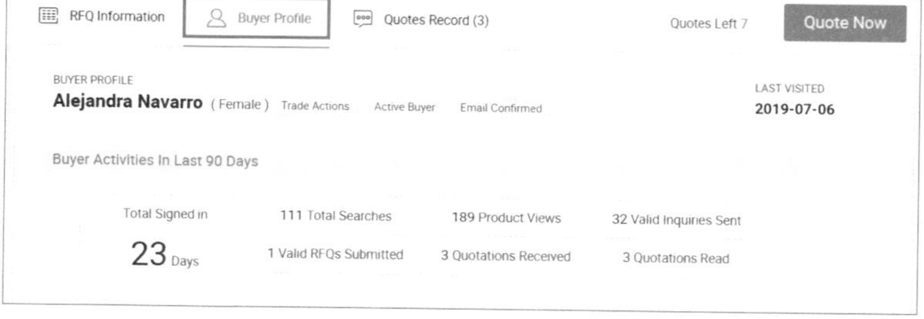

'Buyer Activities in Last 90 Days', 즉 최근 90일간의 활동 상황을 보면, 이 바이어는 111번의 검색을 했고 189개의 상품을 보았고, 32개의 구매 문의를 보냈다. 1개의 구매 공고를 올렸고 현재 3개의 업체로부터 견적을 받았으며, 3개의 견적을 모두 확인했다.

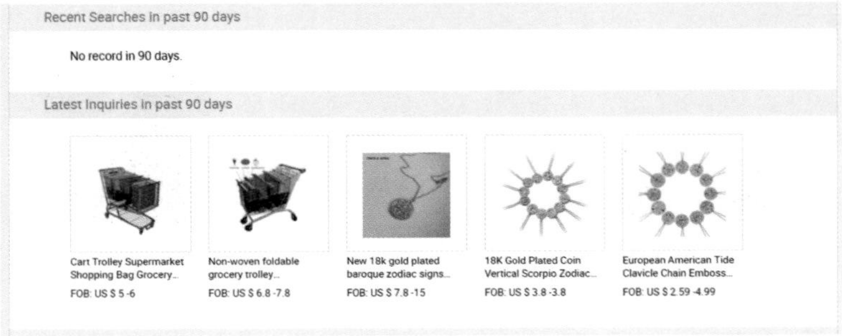

'Latest Inquires in past 90 days'에서는 지난 90일 동안 이 바이어가 어떤 상품에 대해 판매자에게 구매문의를 보냈는지도 확인할 수 있다.

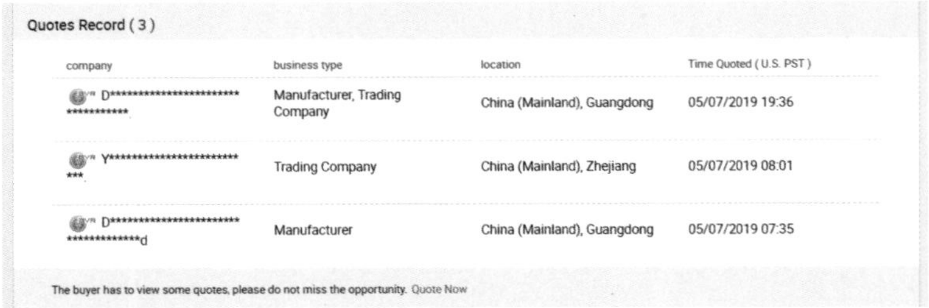

'Quote Records'를 클릭하면 현재 RFQ에 대한 견적 상황도 알 수 있다. 현재 3개의 견적이 작성됐으며 모두 중국 판매자인 것으로

확인된다.

이런 방법으로 알리바바를 시작하기 전, 나의 경쟁사에 대해 조사하고 내가 판매하고자 하는 제품에 대한 수요조사를 할 수 있다.

3

회원 가입 방법, 유료 회원 전환 방법

회원 가입하기

알리바바닷컴은 회원 가입하기가 아주 간단하다. 이메일 주소만 있으면 된다. 메인페이지에서 검색창 우측에 Sign In 아래에 있는

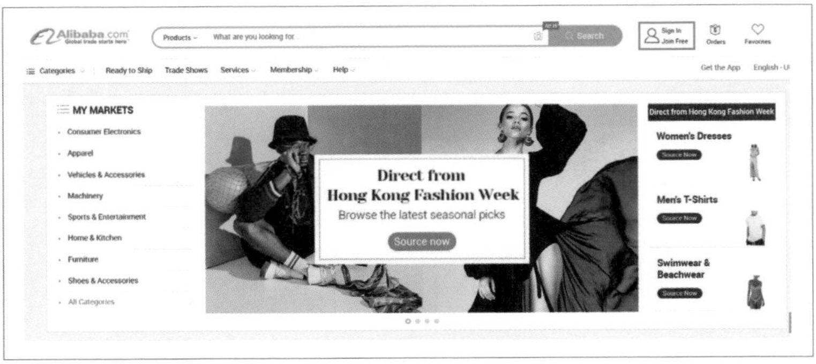

Join Free를 클릭한다.

이메일을 입력한 후, Verification을 마우스로 클릭한 채로 오른쪽으로 밀면, 보안문자를 입력하는 창이 나온다. 보안문자를 입력하고 Submit를 누른 후, Next를 누른다.

해당 이메일로 인증메일을 발송했다는 메시지가 나온다. Go to check email을 눌러 이메일에 들어가 보면, 알리바바닷컴에서 온 인증메일을 확인할 수 있다.

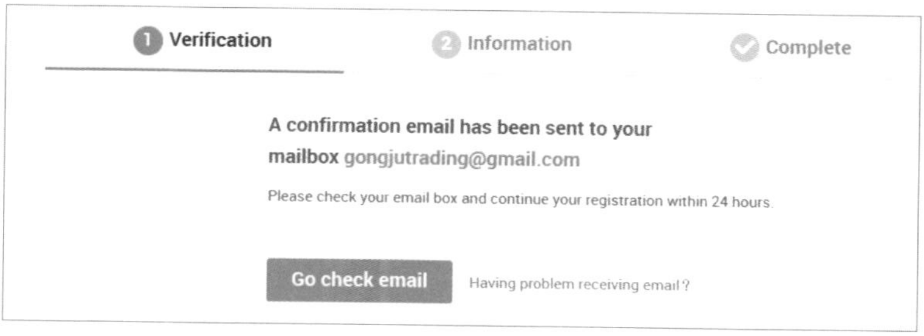

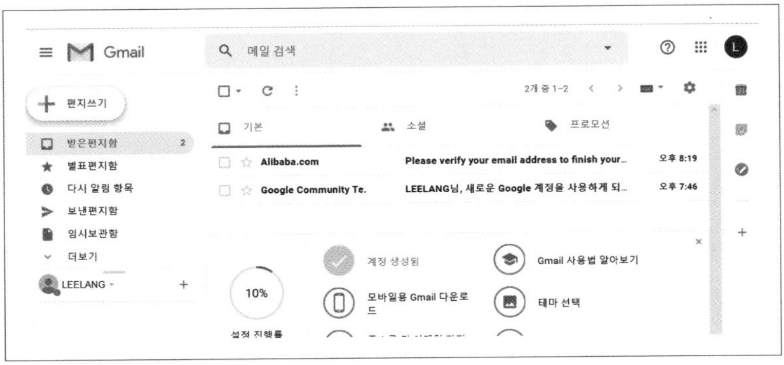

이메일에 들어가서 Complete를 누른다.

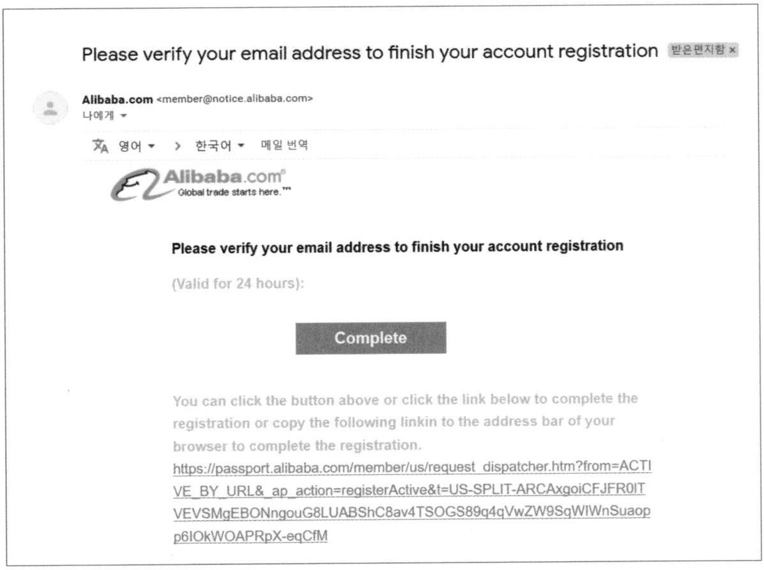

비밀번호, 국가, 이름, 회사명, 전화번호 등을 입력하고 Confirm을 누른다. 여기에 있는 모든 정보는 나중에 변경할 수 있으므로 꼭

정확하게 적지 않아도 된다. 이렇게 하면 회원 가입이 완료된다.

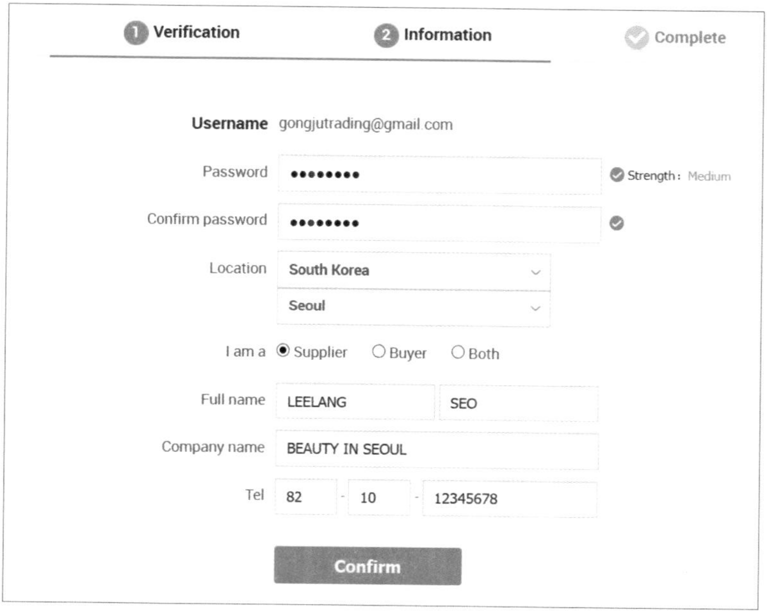

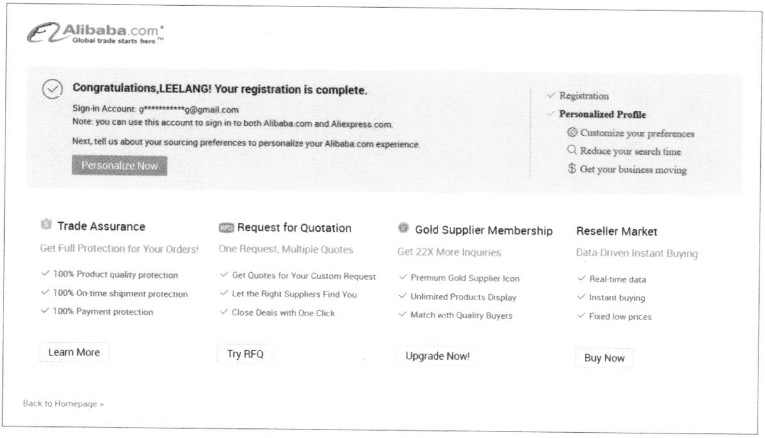

유료 회원 전환하기

판매자로 활동하기 위해서는 유료 회원으로 전환해야 한다. 유료 회원 전환 방법 역시 간단하다.

알리바바닷컴 사이트에 직접 신청할 수 있고 국내에 있는 수행사를 통해서 신청해도 된다. 개정판 이전의 인쇄본에서는 알리바바닷컴 사이트에서 직접 신청하는 방법을 소개하였지만, 이번 개정판부터는 수행사를 통해서 신청하는 방법을 소개하고자 한다.

알리바바닷컴 사이트를 통해 직접 신청할 경우, 진행되고 있는 연회비 할인, 프로모션 등이 적용되지 않을 수 있으며, 국내의 수행사 중에 원하는 곳을 선택할 수가 없다는 문제가 있다. 또한 국내 수행사가 아닌 중국에 있는 수행사가 배정되기도 한다. 중국에 있는 수행사가 배정될 경우 문의사항이 있거나 문제가 발생했을 때 언어가 서로 다르기 때문에 의사소통이 어려울 수 있다. 이렇게 수행사가 한번 배정되게 되면 나중에 바꾸기는 어렵다는 사실을 강의를 진행하면서 알게 되었다.

수행사를 통한 유료 회원 전환 방법은 국내 알리바바 수행사 중 한 곳인 '한국옐로우페이지㈜'에 직접 전화해 절차를 안내받으면 되겠다. 전환하기 위해서는 관련 서류가 필요한데, 영문 사업자등록증과 신분증 혹은 전화비 영수증이다.

사업자 등록증의 경우 간이, 일반, 법인 관계없이 가능하며 영문 사업자등록증을 제출해야 한다. 영문 사업자등록증은 홈택스에서 간단하게 발급받을 수 있다. 신분증은 대표자의 신분증이 필요하며 주민등록증, 운전면허증, 여권 등이 가능하다. 전화비 영수증은 회사 명의의 전화비 영수증이 필요하고 최근 3개월 중 한 건만 있으면 되며, 체납 내역이 없어야 한다. 만약 회사 명의의 전화가 없다면 대표자 개인의 핸드폰 전화비 영수증으로도 대체 가능하다. 이후 수행사에서 연회비 결제 인보이스를 발행해주면 원하는 방식으로 결제를 할 수 있다.

결제 후 본사에서 입금이 확인되면 인증 절차를 거치는데 온라인으로 신분증 등을 인증하며 인증 절차가 매우 간단하다. 유료 회원으로 전환되는 데는 보통 결제 완료 후 2~3일 정도가 소요된다.

알리바바에서 불규칙적으로 회원비 할인이나 프로모션 등을 진행하는데, 이 정보는 공식적으로 홈페이지에 공지되는 것이 아니라 알리바바 수행사에서 각 소속된 회원들에게 이메일 등을 통해 하달되는 방식으로 전달되어 공식적인 정보를 찾아보기가 어렵다. 그래서 내가 운영하는 네이버 카페 '알리바바 무역공주'에 '알리바바 할인/지원사업 정보' 게시판에 관련 내용을 전체 공개로 해서 꾸준히 업로드해두고 있으니, 필요한 독자가 있다면 확인하길 바란다.

4

유료 회원, 할 것이냐 말 것이냐

제품 판매냐 제품 구매냐가 기준이다

몇 년 전만 해도 무료 회원도 판매자로 활동할 수 있었다. 나 역시 처음에 시작할 때는 1년 정도 무료 회원으로 활동하다가 그 후에 유료 회원으로 전환했다. 그러나 그 후 무료 회원은 제품을 업로드할지라도 바이어에게 인콰이어리를 확인할 수 없어 사실상 알리바바닷컴 내의 판매가 어려워졌으며 최근(2020년 10월) 무료 회원은 제품 업로드조차할 수 없도록 알리바바닷컴의 정책이 바뀌면서 무료 회원은 물건 판매를 할 수 없는 시스템으로 완전히 바뀌게 되었다.

알리바바닷컴의 대표 수행사가 한 곳만 있던 시절, 우리 회사 담당 직원과 친했었는데 그 담당자 말로는 무료 회원들이 그렇게 사기

| 알리바바닷컴 유료 회원 비교 |

구분	종전		21년까지	21년 5월 1일부터		
등급	스탠다드	프리미엄	스탠다드(종전)	스탠다드	프리미엄	스탠다드 2년
가격	$2,999	$5,999	$2,999	$3,499	$5,999	$5,998
미니사이트	O	O	O	O	O	O
제품 등록	무제한	무제한	무제한	무제한	무제한	무제한
쇼케이스	12	28	12	20	20	20
문의 응대	O	O	O	O	O	O
RFQ	20	20	20	60	60	60
RFQ 패스	X	X	X	3/월	9/월	3/월
키워드 광고	X	X	X	$500	$3,000	X
데이터 분석	O	O	O	O	O	O
심화 분석	X	X	X	O	O	O
보조 계정	5	5	5	5	5	5

를 많이 친다고 했다. 바이어에게 결제를 받고 나서 물건을 보내지 않는 등의 사기를 치는데, 무료 회원이다 보니 알리바바닷컴에서 해당 계정을 정지시키는 것 말고는 그들을 제약할 방법이 없다고 했다.

알리바바닷컴은 여러 개의 이메일 주소만 있으면 그 개수만큼 계정을 만들 수 있어 계속해서 이런 피해가 발생했고, 결국 무료 회원의 판매 활동을 못 하게 막은 것이 아닌지 추측해본다. 지금은 유료 회원만 상품을 등록하고 바이어의 인콰이어리를 확인할 수 있기 때문에 판매를 하고 싶다면 반드시 유료 회원으로 전환해야 한다.

알리바바닷컴에서 유료 회원으로 전환하는 데는 꽤나 큰돈이 든다. 심지어 최근에 이 유료 회원비가 인상되기까지 했다(2021년 5월 인상). 유료 회원에는 어떤 종류가 있는지 알아보고, 무료 회원과 어떤 차이가 있는지, 유료 회원의 장점이 무엇인지를 알아보자.

프리미엄보다 더 중요한 건 쇼케이스 지정이다

유료 회원에는 스탠더드와 프리미엄이 있다. 이 둘은 제품 노출도, 키워드광고 포인트 차이, 연회비 가격에서 차이가 있다.

스탠더드와 프리미엄 두 종류 모두 쇼케이스 상품은 20개까지 동일하게 지정할 수 있다. 유료 회원 연회비가 인상하면서 키워드 포인트를 제공해주기 시작했는데 스탠더드는 키워드광고 포인트로 500달러, 프리미엄은 3,000달러를 제공한다. 연회비는 스탠더드가 1년에 3,499달러(약 440만 원), 프리미엄은 5,999달러(약 750만 원)다. 프리미엄이 스탠더드보다 2,500달러 정도 비싼데 3,000달러 정도의 키워드 패키지를 제공하므로 만약 키워드광고를 진행할 계획이 있다면 큰 차이가 없다고 볼 수도 있다.

하지만 상품의 노출도를 올리기 위해 프리미엄 패키지를 가입할 필요는 없다. 나 역시 스탠더드 패키지를 이용하고, 단 한 번도 프리미엄 패키지를 이용한 적이 없다. 한국은 아직 판매자가 많지 않아서 한국 판매자들끼리 경쟁이 심한 편이 아니다. 나중에 정말 판매자가 많아져 중국처럼 경쟁이 치열해진다면 제품을 상위 노출하기 위해 여러 가지 방법을 써서 노력해야겠지만, 아직은 한국 판매자들끼리 검색했을 때 1, 2페이지 안에 노출될 만큼 경쟁이 심하지 않다. 그래서 스탠더드 패키지를 이용해도 충분히 운영 가능하다.

무료 회원은 상품 등록 자체를 할 수가 없도록 정책이 바뀌었다. 하지만 제품 판매가 아니라 알리바바닷컴을 통한 제품 구매가 목적이라면 무료 회원도 바이어로 아무 제약 없이 활동할 수 있다.

유료 회원 금액 안내까지 강의를 하고 나면 갑자기 수강생들의 얼굴이 근심과 걱정으로 가득 찬다. 알리바바닷컴 유료 회원비는 한 번에 지출하기에는 큰 금액인데다가 유료 회원이 아니면 판매가 불가능하다고 하니 더욱더 고민이 될 것이다. 그렇기에 내가 10년이 넘는 시간 동안 알리바바닷컴을 통한 판매를 해오면서 선배로서 해줄 수 있는 조언이 당신의 의사결정에 도움이 되었으면 한다.

바이어가 나를 전문가로 만들어준다

나는 해외 판매와 무역에 대해 아무것도 모르는 스물세 살의 간호사였다. 제품에 대해서도 얄팍한 지식만 갖춘 채 일단 제품을 업로드했는데, 그 이후 바이어의 인콰이어리들이 나를 이 분야의 전문가로 만들었다. 바이어들이 무엇을 원하는지 알게 되었고, 바이어의 문의에 답하고자 사방팔방 업체를 찾아다니며 제품에 대해 배웠다.

나는 속눈썹 연장술 용품을 파는데, 바이어는 속눈썹 영양제가 있는지, 눈화장을 지우는 메이크업 리무버가 있는지 물어본다. 심지어 마스카라, 아이라이너 등 화장품까지 나에게 문의한다. 네일 제품이나 스파 용품 문의도 끊이지 않는다. 내가 올리지도 않은 상품을 나에게 사고 싶어 한다. 바이어들이 한국 화장품을 사다달라고 부탁해 참 많이도 대신 사다 팔았다. 물론 내 마진을 붙이고 말이다.

연장술용 속눈썹은 단 0.01mm의 두께 차이, 1mm의 길이 차이로 사이즈가 나뉜다. 우리 사무실에도 수백 개의 사이즈 재고가 있는데, 육안으로 보기엔 다 검은색 속눈썹으로 비슷해 보인다. 밖에 사이즈가 안 써 있으면 이 제품을 10년째 팔아온 나도 이게 10mm 짜리인지 11mm짜리인지 도저히 모르겠다. 그래서 바이어들 헷갈리지 말라고 아예 케이스 안에 라벨지에 사이즈를 표기했는데, 그게 바이어들에게 큰 호응을 얻어 제품이 많이 팔렸다. 이걸 본 큰 회사의 바이어들은 이렇게 본인 회사 브랜드 제품을 만들어달라며 의뢰를 보내고 빅오더를 했다.

나처럼 경험이 없는 초보라면, 또 경험이 있을지라도 국내 판매만 해보았고 해외 판매 경험이 없다면, 제조는 알지만 판매는 모른다면, 바이어의 인콰이어리를 받고 바이어와 대화해보지 않으면 바이어가 무엇을 찾고 무엇을 원하는지 알 수 없다. 처음에는 인콰이어리를 주문으로 연결시키기 어렵겠지만 시간이 지나고 계속해서 노력하면 어느샌가 바이어가 말하지 않아도 원하는 것이 무엇이고, 필요한 것이 무엇인지 척척 알려줄 수 있는 때가 온다.

물건을 구매해본 적 없는 생초보 러시아 바이어가 인콰이어리를 보낸다면, 바이어가 물어보지 않아도 너희 나라는 세관이 까다로우니 러시아 배송 특송업체를 이용해 물건을 받으라고 알려줄 수 있고, 처음 거래하는 독일 업체에게 서류 마지막에 이런 문구를 넣으면 5,000달러 미만의 주문일 때 관세 면제를 받을 수 있다고 알려줄 수도 있게 되는 것이다. 바이어가 주문하지 않았어도 좋아할 만한 제품을 샘플로 함께 제공해서, 다음 주문 시 더 큰 주문을 만들 수도 있고, 결제를 망설이는 바이어에게 페이팔로 결제하면 혹시나 문제가 생겼을 때 클레임을 걸 수 있다고 알려주며 안심시킬 수도 있다.

알리바바닷컴의 회원비가 한 달로 따지면 25만~30만 원 정도다. 30만 원짜리 알리바바닷컴 학원을 다닌다고 생각하는 것은 어떨까? 일 년 동안 바이어의 인콰이어리로 살아 있는 생생한 교육을 받게 되는 것이다. 바이어가 어떠한 문제를 낼지는 알 수 없지만, 그 문제를 풀어내야 비로소 한 걸음씩 발전할 수 있을 것이다.

처음부터 쉬운 것이 세상에 어디 있을까? 원래 모든 일이 처음에는 어렵다. 간호사 생활도 6개월밖에 안 했지만 죽을 만큼 힘들었고, 사업을 시작하고 새로 뽑은 직원을 가르치는 데는 몇 달 동안 속이 터졌다. 처음에 신생아를 키울 때도 잠 한숨 못 자고 하루 내내 돌봐야 하는 아기 때문에 완전 녹초였다.

내가 10년 전 병원을 그만두고 이 일을 시작하지 않았다면 치열하게 살아도 모자랄 30대 초반의 나이에 이렇게 인생의 여유와 행복을 느끼며 살지 못했을 것이다. 나의 선택은 아주 잘한 선택이었다. 하지만 결정은 본인의 몫이다. 유료 회원을 할 것인지 말 것인지는 여러분이 잘 생각해보고 결정하기 바란다.

5

회사의 면모를 갖춰라

내 계정의 회사 정보와 미니 웹사이트는 한 번도 만난 적 없는 해외에 있는 바이어가 나의 회사에 대한 정보를 얻고, 신뢰감을 갖게 되느냐 마느냐를 결정하는 정보로 매우 신경 써서 작성해야 한다.

바이어가 우리 회사의 정보를 얻을 수 있는 방법 중 접근하기 가장 쉬운 방법이 회사 정보와 미니 웹사이트이고, 이 2가지가 첫인상이 된다. 더군다나 회사 정보 완성도는 제품 상위 노출에 영향을 끼치므로 반드시 빠짐없이 작성해야 한다.

회사 정보 수정하기

첫 번째로 내 계정의 회사 정보 수정하는 방법을 알아보자. 로그인 후 My Alibaba - Shop - Edit Profile로 들어간다.

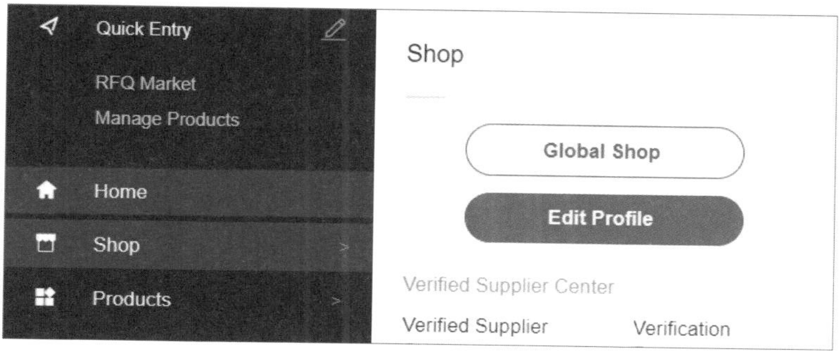

어떤 유형의 비즈니스 타입인지 묻는 창이 나오는데, 본인의 회사에 맞는 것을 선택하면 된다. 선택한 것에 따라, 뒤에 나오는 회사 정보 입력창의 내용이 다르다. 3개까지 중복 선택할 수 있다. 선택 후 Next를 누른다.

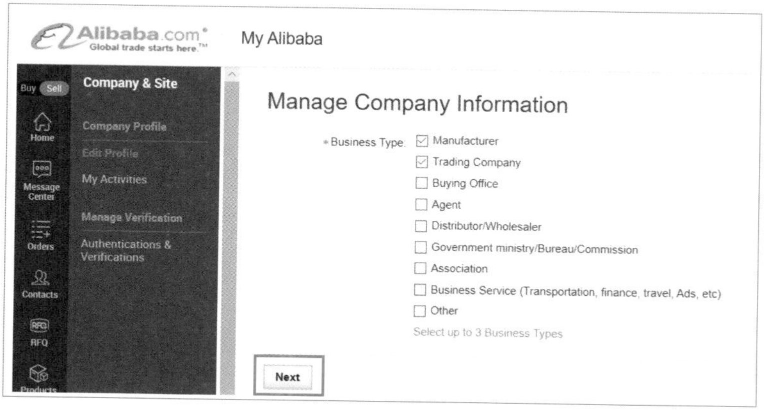

선택한 것에 따라 프로필의 카테고리가 다르게 나오는데, 나는 Manufacturer와 Traiding Company를 선택했더니 다음과 같이 7개의 카테고리가 나왔다. 하나씩 눌러서 최대한 입력해 맨 상단에 나오는 프로필 완성도를 90~100%로 만들어야 한다. 잘 모르는 내용

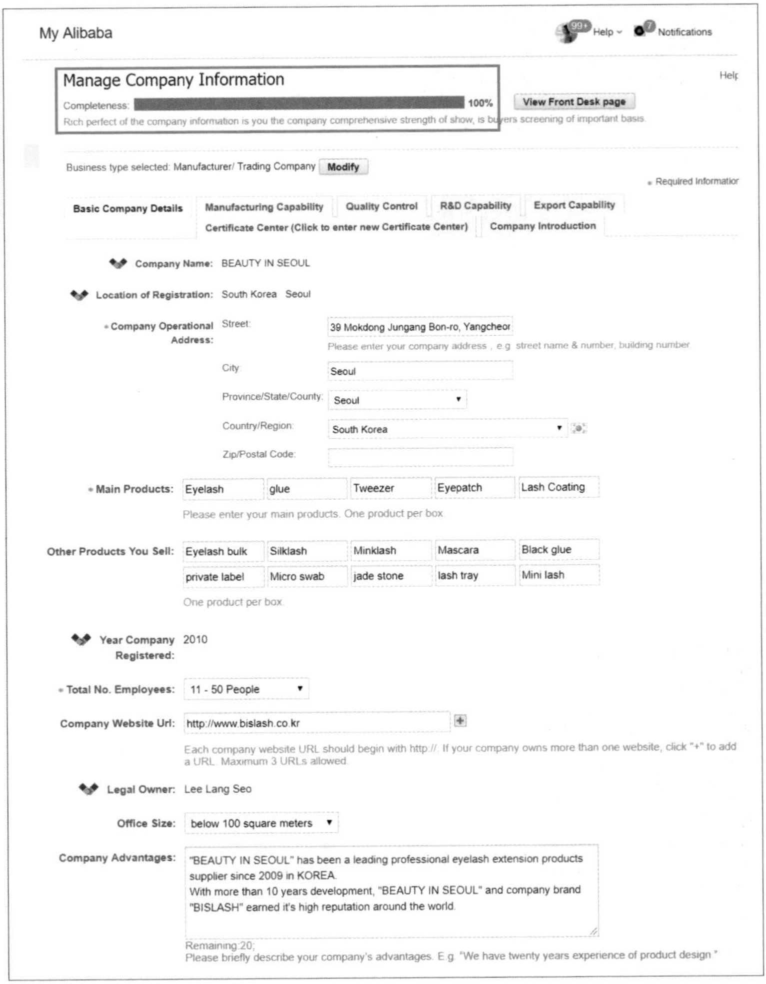

이 나오더라도 가능한 한 공란 없이 작성하는 것이 좋다.

처음은 Basic Company Detail로 기본 회사 정보를 작성하는 것이다. 회사명과 주소, 취급하는 품목과 간단한 회사소개 등을 작성한다. Save를 누른 후 다음 카테고리로 넘어간다.

그다음은 Manufacturing Capacity이다. 역시 이곳도 최대한 작성한 후 다음 카테고리로 넘어간다. Quality Control과, R&D Capacity도 이와 같이 최대한 작성한 후 Save를 누른다.

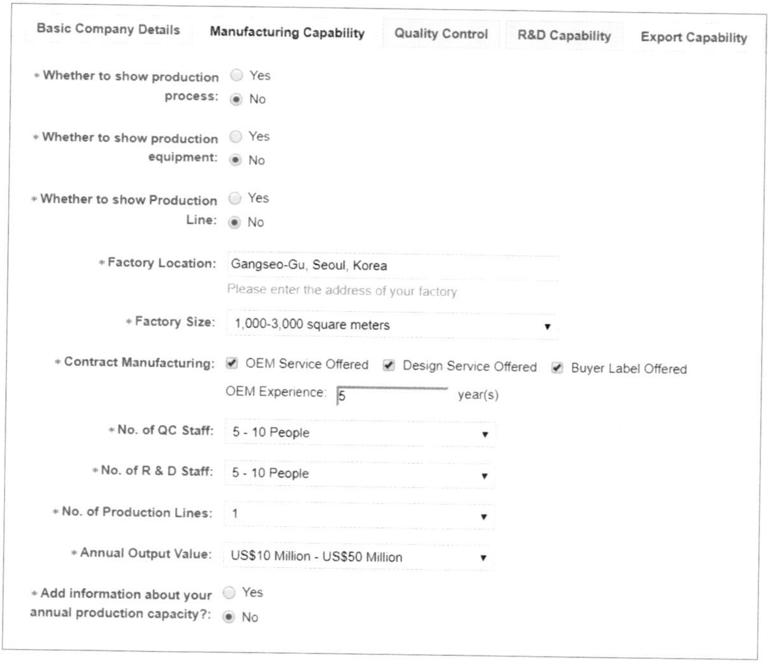

Export Capability 카테고리로 넘어가면 아래 Accept Delivery Terms 부분에 모르는 무역용어들이 나올 것이다. 결제와 배송 조

건인데 이에 대한 내용은 뒷장에서 더 자세히 알아보기로 한다. 일단 가장 많이 쓰는 FOB, CIP, EXW 등에 체크한다.

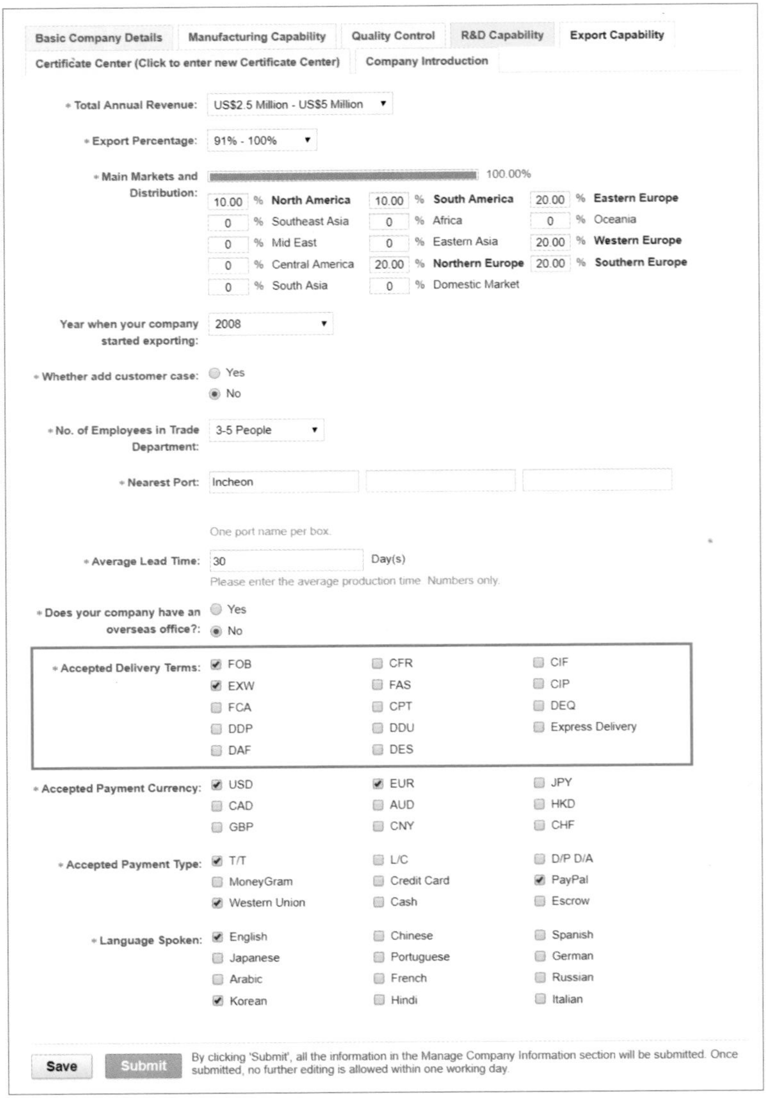
Basic Company Details | Manufacturing Capability | Quality Control | R&D Capability | Export Capability
Certificate Center (Click to enter new Certificate Center) | Company Introduction

* Total Annual Revenue: US$2.5 Million - US$5 Million
* Export Percentage: 91% - 100%
* Main Markets and Distribution: 100.00%
10.00 % North America | 10.00 % South America | 20.00 % Eastern Europe
0 % Southeast Asia | 0 % Africa | 0 % Oceania
0 % Mid East | 0 % Eastern Asia | 20.00 % Western Europe
0 % Central America | 20.00 % Northern Europe | 20.00 % Southern Europe
0 % South Asia | 0 % Domestic Market

Year when your company started exporting: 2008
* Whether add customer case: Yes / No
* No. of Employees in Trade Department: 3-5 People
* Nearest Port: Incheon
One port name per box.
* Average Lead Time: 30 Day(s)
Please enter the average production time. Numbers only.
* Does your company have an overseas office?: Yes / No

* Accepted Delivery Terms: FOB, CFR, CIF, EXW, FAS, CIP, FCA, CPT, DEQ, DDP, DDU, Express Delivery, DAF, DES
* Accepted Payment Currency: USD, EUR, JPY, CAD, AUD, HKD, GBP, CNY, CHF
* Accepted Payment Type: T/T, L/C, D/P D/A, MoneyGram, Credit Card, PayPal, Western Union, Cash, Escrow
* Language Spoken: English, Chinese, Spanish, Japanese, Portuguese, German, Arabic, French, Russian, Korean, Hindi, Italian

Save | Submit
By clicking 'Submit', all the information in the Manage Company Information section will be submitted. Once submitted, no further editing is allowed within one working day.

마지막 Company introduction에 정보까지 빠짐없이 작성한 후 Submit를 누르면 제출이 완료된다.

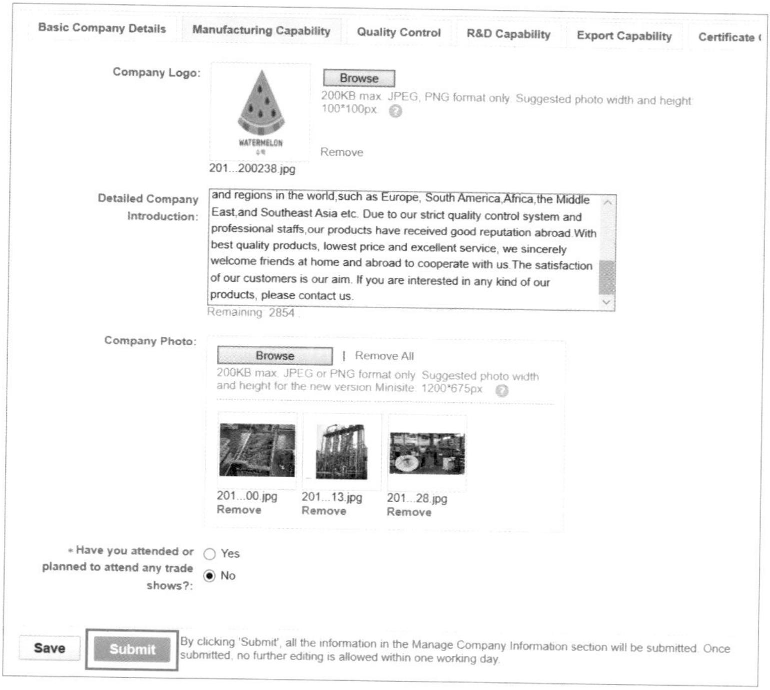

Basic Company Details
Manufacturing Capability
Quality Control
R&D Capability
Export Capability
Certificate
Company Logo:
Browse
200KB max. JPEG, PNG format only. Suggested photo width and height: 100*100px.
Remove
201...200238.jpg
Detailed Company Introduction:
and regions in the world,such as Europe, South America,Africa,the Middle East,and Southeast Asia etc. Due to our strict quality control system and professional staffs,our products have received good reputation abroad.With best quality products, lowest price and excellent service, we sincerely welcome friends at home and abroad to cooperate with us.The satisfaction of our customers is our aim. If you are interested in any kind of our products, please contact us.
Remaining: 2854
Company Photo:
Browse
Remove All
200KB max. JPEG or PNG format only. Suggested photo width and height for the new version Minisite: 1200*675px.
201...00.jpg
Remove
201...13.jpg
Remove
201...28.jpg
Remove
* Have you attended or planned to attend any trade shows?:
Yes
No
Save
Submit
By clicking 'Submit', all the information in the Manage Company Information section will be submitted. Once submitted, no further editing is allowed within one working day.

미니 웹사이트 디자인하기

회원 정보를 모두 수정했다면 다음으로 미니 웹사이트 디자인 방법을 알아보자. 알리바바닷컴 내의 미니 웹사이트는 유료 회원에게만 제공되는 기능이다. 블로그나 네이버 카페를 꾸미듯이 편집하는 창에 들어가면 간단하게 미니 웹사이트 디자인을 바꿀 수 있다.

로그인 후 My Alibaba - Shop - Global Shop으로 들어간다.

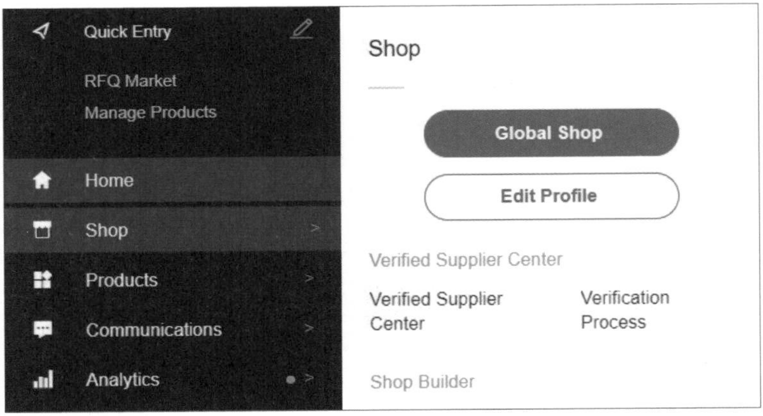

여기서 미니 웹사이트의 디자인을 직접 할 수 있는데 우측 상단의 Guide를 누르면 간단한 사용 설명이 나온다. 왼쪽의 Module Library를 누르면 원하는 섹션을 추가할 수 있는데, 원하는 모듈을 선택해 마우스로 끌어다가 가운데 원하는 자리에 놓으면 된다.

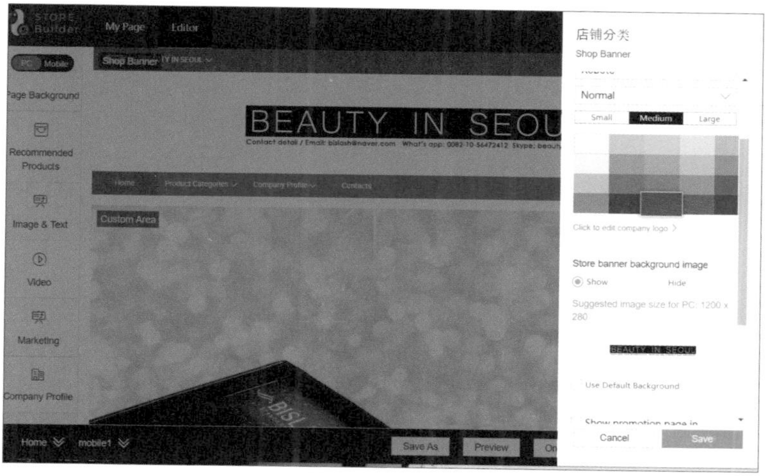

각각의 섹션을 눌러 원하는 대로 홈페이지 디자인을 변경한 후 맨 아래 Preview를 누르면 PC 버전에서 어떻게 보이는지, 또 모바일 앱에서 어떻게 보이는지 미리보기를 할 수 있다. 다 완성되면 하단 우측에 있는 Publish를 누른다.

6

왓츠앱과 알리바바앱 활용하기

실시간 대화가 가능한 왓츠앱

바이어와 대화하는 방법 중에 가장 많이, 그리고 쉽게 사용되는 방법이 바로 왓츠앱과 알리바바앱이다.

왓츠앱은 카카오톡과 비슷한 메신저 앱이다. 왓츠앱 모바일버전은 스마트폰을 이용해 바이어와 실시간으로 대화하기 좋고, PC 버전은 컴퓨터를 이용해 가격표나 인보이스, 제품 사진 등의 필요한 파일을 보내기 좋다. 이메일로 대화하다 보면 이메일이 스팸함에 들어가서 바이어가 확인을 못 하는 경우가 있고, 알리바바닷컴의 메신저센터에서 대화하다 보면 바이어가 첨부파일이 잘 안 열린다는 대답을 자주 한다. 그래서 왓츠앱은 모바일과 PC 버전을 둘 다 설치해 활용해야 한다.

일단 왓츠앱 모바일버전은 play스토어에서 '왓츠앱' 또는 'Whats app'을 검색해 설치한다.

다음은 왓츠앱 PC 버전 다운로드 방법이다. www.whatsapp.com/download에서 다운받을 수 있다. 오른쪽 하단의 Download for Windows(64bit)를 클릭한다.

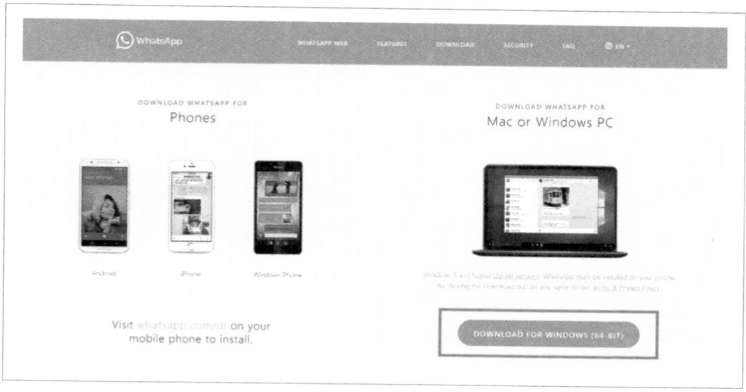

휴대폰으로 왓츠앱을 켜서 메뉴 - WhatsApp Web을 선택한 후 QR코드를 스캔하면, PC 버전과 모바일 버전이 서로 연동되며 모바일로 대화를 나눈 모든 내용을 PC에서도 확인할 수 있다.

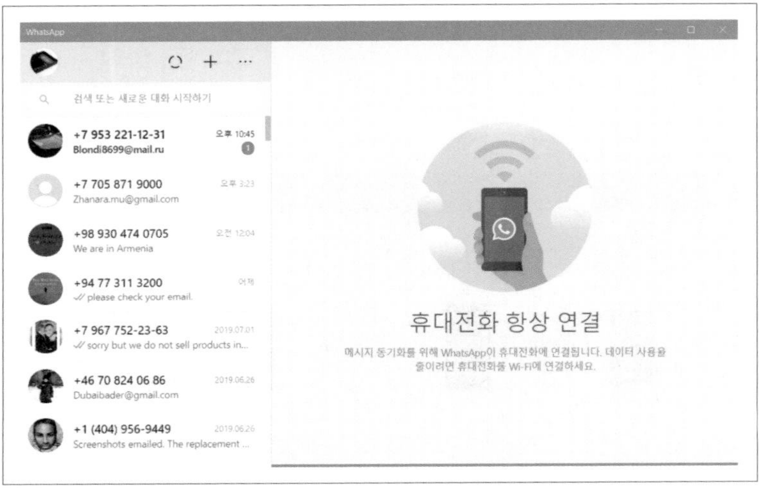

빠른 응대가 가능한 알리바바닷컴앱

왓츠앱 다음으로 연락이 많이 오는 것이 알리바바닷컴앱이다. 알리바바닷컴앱에서는 바이어의 인콰이어리와 메시지를 실시간으로 확인하고 답변할 수 있다. 온라인 쇼핑몰의 모바일 접속자가 PC 접속자를 넘어선 것처럼, 알리바바닷컴앱 역시 빠르게 사용자가 증가하고 있다. 알리바바닷컴앱에서는 바이어의 문의와 인스턴트 메시지가 왔을 때 실시간으로 알람이 울리기 때문에 PC로 확인할 때보다 더 빠른 응대가 가능하다.

알리바바앱은 play스토어에서 Alibaba.com을 검색한다. 유사한 Aliexpress앱과 헷갈리지 않도록 한다. 알리바바닷컴앱을 다운받는다.

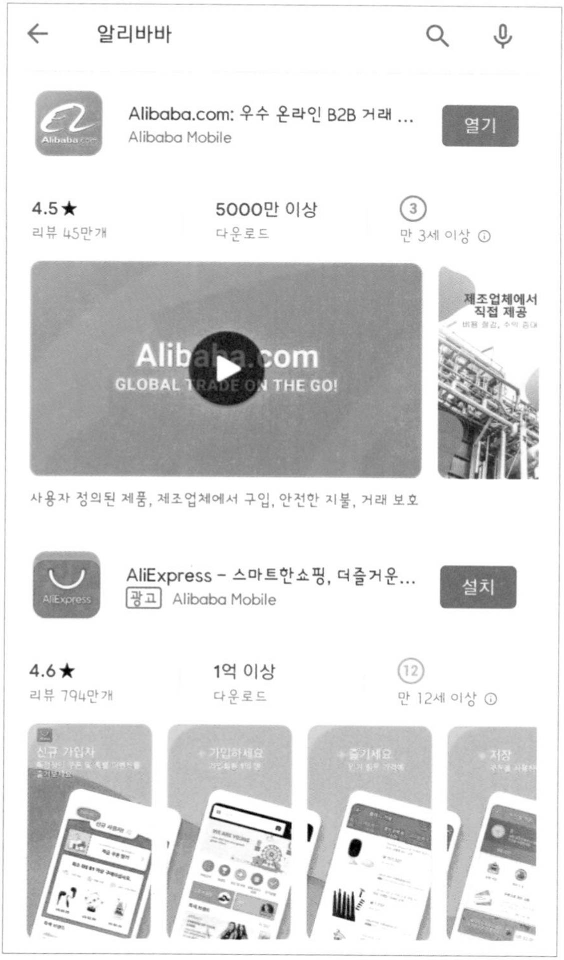

알리바바닷컴앱에서는 인콰이어리나 메시지에 대한 응대뿐 아니라 상품검색부터 다양한 관리까지 여러 가지 기능을 이용할 수 있다. 내가 한국 판매자이기 때문에 자동으로 한국어로 번역되어 나오는

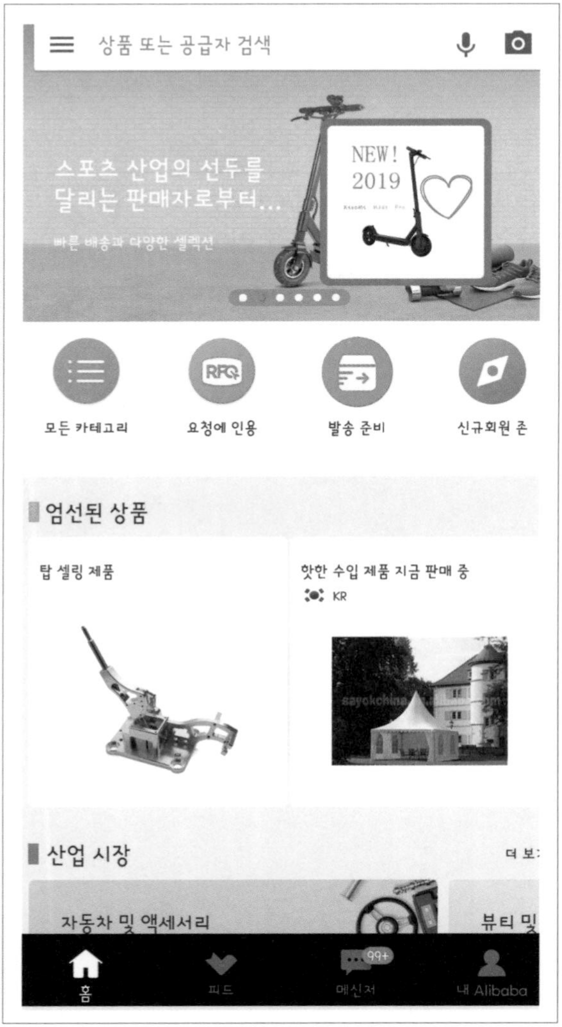

데 알리바바닷컴 한국어 버전과 마찬가지로 번역기가 자동으로 번역해준다. 상단 광고 문구를 보면 “스포츠 산업의 선두를 달리는 판매자로부터……”라고 써져 있는 것을 확인할 수 있다. 이와 같이 약간 어색하기도 하고 때로는 전혀 이해할 수 없게 번역되기도 한다.

맨 위 상단의 검색창에서 제품을 검색해볼 수도 있고 맨 아래에 메시지를 누르면 다음의 화면처럼 바이어에게 온 메시지와 인콰이어리를 확인할 수 있다.

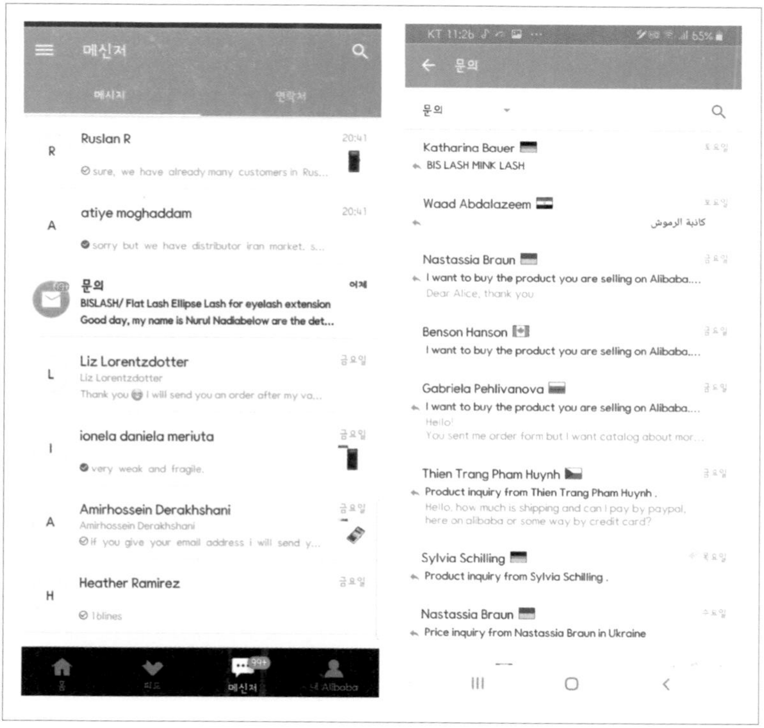

하단에 My Alibaba를 누르면, RFQ(견적 요청)나 인콰이어리 등을 관리할 수 있다.

그리고 바이어와 나눈 메시지를 보면, 알리바바닷컴앱을 통해서도 바이어의 질문에 대한 빠른 응대를 통해 바이어의 주문을 성사시킨 것을 확인할 수 있다.

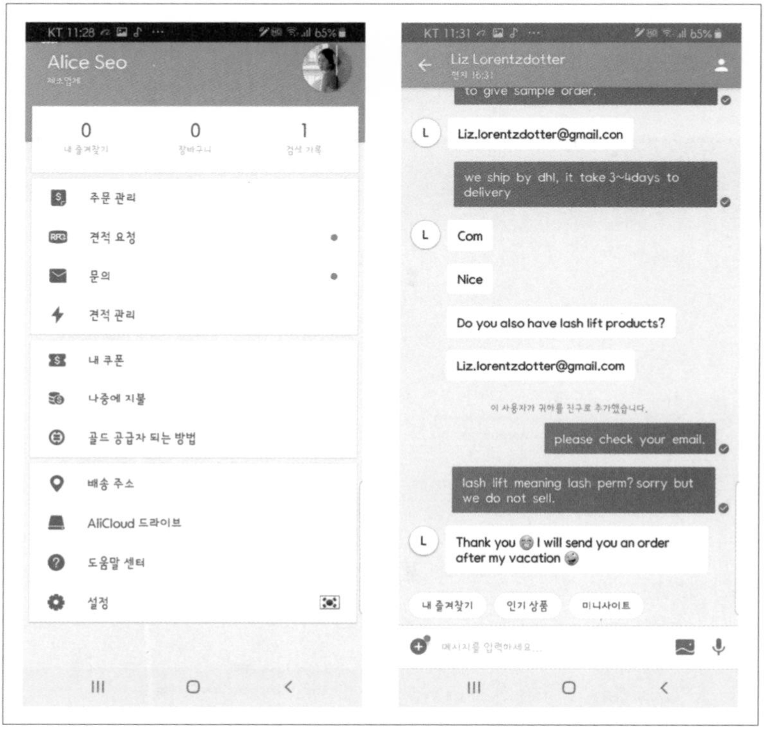

7

결제 방법 선택하기

결제를 받을 수 있는 방법은 여러 가지가 있는데, 그중 바이어들이 가장 많이 쓰는 방법이 은행 송금(T/T, Wire Transfer), 페이팔(PayPal), 웨스턴유니온(Western Union)이다. 3가지 계좌계설 방법을 알아보고, 어떻게 결제를 받을 수 있는지 또 각각의 장단점은 무엇인지 알아보자.

은행 송금 방식

T/T(Telegraphic Transfer) 또는 Wire Transfer, Bank Transfer라고 부른다. 은행계좌로 바이어가 직접 대금을 이체시키는 방식으로, 일반

적인 계좌이체 방법이라고 생각하면 된다. 바이어에게 외화를 결제 받기 위해서는 은행을 방문해 외화 전용 계좌를 개설해야 한다. 외화 계좌를 개설하면 미국 달러뿐 아니라, 유로나 엔화 등 각종 외국의 통화를 한 통장으로 받을 수 있다.

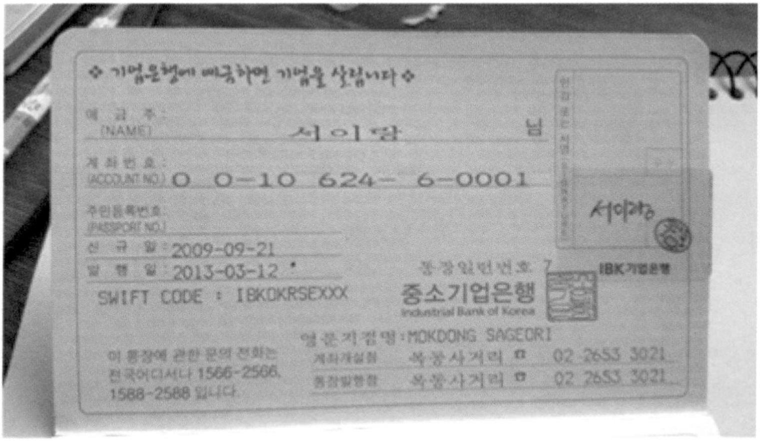

한국 계좌끼리 서로 계좌이체를 할 때는 소유주명, 은행명, 계좌번호만 있으면 되지만 해외에서 계좌송금을 받기 위해서는 훨씬 더 많은 정보를 바이어에게 제공해야 한다. 바이어에게 제공해야 할 계좌정보는 수취인의 영문 이름과 영문 주소, 수취은행의 정보인, 은행의 Swift Code(은행식별코드), 영문 은행명, 영문 은행 주소, 입금 계좌번호까지 제공해야 한다. 예를 들어 바이어에게 은행 계좌 정보를 알려주려면 다음과 같이 알려주면 된다.

외화 송금수수료는 은행마다 약간씩 차이가 있는데, 건별로 약

1. Bank Name: Industrial Bank of Korea
2. Bank Account: 050-123456-78-91000
3. Bank Address: Hwagok 4dong, 776-6, Gangseo-Gu, Seoul, South Korea
4. Swift Code: IBKOKRSE
5. Name: BEAUTY IN SEOUL
6. Address: Hwagok 4dong, 123-45, Gangseo-Gu, Seoul, South Korea

30~40달러 정도 드는 것이 일반적이다. 페이팔이나 웨스턴유니온으로 송금을 받으면 송금금액에 따라 수수료가 부과되기 때문에 금액이 1,000달러가 넘어가면 바이어를 은행 송금으로 유도하는 것이 좋다.

환전을 생각했을 때 나에게 가장 유리한 방식은 은행 송금이다. 은행 송금으로 결제를 받았을 때에는 외화를 환전하면서 은행 측으로 환율 우대를 받을 수 있다. 환율 우대 정도에 따라 기준환율보다 약간 낮거나 비슷하게 환전할 수 있다. 하지만 페이팔에서 인출할 경우 기준환율이 아니라 달러를 팔 때 기준보다도 더 낮은 환율로 환전이 되어 입금되기 때문에 환전 금액이 클수록 적용 환율에 따른 손해가 더 커진다. 여러모로 바이어와 어느 정도 신뢰가 쌓였을 때는 은행 외화 계좌로 송금받는 것이 좋다.

하지만 은행 송금방식이 좋다고 해서 무조건 은행 송금만 고집해서는 안 된다. 특히 알리바바닷컴을 시작하는 초보 셀러라면 더더욱 그렇다. 우리가 보이스피싱 등으로 계좌이체를 잘못했더라도 이미

이체된 돈을 쉽게 찾을 수 없듯이, 바이어가 초보 셀러와 거래하면서 문제가 발생했을 때 알리바바닷컴에 클레임을 걸어도 송금된 돈은 셀러가 직접 돌려주지 않는 이상 돌려받을 수가 없다. 이 때문에 바이어들은 판매자와 충분한 신뢰관계가 형성되기 전까지는 계좌로 직접 대금을 이체하는 것을 망설인다.

페이팔

바이어는 자신의 구매를 보호해주는 기능이 있는 결제 방법을 선호하는데, 바로 페이팔이다. 바이어가 페이팔로 결제할 경우 바이어가 클레임을 걸어 케이스를 오픈하면 페이팔에서 중재에 나선다. 그렇기 때문에 처음 거래하는 바이어들은 수수료를 더 물더라도 페이팔로 결제를 하고 싶어 한다. 그렇기 때문에 페이팔 계좌는 반드시 개설을 해야 하며, 페이팔 거래가 바이어에게 신뢰를 얻고, 나아가 더 많은 바이어와의 거래를 확장시키는 데 큰 역할을 한다.

페이팔 계좌를 만드는 것 역시 알리바바닷컴 계정처럼 크게 어렵지 않다. 페이팔 계정 만드는 법을 알아보자. 페이팔 주소는 www.paypal.com이다.

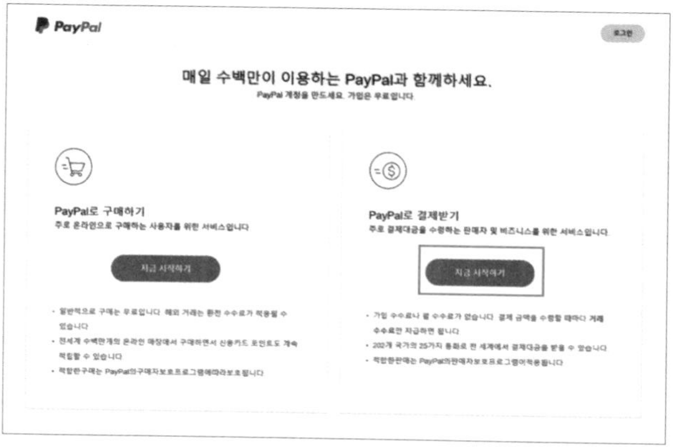

우측의 'PayPal로 결제받기'에 아래의 '지금 시작하기'를 클릭한다.

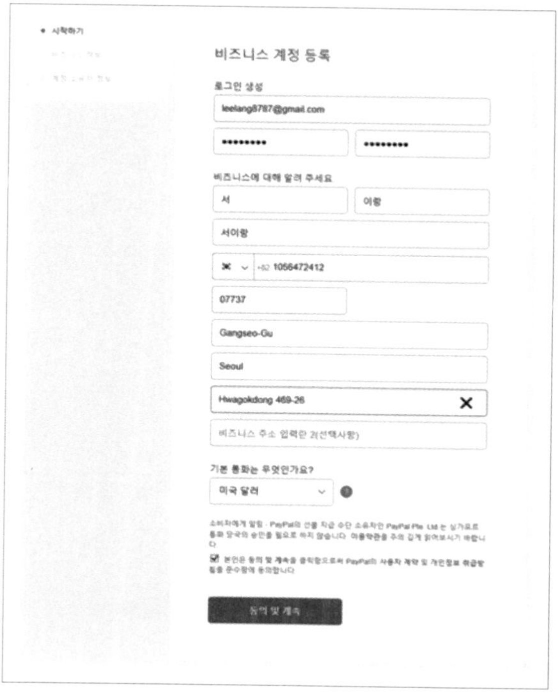

이메일 주소, 이름, 전화번호, 주소 등의 기본정보를 입력하고 동의 및 계속을 눌러 다음 페이지로 넘어간다.

신원증명서류에는 운전면허증과 여권 2가지 종류가 있다. 2가지 중에 하나를 업로드하면 계정 생성이 완료된다. 페이팔 계정은 가입한 이메일 주소이다. 바이어가 Paypal Account를 알려달라고 하면, 가입한 이메일 주소를 알려주면 된다.

페이팔은 정책이 바뀌어 판매량과 관계없이 건당 '4.4%+고정 수수료(US$기준 0.3달러)'가 나간다(2021년 11월 정책 기준). 예를 들어 바이어에게 1,000달러(약 110만 원) 정도 결제를 받았을 때 수수료로 47달러가 나가는 것이다. 단 한 건으로 은행 송금 수수료보다 더 높은 수수료가 나왔다.

환율도 고려해봐야 하는데, 페이팔에서는 달러를 인출할 수 없고 연결된 한국 계좌로 돈이 환전되어 인출된다. 그런데 적용 환율이 문제가 된다. 내가 지금 글을 쓰고 있는 2019년 8월 2일 기준 환율은 1,196원이다. 만약 은행에서 환전한다면 환율우대를 받아 1,197원 정도에도 환전할 수 있을 것이다. 하지만 페이팔에서 확인해보니 현재 1달러에 1,155.96원에 환전되는 것으로 확인된다. 1달러에 41원 차이가 나므로 1만 달러 환전했을 때 무려 41만 원이나 차이가 난다. 그래서 결제대금이 1,000달러 이상이거나 바이어와 신뢰가 쌓였을 경우에는 페이팔이 아니라 은행 송금으로 결제를 받는 것이 좋다.

웨스턴유니온

우리나라 사람들은 생소해하지만 외국에서는 웨스턴유니온을 아주 많이 사용하고 바이어들이 잘 알고 있는 송금 방식 중 하나다. 웨스턴유니온은 미국에 본사를 둔 금융회사로 전 세계 200여 개국에서 개인 송금 서비스를 지원하고 있다. 웨스턴유니온 서비스가 가능한 은행에는 웨스턴유니온 마크가 붙어 있는데, 우리나라는 국민은행, 기업은행, 농협은행, KEB하나은행, 부산은행, 대구은행, 카카오뱅크 등이 웨스턴유니온과 제휴되어 있다.

송금 수수료는 무조건 송금인이 부담하게 되어 있으며 한 번에 최대 7,000달러까지 송금이 가능하다. 바이어에게 수취인 정보(수취인명, 수취인 주소)를 전달해주면, 바이어가 그 정보로 돈을 송금한 후 열자리의 비밀번호인 MTCN 넘버를 알려준다. 그럼 웨스턴유니온 제휴은행에 가서 입금액을 찾으면 되는데, 만약 수취인의 정보가 다를 경우 돈을 찾을 수 없으니 주의해야 한다. 은행에서 다음과 같은 신청서를 작성하면 되는데, 이 신청서를 통해 송금을 받을 수도 있고 송금을 보낼 수도 있다.

웨스턴유니온은 송금수수료가 상당히 비싼 편이다. 은행 송금(T/T)의 경우 금액에 관계없이 건당 30~40달러가 청구되고, 페이팔도 총금액의 4% 정도이기 때문에 1,000달러를 송금하면 40달러 정도가 수수료로 나가는데 웨스턴유니온은 500달러만 송금해도 벌써 30~40달러의 수수료가 발생한다. 물론 수수료는 송금인이 부담하

(은행용) **기업은행-웨스턴유니온 빠른송금 신청서**

〔지급신청서 및 거래외국환은행 지정(변경)신청서 겸용〕

팀 원	실명확인	팀원(책임자)

기업은행 앞
To Industrial Bank of Korea

영문으로 굵은선 안에만 기입하시기 바랍니다 (Please write in marked area in English only)

☐ **송금 받으실 때(To Receive Money)**

M T C N(10자리) (Money Transfer Control Number)					수취금액 (Amount Expected)	US$
수 취 인 (Receiver)	공통 필수정보	성(Last Name)			이름(First Name)	
		주소(Address)				
		전화번호(Phone No)				
		생년월일(주민번호 앞 6자리)(Date of Birth)			출생국가 (Country of birth)	
		여권번호(passport No)				
	상품별 필수정보	여권발급국가 (Passport Issuer)		여권발급일 (Passport Issuer Date)	여권만료일 (Passport Expiry Date)	
송 금 인 (Sender)	성(Last Name)				이름(First Name)	
	전화번호(Phone No)				송금국가 (Country Sent From)	

☐ **송금 보내실 때(To Send Money)** 송금금액 (Amount) US$

송 금 인 (Sender)	공통 필수정보	성(Last Name)			이름(First Name)	
		주소(Address)				
		전화번호(Phone No)			송 금 사 유 (Purpose of Transaction)	
		생년월일(주민번호 앞 6자리)(Date of Birth)			출생국가 (Country of birth)	
		여권번호(passport No)				
	상품별 필수정보	여권발급국가 (Passport Issuer)		여권발급일 (Passport Issuer Date)	여권만료일 (Passport Expiry Date)	
수 취 인 (Receiver)	성(Last Name)				이름(First Name)	
	도시/주(City/State)	수취인 국가가 USA, Mexico 인 경우 필수			수취국가 (Destination Country)	
	선택서비스 (Optional Services)	시험질문(Test Question)				
		답(Answer)				
	★ 주의) 선택서비스는 송금액이 1천불 미만인 경우만 해당되며, 선택하시는 경우 일부국가에서는 실명확인 없이 대금수취가 가능합니다.					
송금번호	5 4 0 R			MTCN NO(10자리)		

★ 상기 송금정보 및 MTCN NO가 수취인외의 사람에게 유출되면 제3자가 대금을 편취할 수 있으므로 주의하시기 바랍니다.

◆ 본인은 귀행을 ☐ 미화 5만불이내 지급증빙 미제출지급 ☐ 해외체재비(해외유학생 또는 해외체재자) ☐ 외국인 또는 비거주자의 국내보수 또는 소득금액 지급을 위한 거래외국환은행으로 지정(변경)하고자 합니다.

◆ 본인은 외국환거래규정에 따라 외국환을 지급(매입)하고자 하며 뒷면 약관 및 귀행 영업점에 비치된 외환거래기본약관을 열람하고 그 내용에 따를 것을 확약하며 위와 같이 지급(매입)신청합니다.

I/We hereby apply for payment(purchase) above amount of foreign currency in accordance with the Foreign Exchange Transaction Regulation and certify that I/We will observe the Terms and Conditions on the back and the General Terms and Conditions of Foreign Exchange Transactions kept in your bank to make remittance as above.

날짜(Date) 신청인(Name and Signature) (인)

이 신청서는 외국환통계자료로 활용하며 과세자료로 국세청에 통보될 수 있습니다.

지정확인번호		위 (지정)사실을 확인함	외국환은행 중소기업은행장 (인)

* 첨부서류 - 실명확인증표(주민등록증, 운전면허증, 여권, 학생증만 가능) 사본
- 관련 증빙자료(필요한 경우)

국용442 | 210×297 | NCR상지 | 2002.5 제정 | 출금번호92730 | 2012.4 개정

WESTERN UNION | IBK기업은행
초고속 해외 송금서비스

긴 하지만 송금금액이 크면 바이어도 부담스러워하기 때문에 보통 웨스턴유니온 역시 소액 송금인 경우가 많다.

하지만 웨스턴유니온은 송금 절차가 아주 간단하고 은행 시스템

이 잘 갖추어지지 않은 나라에서도 대부분 이용할 수 있는 서비스이기 때문에 반드시 알아야 한다. 나의 바이어들의 경우 러시아, 카자흐스탄, 알바니아, 필리핀의 몇몇 바이어가 웨스턴유니온을 이용해 송금을 한다.

웨스턴유니온 빠른송금 국가별 수수료

(단위 : USD)

송 금 액	국가별 수수료	
	베트남, 필리핀, 중국 미국, 인도네시아, 태국, 우즈베키스탄, 스리랑카	그 외 국가
~ 100.00	12.00	15.00
100.01 ~ 200.00	15.00	22.00
200.01 ~ 300.00	15.00	29.00
300.01 ~ 400.00	22.00	34.00
400.01 ~ 500.00	26.00	40.00
500.01 ~ 750.00	32.00	45.00
750.01 ~ 1,000.00	35.00	50.00
1,000.01 ~ 1,500.00	53.00	75.00
1,500.01 ~ 1,750.00	56.00	80.00
1,750.01 ~ 2,000.00	63.00	90.00
2,000.01 ~ 2,500.00	77.00	110.00
2,500.01 ~ 3,000.00	84.00	120.00
3,000.01 ~ 3,500.00	98.00	140.00
3,500.01 ~ 4,000.00	112.00	160.00
4,000.01 ~ 4,500.00	126.00	180.00
4,500.01 ~ 5,000.00	140.00	200.00
5,000.01 ~ 5,500.00	154.00	220.00
5,500.01 ~ 6,000.00	168.00	240.00
6,000.01 ~ 6,500.00	182.00	260.00
6,500.01 ~ 7,000.00	196.00	280.00

※안산송금센터, 이태원송금센터 제외 (별도 송금수수료 기준 적용)

다음은 바이어가 웨스턴유니온을 통해 외화 송금을 했다면서 나에게 보낸 영수증이다. 나는 10년 동안 해외 판매를 하면서 나이지리아에서는 처음으로 결제를 받아봤다. 맨 마지막 장에서 다루겠지만, 아프리카에서 오는 인콰이어리에 경우 가성 인콰이어리가 많아 당연히 결제를 하지 않을 것이라고 생각했는데 결제를 했다. 나이지리아 역시 은행 시스템이 발달하지 않아 웨스턴유니온을 통해 송금을 한 것 같다.

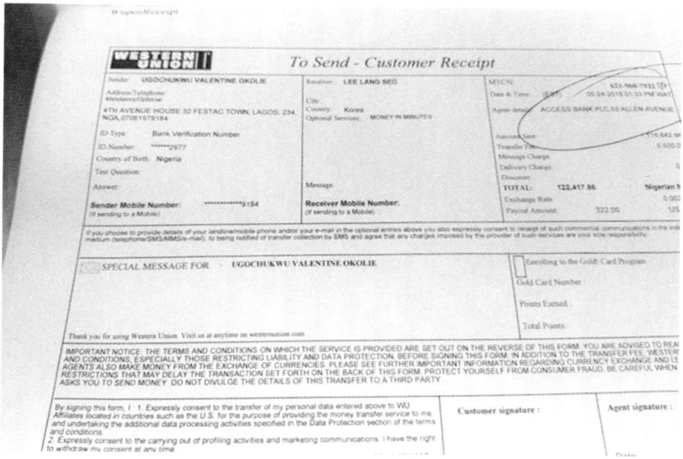

WESTERN UNION

To Send - Customer Receipt

Sender: UGOCHUKWU VALENTINE OKOLIE

4TH AVENUE HOUSE 32 FESTAC TOWN, LAGOS, 234, NGA,07081979184

ID Type: Bank Verification Number

ID Number: ******2977

Country of Birth: Nigeria

Test Question:

Answer:

Sender Mobile Number: ************9184

(If sending to a Mobile)

Receiver: LEE LANG SEO

City:

Country: Korea

Optional Services: MONEY IN MINUTES

Message:

Receiver Mobile Number:

(If sending to a Mobile)

MTCN:

Agent details: ACCESS BANK PLC,55 ALLEN AVENUE

Message Charge:

Delivery Charge:

Discount:

TOTAL: 122,417.86

Exchange Rate:

Payout Amount: 322.00

If you choose to provide details of your landline/mobile phone and/or your e-mail in the optional entries above you also expressly consent to receipt of such commercial communications in the medium (telephone/SMS/MMS/e-mail), to being notified of transfer collection by SMS and agree that any charges imposed by the provider of such services are your sole responsibility.

SPECIAL MESSAGE FOR · UGOCHUKWU VALENTINE OKOLIE

Enrolling to the Gold Card Program

Gold Card Number:

Points Earned:

Total Points:

Thank you for using Western Union. Visit us at anytime on westernunion.com

IMPORTANT NOTICE: THE TERMS AND CONDITIONS ON WHICH THE SERVICE IS PROVIDED ARE SET OUT ON THE REVERSE OF THIS FORM. YOU ARE ADVISED TO REA… AND CONDITIONS, ESPECIALLY THOSE RESTRICTING LIABILITY AND DATA PROTECTION, BEFORE SIGNING THIS FORM. IN ADDITION TO THE TRANSFER FEE, WESTER… AGENTS ALSO MAKE MONEY FROM THE EXCHANGE OF CURRENCIES. PLEASE SEE FURTHER IMPORTANT INFORMATION REGARDING CURRENCY EXCHANGE AND L… RESTRICTIONS THAT MAY DELAY THE TRANSACTION SET FORTH ON THE BACK OF THIS FORM. PROTECT YOURSELF FROM CONSUMER FRAUD. BE CAREFUL WHEN … ASKS YOU TO SEND MONEY. DO NOT DIVULGE THE DETAILS OF THIS TRANSFER TO A THIRD PARTY.

By signing this form, I : 1. Expressly consent to the transfer of my personal data entered above to WU Affiliates located in countries such as the U.S. for the purpose of providing the money transfer service to me and undertaking the additional data processing activities specified in the Data Protection section of the terms and conditions.
2. Expressly consent to the carrying out of profiling activities and marketing communications. I have the right to withdraw my consent at any time.

Customer signature :

Agent signature :

4장

물건을 사는 법을 알아야 잘 팔 수 있다

ALIBABA

1

좋은 판매자 찾는 법

판매하는 방법보다 구매하는 방법을 고민하라

나는 알리바바닷컴에서 물건을 구매하는 것보다는 판매하는 데 훨씬 더 전문가이다. 하지만 물건을 판매하는 방법보다 구매하는 방법에 대해서 늘 먼저 강의한다. 이유는 알리바바닷컴의 거래과정을 이해하는 데 도움이 되기 때문이다.

좋은 판매자에게 좋은 물건을 사는 방법을 알아야 내가 좋은 판매자가 되어 좋은 물건을 팔 수 있다. 구매자의 입장에서 판매자를 고르는 법을 알아야 내가 어떤 판매자가 되어야 할지 깨닫게 된다. 물건을 구매하는 것이 판매하는 것보다 훨씬 쉽고 간단하다. 먼저 구매자의 입장이 되어 간단한 알리바바닷컴의 프로세스를 익힌 후 물건을 판매하는 법을 알아보는 것이 좋다.

물건을 구매하기 위해 좋은 판매자를 찾는 방법을 알아보자. 판매자를 고를 때 고려해야 할 몇 가지가 있다.

기왕이면 회원 연차수가 높은 판매자

비슷한 제품에 비슷한 사양, 비슷한 가격이라면 유료 회원 연차수가 높은 판매자가 낮은 판매자보다 좋다. 유료 회원 연차수가 높다는 것은 판매 경험이 많다는 것을 뜻한다. 내가 제품을 사본 경험이 없거나 많지 않다면 경험이 많은 판매자의 안내가 큰 도움이 된다.

판매 경험이 많을수록 구매자가 모르는 내용을 알아서 챙겨줄 수 있다. 내가 일을 시작한 지 얼마 안 되었을 때의 일이다. 알리바바닷컴 중국 판매자에게 산 제품이 세관 검사에 걸렸다. 원산지가 표기되어 있지 않아 원산지 표기 보수작업을 해야 물건을 받을 수 있다고 했다. 당연히 원산지 표기를 해서 제품을 보낼 거라고 생각했는데 해당 판매자에게 연락하니 내가 요청하지 않았기 때문에 원산지 표기를 하지 않았다는 답을 했다.

그 이후에 다른 판매자에게 물건을 사보니, 따로 요청하지 않아도 원산지 표기를 할 것인지 말 것인지, 한다면 스티커를 붙일 것인지 도장을 찍을 것인지 세세하게 물어보는 판매자도 있었다. 이것이 바로 판매자의 경력 차이다.

회사 프로필, 웹사이트 관리를 잘한 판매자

회사 프로필과 웹사이트가 잘 관리되어 있다면 그만큼 회사에 관심을 가지고 잘 운영하고 있는 판매자라는 뜻이다. 그리고 제품을 검색했을 때 판매자 회사 이름 아래에서 응답시간(Response Time)과 응답률(Response Rate)을 확인할 수 있는데, 응답시간이 짧고 응답률이 높은 판매자를 골라야 한다. 이런 판매자가 자주 계정에 로그인을 하고 바이어의 요구에 빠르게 응대한다.

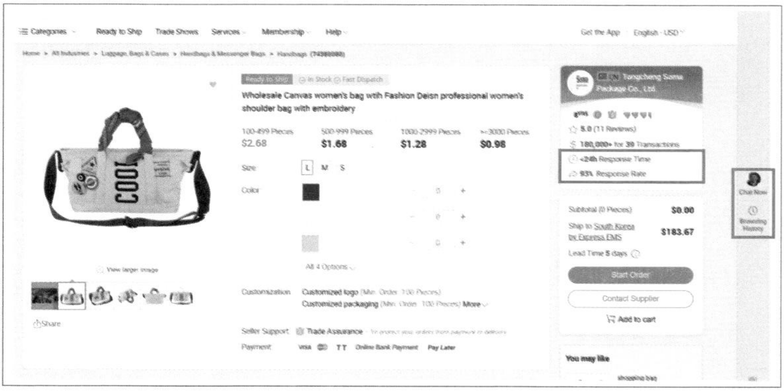

커뮤니케이션이 빠르고 원활한 판매자

제품을 구매하면 알리바바닷컴 메시지뿐 아니라, 이메일이나 왓츠앱 등의 메시지 앱을 통해서도 판매자와 실시간 연락을 하게 된다. 물건을 구매하면 판매자와 급하게 연락을 해야 하는 상황이 생기기도 한다.

예를 들어 구매한 제품이 오늘 들어오는데 인보이스 내용이 틀렸다든지, 원산지증명서 내용이 인보이스 내용과 달라 관세 환급을 못 받게 되었다든지 하는 경우다. 이럴 때 커뮤니케이션이 잘되고 요구에 대해 즉각 응대해주는 판매자가 좋은 판매자다.

Trade Assurance나 페이팔 결제가 가능한 판매자

Trade Assurance나 페이팔 결제는 구매에 문제가 생겼을 때 결제금을 돌려받을 수 있는 중재 역할을 한다. Trade Assurance는 알리바바닷컴에서 제공하는 거래 확약 서비스인데, 중국의 일부 판매자만 이용할 수 있는 서비스다. 페이팔과 비슷한 기능을 하는 알리바바닷컴 내의 서비스라고 생각하면 된다.

앞서 설명했지만 은행계좌 이체나 웨스턴유니온으로 결제하면 문제가 생길 경우 대금을 돌려받기가 아주 힘들어진다. 그러므로 판매자와 충분한 신뢰가 쌓이기 전까지는 수수료를 부담할지라도 내 구매에 대한 보호가 가능한 Trade Assurance 서비스나 페이팔 결제를 이용하는 것이 좋다. 마음에 드는 제품을 파는 판매자가 Trade Assurance 결제나 페이팔 결제를 지원하지 않는다면 일단 샘플의 품질을 확인해본 후 구매를 고려해보는 것이 좋겠다.

좋은 품질의 제품을 파는 판매자

이 부분이 가장 중요하다. 결국 합리적인 가격에 좋은 품질의 제품을 파는 판매자가 가장 좋은 판매자일 것이다. 이런 좋은 판매자를 찾으려면 시간이 필요하고, 제품에 대한 지식과 경험이 있어야 가능하다.

시행착오는 반드시 거치는 과정이라고 생각하고, 처음부터 좋은 판매자를 찾을 거라는 기대를 버리자. 이런저런 문제를 겪고 해결하는 과정을 반복하다 보면 어느새 좋은 판매자이자 좋은 파트너를 찾을 수 있을 것이다.

2

샘플 구매하는 법

적어도 3~4군데는 비교해봐라

판매자 고르는 법을 알아보았으니 이제 샘플 구매하는 법을 알아보자. 알리바바닷컴에서 도매로 물건을 구매할 때는 온라인상에 나와 있는 정보만 가지고 덜컥 도매주문을 해서는 안 된다. 그럴듯한 사진을 보고 주문을 했다가 사진과는 너무 다른 엉망진창의 물건이 올 수도 있다. 반드시 샘플을 구매해 실물을 확인한다. 혹시 나중에 분쟁이 생겼을 때 주문한 물건이 샘플과 다르게 온다면, 보상을 받는 데 유리하게 작용한다.

샘플은 적어도 3~4군데 판매자에게 주문해서 비교해보는 것이 좋다. 각 판매자별로 가격, 수량, 제작 기간, 배송 등의 조건 차이가 있을 것이다. 실물을 반드시 확인하고 각 조건을 따져서 가장 적합한 판매자에게 구매하면 된다.

나는 고무송풍기가 필요해 판매자 몇몇에게 문의를 보냈다. 그중 한 판매자의 예를 살펴보자. 아래 판매자는 중국의 7년차 판매자이고, Trade Assurance로 결제가 가능하다. 지난 6개월간 해당 판

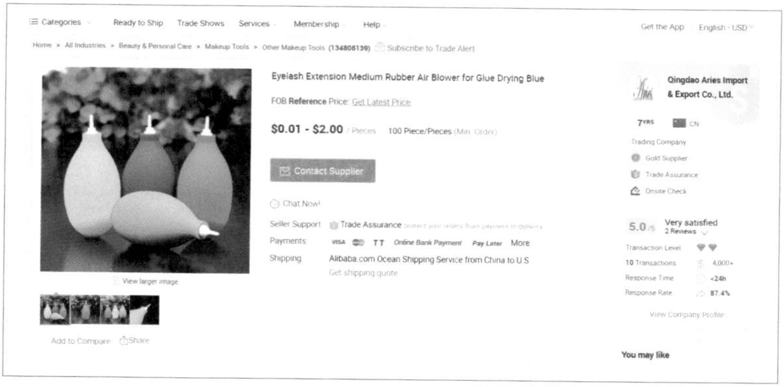

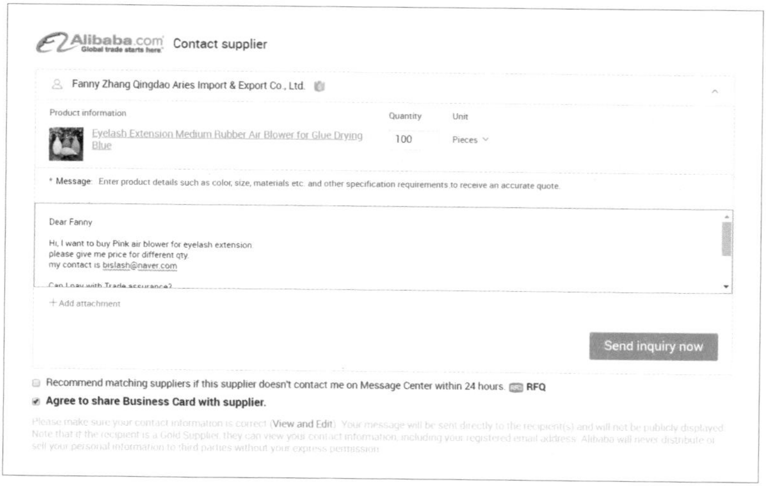

매자의 판매량은 10건, 4,000달러 이상(Trade Assurance 결제 기준), 답변률은 24시간 이내로 87%다. 판매량을 보니 많이 파는 판매자는 아닌 것 같다.

판매자의 미니 웹사이트를 들어가면 좀 더 자세한 판매자 정보를 확인할 수 있다. 정보 중 우측에 체크표시가 되어 있는 것들은 알리바바닷컴에서 인증하는 정보이다. 해당 판매자는 제조가 아니라 무역회사로 확인된다. 미니 웹사이트를 보니 여러 가지 미용용품을 파는 도매업자인 것으로 보인다. 만약 무역회사(Trading Company)가 아니라 제조사(Manufacturer)를 찾는다면 대량구매했을 때 이 판매자보다 더 저렴한 가격을 받을 수 있다.

Contact Supplier를 클릭해 판매자에게 제품 구매 문의를 보냈

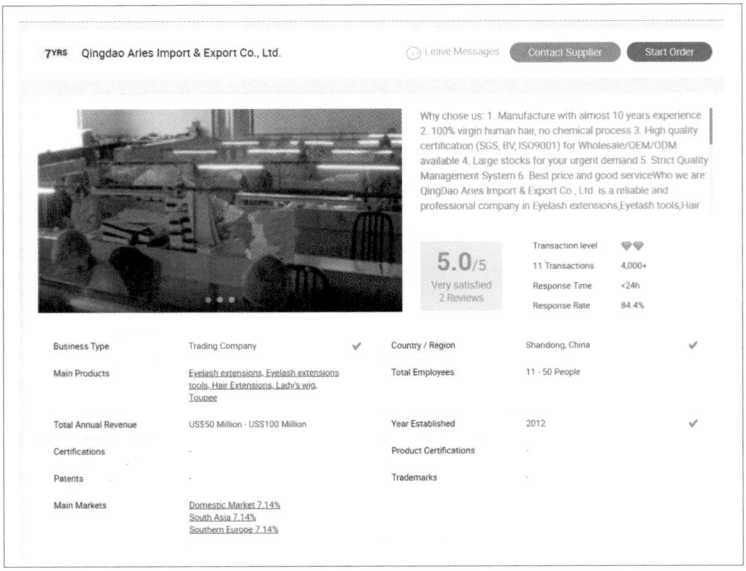

다. 판매자에게 구매 문의를 보내서 수량별 단가가 얼마인지, 페이팔이나 Trade Assurance로 결제 가능한지, 예상 배송료는 얼마인지, 관세 환급을 받기 위해 원산지증명서(C/O, Certificate of Origin)를 발급해줄 수 있는지, 샘플 구매는 어떻게 해야 하는지 물어보았다.

판매자의 답변은 다음 사진과 같다. 샘플은 무료로 제공하며 배송비만 구매자 부담이다. 서울까지 배송료는 27달러다. 결제 방법은 Trade assurance, 페이팔 결제 모두 가능하고, 원산지증명서 발급이 가능하다고 했다. 배송료의 경우 3,000개를 구매했을 때 UPS 배송으로 465달러다.

수량별 단가는, 최소 수량인 100개를 주문했을 때 개당 0.75달러고 3,000개를 주문했을 때 0.52달러다. 샘플을 확인한 후 제품이 마음에 들어 Trade Assurance를 통해 인보이스를 보내달라고 요청했더니 다음과 같이 인보이스가 왔다. 인보이스는 로그인 후 My Alibaba 우측에 있는 Orders에서 확인할 수 있다.

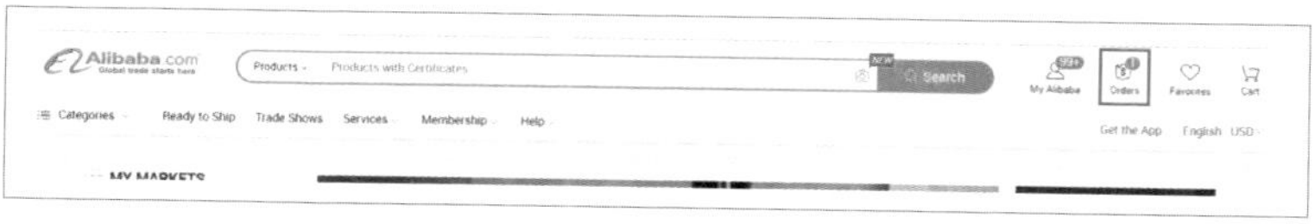

Pink Air Blower(분홍색 고무 송풍기)의 단가는 0.52달러로 총 3,000개, 배송료는 505달러, 최종 2,025달러다. 분명 배송료가 464달러라고 안내받았는데 505달러가 책정되어 있다. View More을 눌러 이 주문에 대해 더 자세한 내용을 살펴보자.

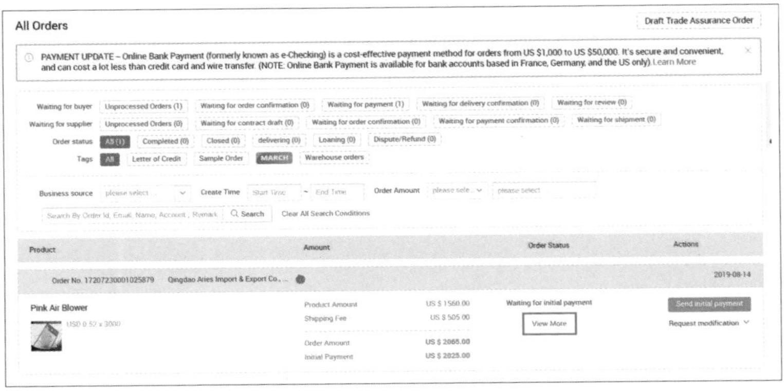

판매자 정보와 배송을 위한 구매 정보, 제품 정보 배송에 관한 내용이 적혀 있다. 제작 기간은 15일이 걸리고, 어떤 방법으로 결제할 수 있는지 적혀 있다. 그리고 맨 마지막 Order Remark에 'shipment cost $505 included $465 ups charge and $40 alibaba charge.'라고 적혀 있는데, 505달러 중에 465달러는 배송료이며 40달러는 '알리바바 수수료'라는 의미다.

Trade Assurance로 결제할 경우 구매자에게는 수수료가 부과되지 않으며 판매자에게 일정 금액 수수료가 부과된다. 제품에 따라서 수수료가 다르고, 어떤 배송사를 이용하느냐에 따라 달라지지만 보통 5,000달러 이하의 구매건은 주문금액의 5%를 수수료로 지불해야 한다. 그래서 판매자가 수수료를 구매자에게 부담시키기 위해 배송료 465달러에 수수료 40달러를 더해 505달러를 청구했다고 설명하고 있다.

사실 정확하게 판매자가 부담해야 하는 수수료를 계산해보면 물

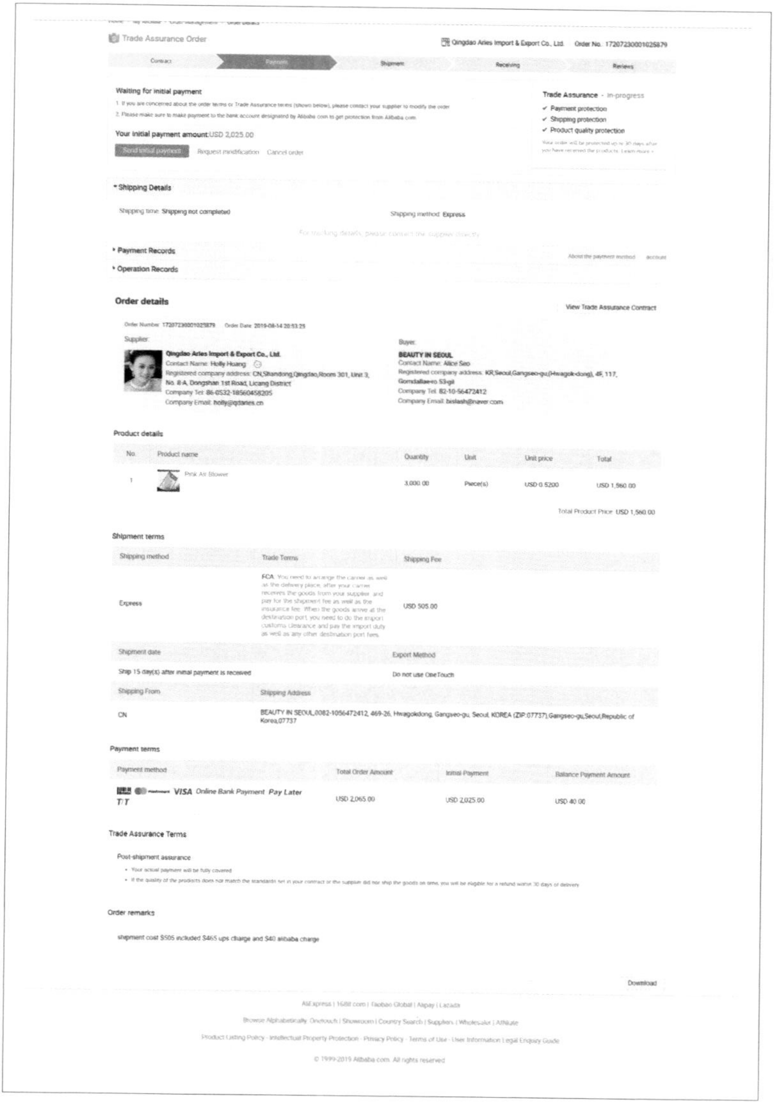

Trade Assurance Order

Qingdao Aries Import & Export Co., Ltd. Order No. 17207230001025879

Contract | Payment | Shipment | Receiving | Reviews

Waiting for initial payment

1. If you are concerned about the order terms or Trade Assurance terms (shown below), please contact your supplier to modify the order
2. Please make sure to make payment to the bank account designated by Alibaba.com to get protection from Alibaba.com

Your initial payment amount: USD 2,025.00

Send initial payment Request modification Cancel order

Trade Assurance - In-progress
- ✓ Payment protection
- ✓ Shipping protection
- ✓ Product quality protection

Your order will be protected up to 30 days after you have received the products. Learn more »

▾ **Shipping Details**

Shipping time: Shipping not completed Shipping method: Express

For tracking details, please contact the supplier directly

▸ **Payment Records** About the payment method account

▸ **Operation Records**

Order details View Trade Assurance Contract

Order Number: 17207230001025879 Order Date: 2019-08-14 20:53:25

Supplier:
Qingdao Aries Import & Export Co., Ltd.
Contact Name: Holly Huang
Registered company address: CN,Shandong,Qingdao,Room 301, Unit 3, No. 8-A, Dongshan 1st Road, Licang District
Company Tel: 86-0532-18560458205
Company Email: holly@qdaries.cn

Buyer:
BEAUTY IN SEOUL
Contact Name: Alice Seo
Registered company address: KR,Seoul,Gangseo-gu,(Hwagok-dong), 4F, 117, Gomdallae-ro 53-gil
Company Tel: 82-10-56472412
Company Email: bislash@naver.com

Product details

No.	Product name	Quantity	Unit	Unit price	Total
1	Pink Air Blower	3,000.00	Piece(s)	USD 0.5200	USD 1,560.00

Total Product Price: USD 1,560.00

Shipment terms

Shipping method	Trade Terms	Shipping Fee
Express	FCA: You need to arrange the carrier as well as the delivery place, after your carrier receives the goods from your supplier, and pay for the shipment fee as well as the insurance fee. When the goods arrive at the destination port, you need to do the import customs clearance and pay the import duty as well as any other destination port fees.	USD 505.00

Shipment date	Export Method
Ship 15 day(s) after initial payment is received	Do not use OneTouch

Shipping From	Shipping Address
CN	BEAUTY IN SEOUL,0082-1056472412, 469-26, Hwagokdong, Gangseo-gu, Seoul, KOREA (ZIP:07737),Gangseo-gu,Seoul,Republic of Korea,07737

Payment terms

Payment method	Total Order Amount	Initial Payment	Balance Payment Amount
VISA Online Bank Payment Pay Later T/T	USD 2,065.00	USD 2,025.00	USD 40.00

Trade Assurance Terms

Post-shipment assurance
- Your actual payment will be fully covered
- If the quality of the products does not match the standards set in your contract or the supplier did not ship the goods on time, you will be eligible for a refund within 30 days of delivery

Order remarks

shipment cost $505 included $465 ups charge and $40 alibaba charge

Download

AliExpress | 1688.com | Taobao Global | Alipay | Lazada

Browse Alphabetically: Onetouch | Showroom | Country Search | Suppliers | Wholesaler | Affiliate

Product Listing Policy - Intellectual Property Protection - Privacy Policy - Terms of Use - User Information Legal Enquiry Guide

© 1999-2019 Alibaba.com. All rights reserved

건 금액(1,506달러)의 5%인 78달러다. 여기에 추가적으로 어떤 배송사로 물건을 보내는지에 따라서 10달러 미만의 수수료가 붙는다.

세부 내용을 확인했으니 다시 이전 페이지로 돌아가서 결제 정보를 확인하기 위해 Make Payment를 누른다.

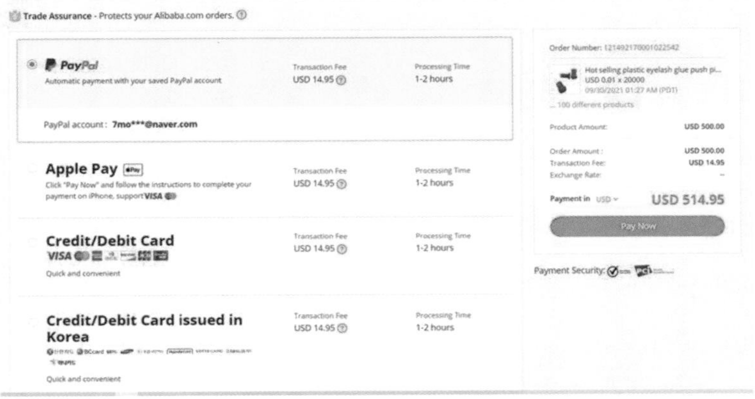

결제방법은 신용카드(Credit Card)나 은행 송금(Wire Transfer) 방법 이외에도 페이팔이나 애플페이 등 여러 가지의 결제방법이 있다. 각각의 결제 탭을 눌러보면 수수료를 확인할 수 있다. 내가 몇 번 구매해보니 수수료가 약간씩 변동이 있는 경우가 있어 구매할 때 정확한 수수료를 확인해 보는 것이 좋겠다. 결제를 하면 주문이 완료된다.

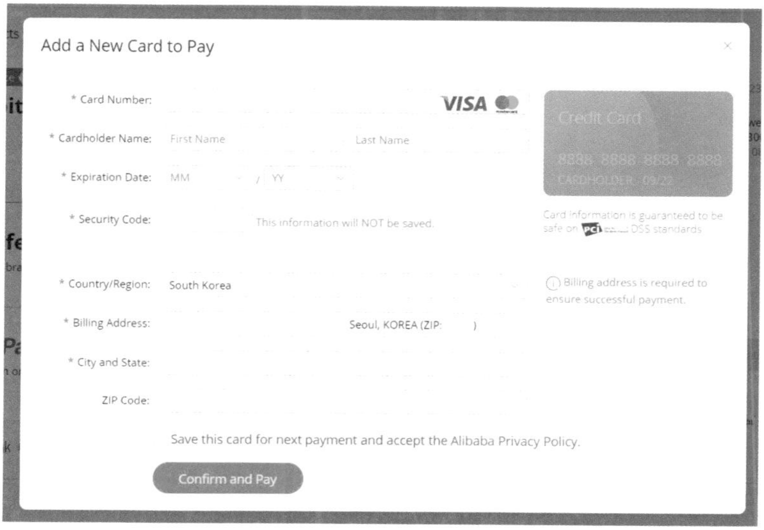
Add a New Card to Pay
* Card Number:
VISA
* Cardholder Name:
First Name
Last Name
* Expiration Date:
MM
YY
* Security Code:
This information will NOT be saved.
Credit Card
8888 8888 8888 8888
CARDHOLDER 09/22
Card information is guaranteed to be safe on PCI DSS standards
* Country/Region:
South Korea
Billing address is required to ensure successful payment.
* Billing Address:
Seoul, KOREA (ZIP:)
* City and State:
ZIP Code:
Save this card for next payment and accept the Alibaba Privacy Policy.
Confirm and Pay

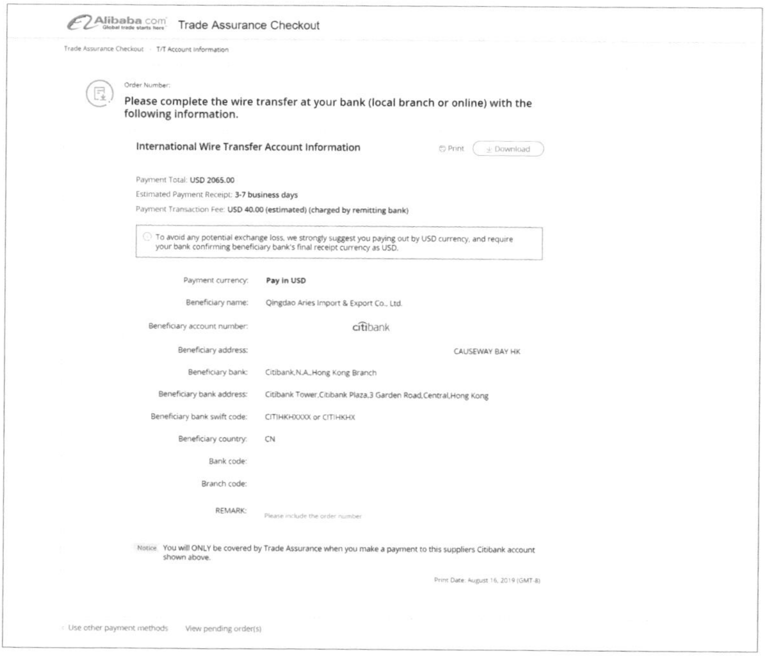
Alibaba.com Global trade starts here
Trade Assurance Checkout
Trade Assurance Checkout
T/T Account Information
Order Number:
Please complete the wire transfer at your bank (local branch or online) with the following information.
International Wire Transfer Account Information
Print
Download
Payment Total: USD 2065.00
Estimated Payment Receipt: 3-7 business days
Payment Transaction Fee: USD 40.00 (estimated) (charged by remitting bank)
To avoid any potential exchange loss, we strongly suggest you paying out by USD currency, and require your bank confirming beneficiary bank's final receipt currency as USD.
Payment currency: Pay in USD
Beneficiary name: Qingdao Aries Import & Export Co., Ltd.
Beneficiary account number:
citibank
Beneficiary address:
CAUSEWAY BAY HK
Beneficiary bank: Citibank,N.A.,Hong Kong Branch
Beneficiary bank address: Citibank Tower,Citibank Plaza,3 Garden Road,Central,Hong Kong
Beneficiary bank swift code: CITIHKHXXXX or CITIHKHX
Beneficiary country: CN
Bank code:
Branch code:
REMARK:
Please include the order number
Notice You will ONLY be covered by Trade Assurance when you make a payment to this suppliers Citibank account shown above.
Print Date: August 16, 2019 (GMT-8)
Use other payment methods
View pending order(s)

3

다양한 결제 조건과 배송 조건 이해하기

돈을 받고 물건을 보낸다는 것은 어떻게 생각하면 간단한 절차지만 해외로 많은 양의 제품을 보내면 결제와 배송이 여러 단계로 나누어지며 여러 가지 조건들이 생긴다. 대금을 언제 어떻게 받을 것인지, 배송을 어떻게 하고, 배송비를 누가 어디까지 부담할 것인지에 따라 여러 가지 조건이 생기는데, 이게 바로 결제 조건(Terms of Payment)과 인코텀즈(Incoterms, 무역 거래 조건)다.

사실 알리바바닷컴을 이제 막 시작하는 생초보들에게 결제 조건, 인코텀즈 등의 이야기를 꺼내면 다들 머리 아파한다. 무역이라는 단어 역시 일반인에게 장벽을 만드는 요소 중 하나이기 때문이다. 하지만 결제와 배송은 물건을 사는 데도 파는 데도 반드시 알아야 할 내용이기에 그냥 넘어갈 수 없다. 이 책은 1인 기업도 쉽게 이해하고 실무에 사용할 수 있도록 하는 데 집필 목적이 있기 때문에 딱 필요한 만큼, 어렵지 않게 결제 조건과 인코텀즈에 대해 설명하겠다.

요새는 시대가 좋아져 일을 하다가 모르는 용어가 나오면 인터넷으로 검색해서 금방 내용을 찾아볼 수 있다. 그러므로 사실 모른다고 해서 겁먹을 것이 없다. 중요한 것은 결제와 배송 역시 결국 구매자와 판매자가 조율해 결정한다는 점이다.

후불은 공멸의 지름길이다

결제 조건(Terms of Payment)은 무역거래에서 대금지급에 관한 조건을 말한다. 한마디로 설명하면 대금을 언제 받을 것인지에 대한 것인데, 이것은 바이어와 조율하기에 달려 있다.

선불을 받을 경우 100% Advance, T/T in advance라 한다. 일부 선불을 받고 선적 시 지불이라면 30% Advance, 70% before shipment 혹은 50% advance, 50% before shipment라 한다. 만약 후불이라면 3days after receipt the goods라 한다.

우리 회사의 경우 대부분의 바이어와 100% 선금(Advance)으로만 거래한다. 러시아의 한 업체만 거래량이 커서(1회 주문 8만~9만 달러) 50% 선금을 받고 선적 시에 나머지 50%를 받는다. 어쨌든 바이어가 물건을 받기 전에 우리는 100% 대금을 무조건 다 받는다. 다른 사람들이 이 이야기를 들으면 어떻게 100% 선금만으로도 거래가 되냐고 묻는다.

바이어가 페이팔로 결제를 한다면 페이팔에서 구매를 보호해준다. 그리고 나는 알리바바닷컴 유료 회원이기 때문에 바이어가 알리바바닷컴에 클레임을 걸 수도 있다. 하지만 만약 내가 물건을 일부 후불결제로 보낸다면 문제가 생겼을 때 누가 이를 보호해줄 것인가? 바이어가 물건을 받고 나서 이런저런 트집을 잡아 나머지 대금을 결제하지 않는다면 아주 위험한 상황이다. 나머지 결제대금 얼마 받겠다고 해외에 가서 소송을 걸 수는 없지 않은가?

이상하게도 우리나라 산업 자체에 외상이나 후불결제 풍토가 많이 퍼져 있어서 그런지 해외 거래에 있어서도 그래야 거래가 이루어지는 것 아닌가 생각하는 사람들이 많다. 산업군에 따라서 분위기가 다르긴 하겠으나, 내가 10년을 해본 결과 나와 거래하는 바이어들은 100% 선금제도를 별 거부감 없이 다 받아들였다.

후불제도는 공멸의 지름길이다. 내가 돈을 못 받아 흔들리면 나에게 물건을 대주는 공급업체도 흔들리고, 다른 바이어들까지 흔들릴 수 있다. 도미노처럼 줄줄이 무너지는 것이다.

그렇기 때문에 나는 국내업체에 물건을 매입할 때도 전액 선금을 내고, 물건을 팔 때도 100% 선금을 받는다. 이 방식이 내가 10년 동안 사업을 하며 크게 자금으로 인해 흔들리지 않았던 하나의 비결이 되었다. 이렇게 일하면 일단 빚이 없기 때문에 망하더라도 마이너스는 아니다.

배송비는 누가 부담할 것인가

인코텀즈는 International Commercial terms의 약자이다. 국제 매매계약에 이용되고 있는 전형적인 무역 조건 CIF, FOB 등 무역용어의 해석을 통일하기 위해 국제상업회의소(ICC, International Chamber of Commerce)가 정한 규칙이다. 국제사회는 법질서가 국가 단위로 유지되고 있어 통일된 법이 없다. 그로 인해 발생하는 불편을 제거하기 위해, 국제 관행을 기초로 9개 주요 계약 조건에 관한 통일된 해석 규칙을 정하게 되었다.

인코텀즈는 배송료와 보험비를 누가 내고, 배송은 누구 책임이고, 어디까지는 누구 책임이냐에 따라 달라진다. 다음은 흔히 쓰는 조건이다.

- EXW(Ex-Work): 공장인도조건, 도착지까지 물품에 수반되는 모든 비용을 구매자가 지불하는 조건이다.
- FOB(Free on Board): 본선인도조건. 판매자가 약속한 화물을 구매자가 지정한 선박에 적재, 본선상에서 화물의 인도를 마칠 때까지의 일체 비용과 위험을 부담한다. 그 이후에는 구매자의 책임이 된다.
- CIF(Cost Insurance and Freight): 운임보험료부담조건. 판매자가 상품의 선적에서 목적지까지의 운임료, 보험료 일체를 부담할 것을 조건으로 한 무역계약이다. CIF란 수출입 상품의 운임, 보험료를 포함한 가격, 즉 인도항까지의 인도가격을 말한다.

- DAP(Delivery at Place): 판매자가 합의된 주소로 운송하는 데 드는 비용과 위험을 부담하는 조건으로 수입국 내의 물건을 통관하기 위해 지불되는 통관비, 수입관세 등의 세금만 구매자가 부담한다.

기본적으로 우리 회사 가격표는 EXW 조건으로 만들어져 있다. 제품 배송에서 발생되는 모든 배송료는 바이어 부담이다. 가격표는 딱 물건값 기준이다. 그런데 바이어가 물건을 좀 많이 구매하는 경우 내륙 운송비(공항이나 항공까지 가는 운송비)는 서비스 차원에서 내주기도 한다. 내륙 운송비는 별로 안 비싸니까. 우리나라는 택배도 저렴하고 다마스나 화물차를 불러도 크게 비싸지 않다. 내륙 운송비를 내주면 이것은 FOB 조건이 된다.

CIF는 여기서 더 나아가 상대국의 항구까지 판매자가 배송료와 보험비를 내주는 것이다. DAP는 바이어의 배송지까지 발송하는 모든 배송료를 판매자가 부담하는 것이다. DAP는 우리가 인터넷 쇼핑할 때 무료배송 제품을 생각하면 되겠다. 제품 가격에 모든 배송료가 포함되어 있는 것이다.

취급하는 품목이 나처럼 다양하다면 제품 가격표를 만들어야 하는데, 해외 배송은 일단 거리가 멀고 국가마다 배송료가 다르고 배송 방법에 따라서 배송료가 다르다. 그래서 제품 가격표에 배송료를 포함해 만들기는 어렵다. 이런 경우 EXW이나 FOB 조건으로 가격표를 만들고 추가적으로 드는 배송료는 바이어가 부담하게 하는

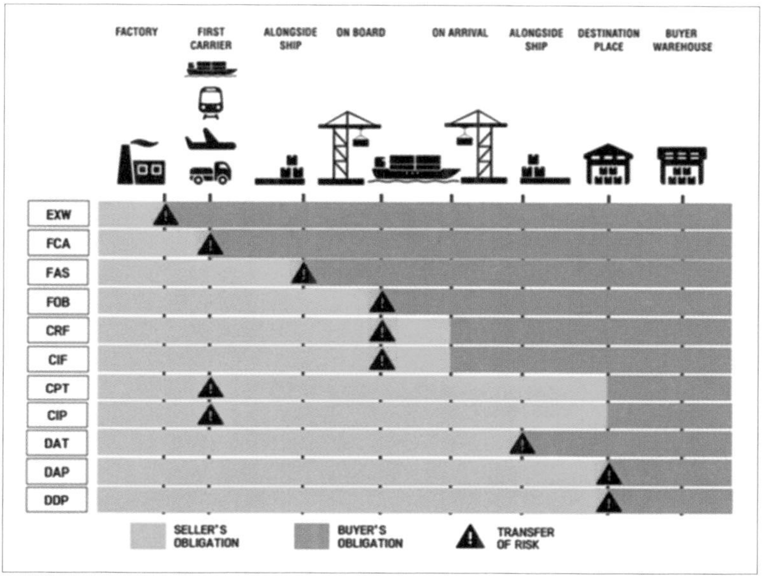

게 좋다. 만약 취급하는 품목이 많지 않다면 바이어의 문의에 대해 따로 견적을 주면 된다. 어떤 조건으로 할지는 바이어와 조율해 결정한다.

4

관세, 부가세, 수입 검사, 안전인증

구매라는 것이 간단하게 물건을 돈 주고 사서 가지고 오는 것이라면 좋겠지만, 알리바바닷컴에서 물건을 사면 해외에 있는 제품이 국내로 들어오는 '수입'이 되므로 미리 고려해야 할 것들이 있다.

물건이 해외에서 들어올 경우 개인적으로 사용할 목적으로 구매하면 150달러 이하는 면세다. 하지만 알리바바닷컴을 이용할 경우 보통 도매로 구매하고, 개인적인 용도보다는 사업적 용도로 쓰므로 통관을 피할 수 없다. 통관을 거치다가 내가 생각하지도 못한 상황이 생겨 물건을 받지 못하게 되거나 예상 외로 경비가 너무 많이 들어 손해를 보는 경우도 생길 수 있다. 나 역시도 잘 모르고 해외에서 물건을 샀다가 고생한 적이 몇 번 있다. 어떤 점을 고려해야 하는지 미리 알아두자.

관세, 부가세

보통 국내에서 물건을 구매하면 부가세 10%가 부과된다. 우리나라는 통상적으로 물건값에 부가세가 포함되어 있는 경우가 많다. 그래서 우리나라 사람들은 물건을 살 때 물건값은 얼마이고 그중 부가세는 얼마인지 생각하지 않아 부가세에 대한 개념이 약하다.

하지만 해외에서 물건을 사서 통관을 하면 10%의 부가세가 붙고, 거기에 관세까지 붙는다. 관세는 품목별로 다른데 만약 내가 구입한 제품의 관세율이 15%라면 부가세에 관세까지 무려 25%나 되는 세금을 내게 되는 것이다. 그래서 제품을 구매하기 전 반드시 관세와 부가세에 대한 생각까지 해야 한다.

부가세는 무조건 10%라고 생각하면 되고, 관세는 구입한 품목의 HS코드를 알아야 한다. HS코드는 국제통일상품분류체계에 따라 대외 무역거래 상품을 총괄적으로 분류한 품목분류 코드다. 물건을 살 때 판매자에게 해당상품의 HS코드가 무엇인지 물어보는 것이 가장 정확하다. 아니면 관세사에게 물어보아도 된다. 포워딩 등의 운송회사로 제품이 들어올 경우 통관을 하려면 관세사를 통해야 하기 때문에 해당 관세사에게 물어보면 된다. DHL이나 UPS 같은 특송사를 이용할 경우 자체 관세사가 있으니 그쪽에 문의하면 된다.

HS코드를 직접 조회하는 사이트도 많이 있지만, 막상 검색해보면 정확한 HS코드 찾기가 어렵다. 한 품목을 검색해도 비슷하거나 애매한 HS코드들이 함께 검색되고, HS코드마다 관세율이 달라 어떤 코드를 써야 할지 헷갈린다. 그렇기 때문에 HS코드 판매자에게 직접 물어보거나 관세사 같은 전문가의 도움을 받는 것이 좋다.

관세 환급

관세, 부가세는 다행히 환급받는 방법이 있다. 일단 관세의 경우 상대 국가와 자유무역협정(FTA, Free Trade Agreement)이 체결되어 있다면 일부 또는 전액 면제받을 수 있다. 자유무역협정이 체결되어 있는지 아닌지를 확인하고, 품목별로 면제받을 수 있는 품목인지, 받을 수 있다면 얼마나 받을 수 있는지도 확인한다.

자유무역협정이 체결되어 있다고 해서 관세를 무조건 환급받을 수 있는 것은 아니다. 판매자가 원산지증명서를 발급해주어야 한다. 모든 판매자가 원산지증명서를 발급해줄 수 있는 것이 아니기 때문에 구입 문의를 할 때 원산지증명서를 발급해줄 수 있는지 반드시 물어보아야 한다. 나는 베트남에서 정기적으로 구입하는 물건이 있는데 4년 전 한국과 베트남에 FTA가 체결되어 그 이후부터 관세를 전액 환급받을 수 있게 됐다. 슬픈 사실은 내가 이 사실을 최근에서야 알았다는 것이다.

4년 동안 내가 낸 관세를 계산해보니 3억 원 정도다. 미리 알았다면 다 환급받을 수 있었던 돈이다. 관세사무소 담당자에게 왜 미리 알려주지 않았냐고 물어보니 자기는 운송회사 담당자에게 몇 번이나 이야기했는데 거기서 나에게 전달이 안 되었다고 한다. 어느 누구도 탓할 수 없다. 누군가 나에게 밥상 차려서 숟가락으로 떠먹여주기를 기대해서는 안 된다. 결국 내가 아는 만큼 보이는 것이다.

부가세 환급

나는 제품을 100% 수출만 한다. 수출은 영세율이기 때문에 세금이 없다. 그래서 내가 물건을 매입할 때 낸 10%의 부가세도 환급받을 수 있다. 꼭 수출신고를 하지 않아도, 매출이 수출이라는 것만 인정되면 환급된다. 나의 경우 제품 발송건이 너무 많고, 소액 바이어도 상당하다 보니 건별로 수출 신고는 하지 않는다. 대신 바이어에

BTS LOGISTICS CO.,LTD.

#204, BTS BUILDING, 349, JUNGANG-RO,YANGCHON-GU, SEOUL, KOREA
Tel:02-2604-0992 Fax:02-2604-0991 e-mail:btsl@btslogistics.co.kr

Printed By : 신진호 Date : 2019-08-16

(AIR INBOUND)

수출입물류통관예상서

To. 뷰티인서울

ATTN. 서이랑 TEL. 010-5647-2412

REF NO.	CA19080001	INVOICE DATE.	
DATE.	2019-08-15	INVOICE NO.	
M.B/L NO.	80670097554	면허일자	2019-08-16
H.B/L NO.	TVAE19080090	운송일자	2019-08-16
수 량	18 PCS	장치장소	
중 량	219.00 KG	감정가격	
용 적	222.50 W/T	신고가격	0
품 명		과세가격	0

DESCRIPTION	CUR	PER	RATE	AMT (CUR)	EX.RATE	AMOUNT (KRW)	VAT
AIR FREIGHT CHARGE	USD		2.05	456.12	1,223.50	558,063	
TERMINAL HANDLING CHAR(	USD		0.06	13.35	1,223.50	16,334	
AIR WAYBILL CHARGE	USD		20.00	20.00	1,223.50	24,470	
CUSTOMS CLEARANCE CHAF	USD		35.00	35.00	1,223.50	42,823	
INLAND TRUCKING	USD		70.00	70.00	1,223.50	85,645	
WAREHOUSE CHARGE	KRW		30,000		1.00	30,000	3,000
TRUCKING CHARGE	KRW		70,000		1.00	70,000	7,000
HANDLING CHARGE	KRW		30,000		1.00	30,000	3,000
관세	KRW				1.00	1,817,990	
부가세	KRW				1.00	2,454,280	
CUSTOMS CLEARANCE CHAF	KRW				1.00	50,050	
TOTAL				594.47		5,179,655	13,000
					TOTAL :	(KRW)	5,192,655

게 받은 송금자료(외국환영수증)를 증빙서류로 내면 수출로 인정을 받아 부가세를 환급받을 수 있다.

보통 부가세 신고는 1년에 두 번, 상반기분(6월 25일) 하반기분(1월 25일)으로 나누어 한다. 환급은 신고 후 30일 이내에 계좌에 입금되는 방식이다. 수출의 경우 정기 부가세 신고기간과 별도로 부가세 조기 환급 신고를 하면 보다 빠르게 환급받을 수 있다. 조기 환급은 매월 부가세 신고를 할 수 있고 신고기간으로부터 15일 이내에 환급금이 입금된다.

수입 검사

모든 수입 제품에 대해 검사를 하는 것은 아니고, 세관에서 무작위로 선정해 수입검사를 한다. 세관에서 물건 포장박스를 열어서 직접 물건을 확인해보는 것이다. 서류상의 제품과 일치하는 제품이 들어왔는지 확인하고 밀수입 등을 방지하기 위함이다.

포워딩(운송업체)은 웬만해서는 검사를 잘 안 한다고 해서 안심하고 있었는데 중국에서 들어온 물건이 검사에 걸렸다. 하필 원산지 표기가 되어 있지 않았다. 원산지 표기 보수 작업을 해야 물건을 줄 수 있다고 해서 추가 보수 작업비에 창고료에 보수 작업하는 데 며칠 시간이 걸려 배송은 지체되고 돈은 돈대로 나갔던 기억이 있다. 그렇게 한번 걸려서 그런지, 무슨 이유인지는 모르겠지만 그 이후로 들어오는 물건 족족 검사가 계속 걸린다.

나는 아니겠지 하고 안심하지 말자. 물건을 구매할 때는 원산지 표시를 꼭 확인하고, 내가 서류상 수입하는 제품과 들어오는 제품이 반드시 일치해야 한다.

안전인증

안전인증을 받아야 국내 판매가 가능한 제품들이 있다. 전기제품이나 어린이제품 등이 대표적이다. 이런 제품들은 안전인증을 받지 않으면 국내 반입이 불가하다. 세관에서 물건을 잡고 안 준다. 물건이 잡혀 있는 동안 창고료가 계속 나간다. 그렇기 때문에 제품을 구매하기 전 안전인증이 필요한 제품인지 아닌지를 확인해야 한다.

내가 취급하는 제품 중 속눈썹이 있는데, 속눈썹은 원래 안전인증 없이도 수입이 가능한 제품이었다. 계속해서 물건을 문제없이 수입해왔는데 몇 년 전 갑자기 법이 바뀌어 안전인증을 받지 않으면 수입을 못 하는 품목이 되었다. 물건은 이미 한국에 도착했고 바이어에게 언제까지 보내주기로 약속을 한 상태였는데 갑자기 물건을 못 받게 되니 황당했다. 안전인증 검사비용은 정확하게 기억이 안 나지만 100만~200만 원가량이었다. 문제는 검사기간이 한 달이나 걸린다는 것이었다. 그때 수입되는 물건이 국내 판매용이 아니라 전 제품이 다시 수출될 것이라고 설명했더니 증빙서류(인보이스)를 요구했다. 가까스로 안전인증 면제를 받아 물건을 받을 수 있었다.

5

문제가 발생하면 주저 없이 클레임을 걸자

Trade Assurance 클레임 거는 방법

은행 송금으로 대금을 이체했을 경우 방법이 없지만, Trade Assurance나 페이팔을 통해 대금을 이체했다면 해당 거래건에 대해 클레임을 걸 수 있다.

먼저 Trade Assurance로 결제한 것의 클레임 거는 방법을 살펴보자. 메인화면에서 My Alibaba 옆의 Orders를 클릭한다.

해당 구매건을 확인한 후 View More을 클릭한다.

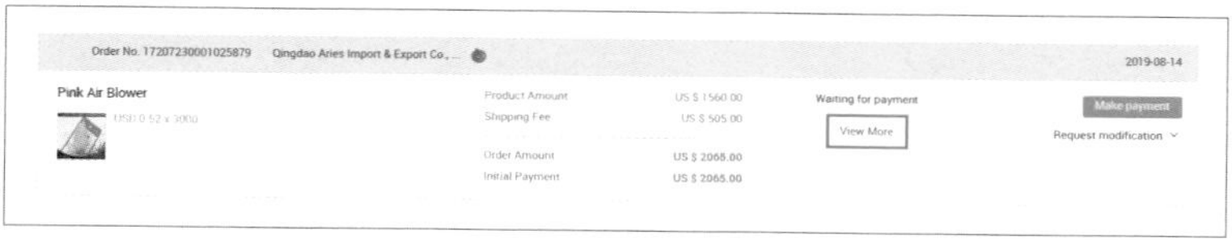

그다음 Apply For Refund를 클릭한다.

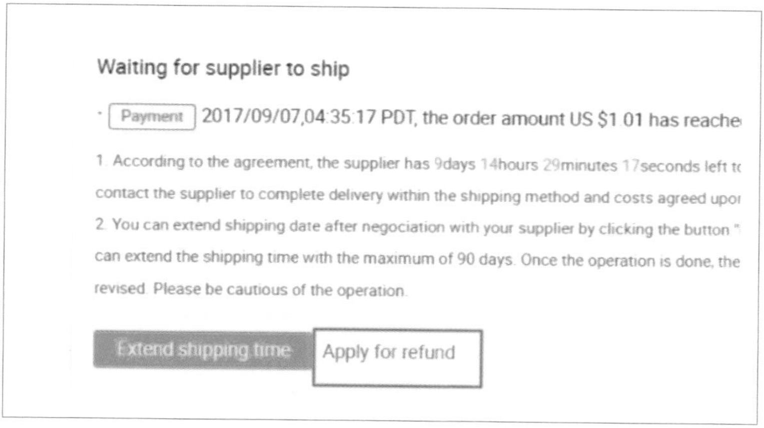

여기에 환불에 대한 자세한 내용을 적어야 한다. 환불을 요청하는 이유와 금액, 또 어떤 문제가 생겼는지에 대한 증거도 올려야 한다. 증거에는 확인한 샘플과 받은 제품이 다르다든지, 제품이 파손됐다든지, 수량이 잘못 왔다든지 문제를 증명하기 위한 사진을 첨부하고, 판매자와의 대화 내용도 캡처해 올린다. 판매자와 나눈 이메일이나 모바일 메신저 등의 내용을 올린다. 혹시 알리바바앱이나 메시지가 아닌 다른 경로로 대화를 나눴을 경우 대화 내용에 대해 다툼의 소지가 발생할 수 있으므로 물건을 구매할 때는 알리바바 자체에서 제공하는 대화 방식을 사용하는 것이 좋다.

환불 신청을 한 후에 해당 판매자와 대화를 나누어도 분쟁이 해결되지 않으면, 4일째가 되는 날 'Escalate Dispute' 버튼을 누른다. 30일 내에도 분쟁이 해결되지 않으면 알리바바닷컴 측에서 중재에 나선다.

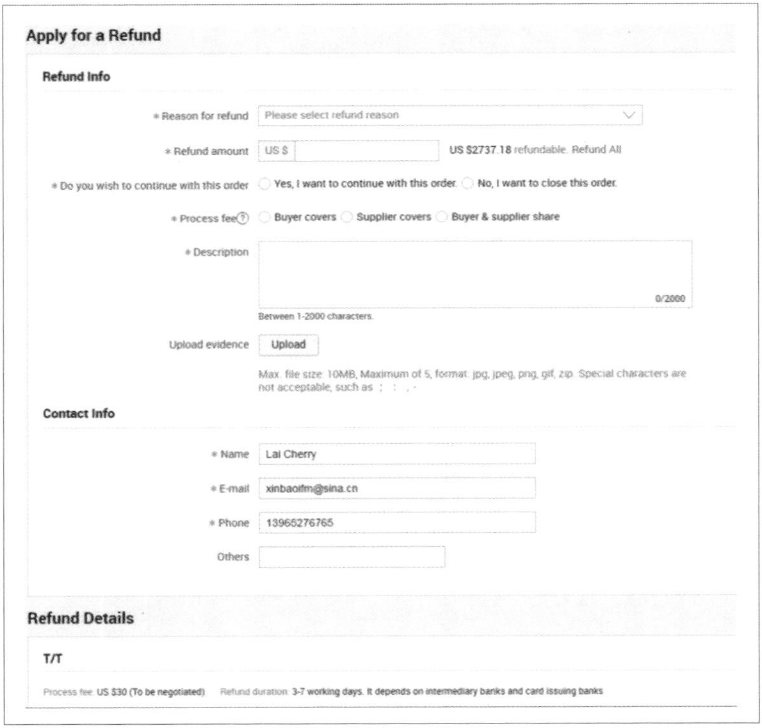

페이팔 클레임 거는 방법

페이팔에 로그인한 후 해당 결제건을 클릭하면 아래와 같은 창이 뜬다. 여기서 문제 신고를 클릭한다.

그런 다음 어떠한 이유로 신고하는지 이유를 선택하고, 구매한 상품은 무엇인지와 구매 관련 추가 증거자료를 업로드한다. 문제 신고 이후 20일 이내에 판매자와 해결이 되지 않으면 클레임으로 격상시킬 수 있고, 페이팔에서 중재에 나선다.

5장

상위 노출되는 상품 등록하기

ALIBABA

1

상위 노출과 스타레이팅스

내가 책을 출간할 무렵(2019년) '스타레이팅스(Star Ratings)'라는 것이 생겼다. 그때는 별 3개가 만점이었는데 이후 여러 번의 정책 업데이트가 이루어졌다. 솔직하게 말해서 나는 개정판을 집필하며 이 부분을 벌써 3번째 통째로 다시 쓰고 있다. 가장 최신 버전(2022년 6월 기준)으로 이번 개정판에 소개하도록 하겠다.

다시 한번 말하지만 알리바바닷컴은 정책 변경이 매우 잦다. 변경사항이 있을 경우 내가 운영하는 네이버 카페(알리바바 무역공주)에서 확인하길 바란다. 변경 사항 중에 스타레이팅스처럼 중요한 부분은 판매자로써 꼭 알고 있어야 하는 부분이므로, 혹시 책이 출간된 이후 변경이 되더라도 수시로 내가 운영하는 네이버 카페에 개정

내용을 업로드할테니 필요한 독자들이라면 확인하길 바란다. 이번 장에서는 알리바바의 스타레이팅스가 무엇인지, 어떠한 기준으로 평가하고 등급이 부여되는지에 대해 배워보도록 하자.

스타레이팅스란 알리바바닷컴에서 판매자의 개정을 6개의 지표로 평가해, 판매자의 등급을 5개의 등급으로 나누고 노출도 상승이라든지, 이벤트 참여 자격 등의 등급별 혜택을 부여하는 제도로 제품의 상위 노출에 가장 직접적인 연관이 있는 중요한 부분이다. 성공적인 알리바바 셀링을 위해서는 반드시 숙지하고 있어야 한다.

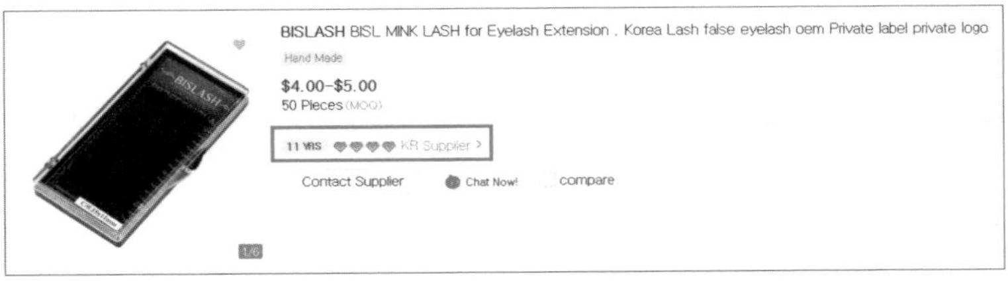

스타레이팅스는 바이어가 제품을 검색했을 때 노출도뿐만 아니라 위 이미지와 같이 등급이 함께 보이기 때문에 중요하다. 바이어는 등급이 낮은 판매자보다 높은 판매자를 신뢰하는 경향이 있다. 바이어 입장에서 생각해보면 별점이 없거나, 별점이 1개인 판매자보다는 별점이 높은 판매자가 더 믿음직스러워 보일 것이다. 높은 별점은 바이어의 클릭을 유도하고 이는 결국 주문으로 이어질 확률을 높이게 된다.

현재 알리바바에서 무료 회원은 제품 판매가 불가능한 상태다.

그렇기 때문에 유료 회원만 등급을 확인할 수 있다. 본인 계정의 등급은 My alibaba - Analytics - Star ratings에서 알 수 있다.

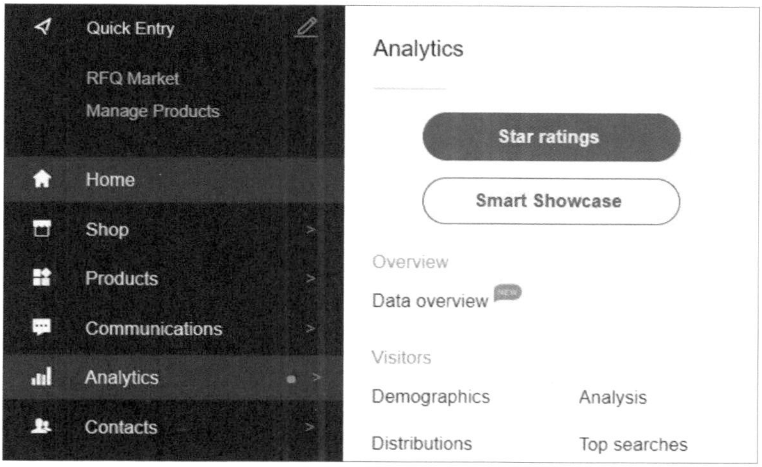

스타레이팅스는 월말까지의 활동 내역을 산정해 다음달 5일에 업데이트되는데, 어떤 기준으로 평가하는지 항목을 알아보도록 하자. 평가는 총 6개의 지표로 평가되는데, Potential Products and Above(잠재적 제품 등급) 이상의 제품, Top and Super Products의 개수 Store Response Time(문의 응답시간), Number of Active Buyers(활동적인 구매자의 수), Converse Rate(전환율), Marketing Traffic Index(마케팅 트래픽 인덱스)다.

각 지표의 최소치를 충족해야 하며, 종합 등급은 평균치가 아니라 가장 낮은 등급으로 결정되니 특히 유의해야 한다. 만약 5가지 지표에서 5스타를 받았다 할지라도 단 하나의 항목 관리를 못해 1스

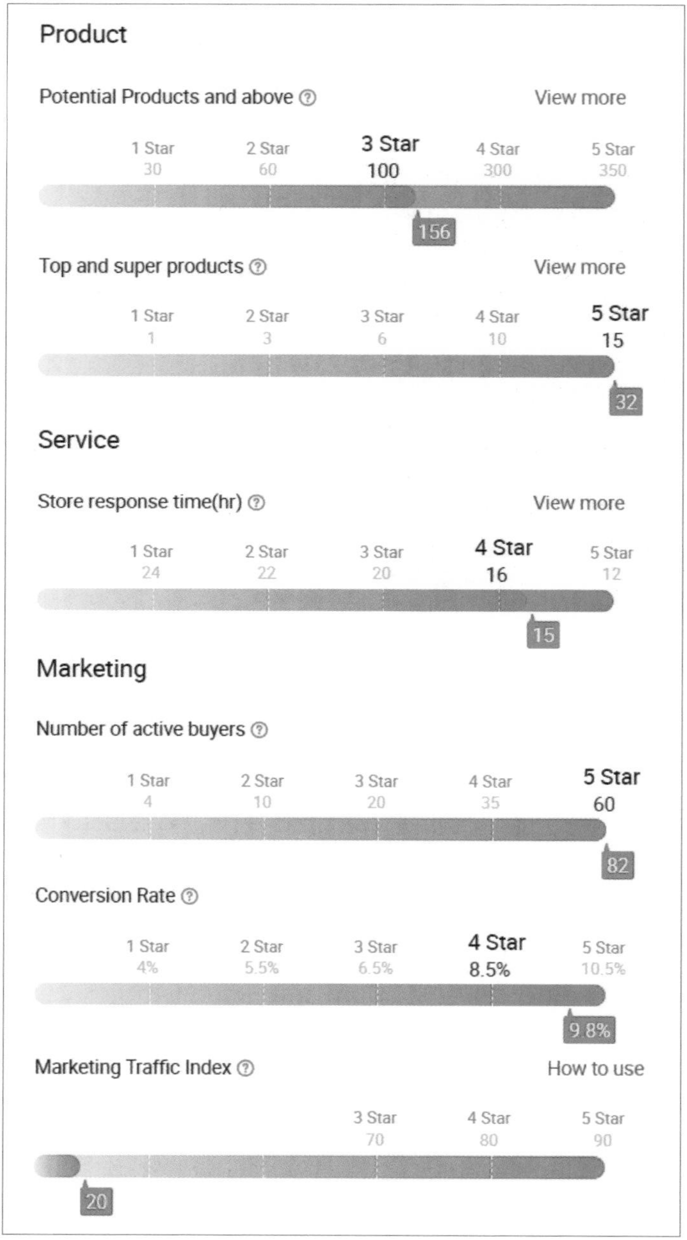
Product
Potential Products and above
View more
1 Star 30
2 Star 60
3 Star 100
4 Star 300
5 Star 350
156
Top and super products
View more
1 Star 1
2 Star 3
3 Star 6
4 Star 10
5 Star 15
32
Service
Store response time(hr)
View more
1 Star 24
2 Star 22
3 Star 20
4 Star 16
5 Star 12
15
Marketing
Number of active buyers
1 Star 4
2 Star 10
3 Star 20
4 Star 35
5 Star 60
82
Conversion Rate
1 Star 4%
2 Star 5.5%
3 Star 6.5%
4 Star 8.5%
5 Star 10.5%
9.8%
Marketing Traffic Index
How to use
3 Star 70
4 Star 80
5 Star 90
20

타가 되었다면 종합 등급은 1스타가 된다. 그러니 한 항목도 놓치지 말고 잘 관리해야 한다. 이제 각 지표별로 어떻게 등급이 산정되는지 하나하나 살펴보자.

잠재적 제품 등급 이상의 제품(Potential Products And Above)

알리바바에서는 포스팅된 제품에 제품 성장 점수(Growth Score)를 매겨 총 4등급으로 나눈다. 60점 미만의 제품은 Basic Products, 60~79점 Potential Products, 80~99점 Top Products, 100점 이상이 Super Products이다.

산업군별로 요구하는 개수가 다른데 나의 경우 뷰티산업군이고, 5스타를 받으려면 잠재적 제품 등급 이상의 제품이 350개 이상이 돼야 한다.

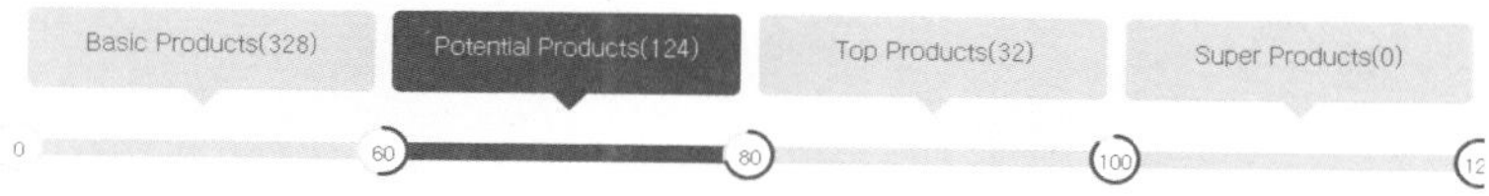

현재 내가 포스팅한 제품의 제품 상장 점수를 알고싶다면 My Alibaba-Products-Product Operation Platform에서 확인할 수 있다.

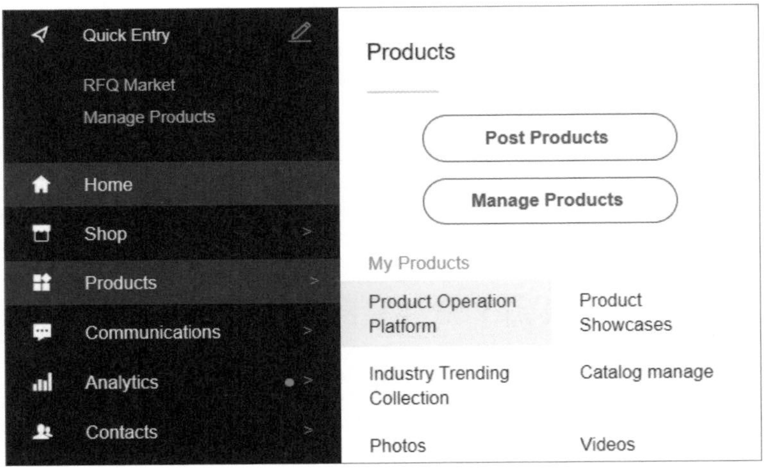

제품 상장 점수는 다음의 평가기준에 의해 매겨진다.

산업 특성(Industry Characteristics)

제품 카테고리별로 입력해야 하는 항목이 다른데 제품 포스팅 시 빨간색 별표(*)로 표시되어 있으니 꼭 해당 항목을 빠뜨리지 말고 작성해야 한다.

제품 설명(Product Description)

제품 설명에 대한 점수(Product Information Score) 4.2점 이상을 요구하며, 4.5점 이상일 경우 Top Products 등급의 요구치에 가까워진다. 또한 제품 포스팅 시, 제품 사양별 속성을 지정하고, 가격을 주문 수량에 따라 다른 가격을 지정(Specification Attribute And Step Price/SKU Price)해야 한다.

Industry characteristics Meet the standard

Index	Product data	Top product standards
Ingredient	Complete	Required

Product description Meet the standard

Index	Product data	Top product standards
Product information score ⓘ	4.9	4.2
Specification Attribute and Step price/SKU price (Yes/No) ⓘ	Yes	Yes

Trading performance Meet the standard

Index	Product data	Top product standards
Conversion rate ⓘ	4.7%	0.33%
Inquiries received	4	2

Product services Meet the standard

Index	Product data	Top product standards
Customization (Yes/No)	Yes	Yes

Extra points 0

Bonus Items 0

Meeting the criteria can increase your bonus points ⓘ

Index	Criteria	Product data	My product score
Inquiries in the last 90 days ⓘ	≥ 46	4	0

거래 실적(Trading Performance)

전환율(Conversion Rate)은 '활동적인 구매자/순 방문자' 로 계산되는데, 0.33% 이상을 요구한다. 또한 지난 한 달간 바이어로부터 해당 제품 문의(Inquiry)를 받은 개수가 2개 이상이어야 한다.

제품 서비스(Product Services)

주문 제작(Customization)이 가능한지의 여부이다. 가능해야(Yes) 점수를 받을 수 있다.

추가 점수(Extra Points)

해당 포스팅을 통해 지난 90일간 받은 문의의 개수가 4개 이상일 경우 추가 점수 20점을 받을 수 있다.

탑, 슈퍼 등급 제품의 개수(Top And Super Products)

산업군별로 요구치가 다르며, 뷰티산업군의 경우 15개 이상이 만점이다. 탑 등급은 제품 상장 점수 80점 이상, 슈퍼 등급은 제품 상장 점수 100점 이상일 때 받을 수 있다.

스토어 응답시간(Store Response Time)

지난 한 달간 바이어의 메시지에 답변한 시간의 평균 시간을 뜻한다. 12시간 이내여야 만점이다. 응답시간은 바이어의 최초 메시지(First Massage)로 계산되며 주말 및 공휴일도 예외 없이 계산된다는 점을 기억하자.

자동응답 기능은 응답률을 올려주지 않으므로 사용하지 않는 것이 좋다. 만약 스팸 메시지의 경우 무시하지 말고 반드시 스팸 처리를 해야 응답시간이 떨어지는 것을 방지할 수 있다.

활동적인 바이어의 수(Number Of Active Buyers)

지난 한 달간 문의(인콰이어리), 인스턴트 메시지, RFQ 견적에 대해 답변을 준 바이어와 키워드광고에 의해 유입된 바이어 숫자의 총합이다. 60점 이상이 만점이다.

전환율(Conversion Rate)

지난 30일간의 순 방문자(Unique Visitors) 중에 판매자에게 인콰이어리나 메시지를 보낸 바이어의 비율을 뜻한다. 10.5% 가 만점이다.

마케팅 트래픽 지수(Marketing Traffic Index)

지난 30일간 마케팅을 어떻게 진행했느냐에 대한 점수인데, 총 6개 항목으로 평가된다.

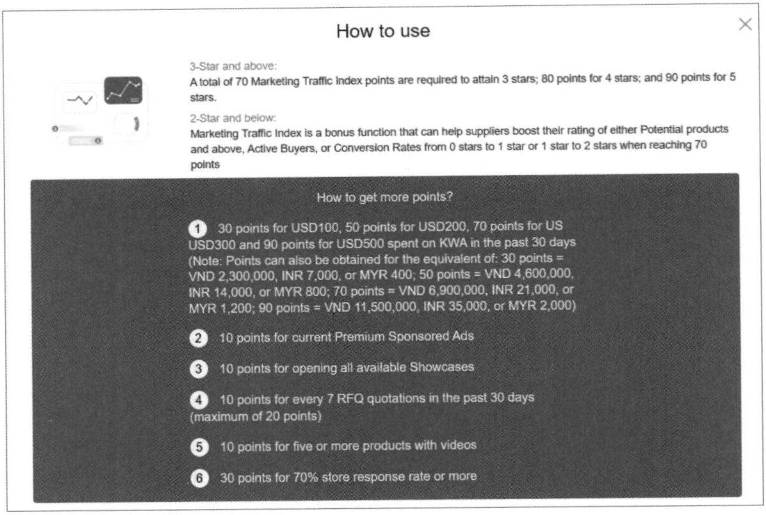
How to use
3-Star and above:
A total of 70 Marketing Traffic Index points are required to attain 3 stars; 80 points for 4 stars; and 90 points for 5 stars.
2-Star and below:
Marketing Traffic Index is a bonus function that can help suppliers boost their rating of either Potential products and above, Active Buyers, or Conversion Rates from 0 stars to 1 star or 1 star to 2 stars when reaching 70 points
How to get more points?
1 30 points for USD100, 50 points for USD200, 70 points for US USD300 and 90 points for USD500 spent on KWA in the past 30 days (Note: Points can also be obtained for the equivalent of: 30 points = VND 2,300,000, INR 7,000, or MYR 400; 50 points = VND 4,600,000, INR 14,000, or MYR 800; 70 points = VND 6,900,000, INR 21,000, or MYR 1,200; 90 points = VND 11,500,000, INR 35,000, or MYR 2,000)
2 10 points for current Premium Sponsored Ads
3 10 points for opening all available Showcases
4 10 points for every 7 RFQ quotations in the past 30 days (maximum of 20 points)
5 10 points for five or more products with videos
6 30 points for 70% store response rate or more

키워드광고 금액별 점수

100달러 이상 시 30점, 200달러 이상 50점, 300달러 이상 70점, 500달러 이상 90점을 받을 수 있다.

프리미엄 스폰서 광고

프리미엄 스폰서 광고를 진행했을 때 10점을 받을 수 있다.

쇼케이스

가능한 쇼케이스를 모두 사용하고 있을 때 10점을 받을 수 있다.

RFQ

지난 30일간 RFQ에 견적을 넣은 개수에 따라 점수를 받을 수 있다. 7개당 10점을 받을 수 있고 최대로 받을 수 있는 점수는 20점이다.

제품 동영상

제품 동영상이 5개 이상 있을 경우 10점을 받을 수 있다.

스토어 응답률

스토어 응답률이 70% 이상일 경우 30점을 획득할 수 있다. 응답률은 로그인 후 My Alibaba의 맨 윗부분에서 확인할 수 있다.

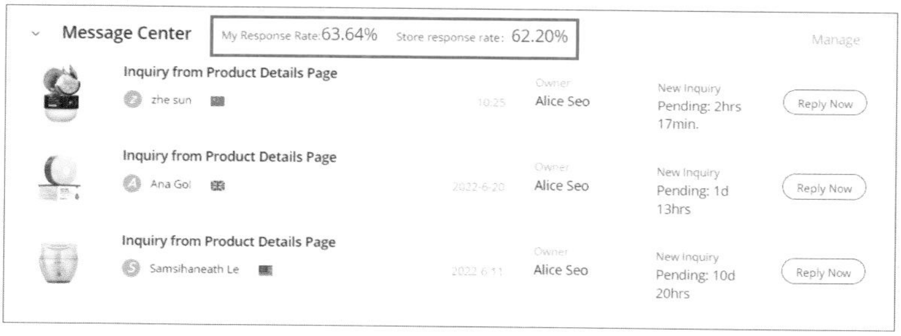

광고를 진행하지 않을 경우 얻을 수 있는 최대 점수는 70점으로 별 3개의 요구치다. 따라서 광고를 진행하지 않을 경우 우리가 얻을 수 있는 스타레이팅스의 최고 등급은 별 3개다. 앞에서 이미 언급했듯이 종합 등급은 지표 중에 가장 낮은 등급으로 결정되는데 만약에 맨 마지막 지표인 마케팅 트레픽 지수 부분에서 3등급 미만(0, 1, 2등급)을 받았을 경우, 받을 수 있는 최고 등급은 2등급이다. 그리고 마케팅 트레픽 지수의 3등급 미만은 종합 등급에 영향을 주지 않는다.

만약 나머지 5개의 지표에서 모두 5등급을 받고, 마케팅 트레픽 지수에서 0등급이나 1등급, 또는 2등급을 받았다면 종합 등급은 2등급이 된다.

스타레이팅스 외에 상위 노출에 영향을 주는 요소로는 회사 정보(Company Profile)의 완성도와 알리바바 계정 로그인 일수 등이 있겠다. 유료 회원으로 전환하게 되면 회사 정보를 100% 가깝게 수정하고, 계정도 매일매일 로그인하도록 노력해야 한다. 그 이외에 제품을 쇼케이스로 지정하거나 광고를 진행헤 노출도를 높이는 방법이 있는데 이는 '5장 4 쇼케이스와 키워드광고'에서 자세히 살펴보도록 하자.

2

제품명과 키워드 정하기

영문명 정확히 파악하기

제품을 등록할 때 영문명을 정확히 모를 수 있다. 영문명을 알고 있더라도, 한국에서 쓰는 영문명과 외국에서 쓰는 영문명이 다를 수도 있다.

예를 들어 내가 파는 제품 중에 주름 개선과 미백 효과를 위해 눈 아래에 붙이는 아이패치가 있다. 한국 사람들은 다 '아이패치'라고 부른다. 하지만 구글에서 영어로 'eyepatch'를 검색하면 안대가 검색된다. 'eye pads'라고 검색해야 눈 밑에 붙이는 내가 생각했던 바로 그 아이패치가 나온다. 외국 사람들은 아이패드라고 부르는 것이다.

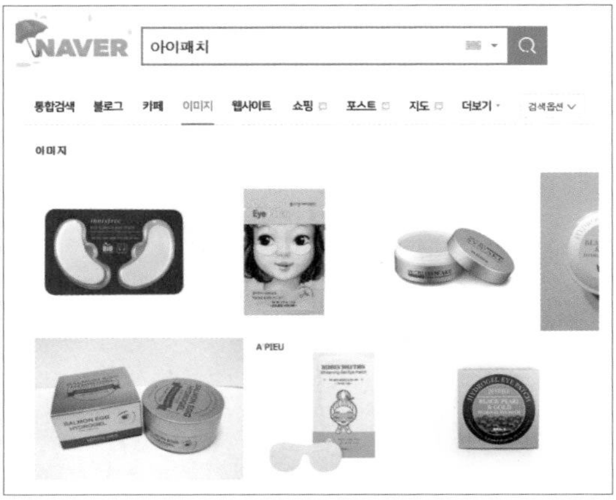
NAVER
아이패치
통합검색 블로그 카페 이미지 웹사이트 쇼핑 포스트 지도 더보기 검색옵션
이미지
A PIEU

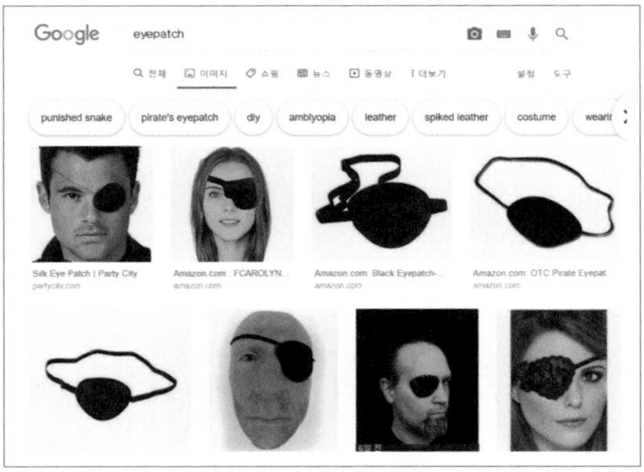
Google
eyepatch
전체 이미지 쇼핑 뉴스 동영상 더보기 설정 도구
punished snake
pirate's eyepatch
diy
amblyopia
leather
spiked leather
costume
Silk Eye Patch | Party City
partycity.com
Amazon.com : FCAROLYN...
amazon.com
Amazon.com: Black Eyepatch-...
amazon.com
Amazon.com: OTC Pirate Eyepat...
amazon.com

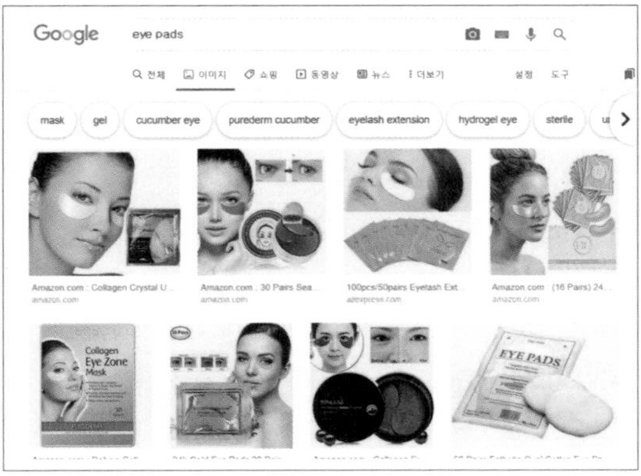
Google
eye pads
전체 이미지 쇼핑 동영상 뉴스 더보기 설정 도구
mask
gel
cucumber eye
purederm cucumber
eyelash extension
hydrogel eye
sterile
Amazon.com : Collagen Crystal U...
amazon.com
Amazon.com : 30 Pairs Sea...
amazon.com
100pcs/50pairs Eyelash Ext...
aliexpress.com
Amazon.com : (16 Pairs) 24...
amazon.com
Collagen Eye Zone Mask
EYE PADS

그렇기 때문에 알리바바닷컴에 제품을 검색해보고, 제품명이 정확한지 확인해야 한다. 내가 취급하는 제품의 제품명을 안 다음에는 어떻게 제품명을 올릴지 고민이 된다. 아이패치를 판다고 해서 그냥 'eye pads'라고 올릴 수는 없기 때문이다.

이때 같이 고려해야 하는 것이 키워드다. 관련 키워드는 'Keyword analysis'에 eye pads를 검색하면 연관 키워드를 확인할 수 있는데, 이 중에서 취급하는 제품과 관련이 있는 키워드를 4~5개 정도 골라 제품명과 조합하면 검색이 잘 되는 제품명을 만들 수 있다. eye pads를 검색하면 'eye gel pads', 'under eye pads', 'lint free eye pads', 'collagen eye pads' 등이 검색된다. 그러므로 'collagen eye gel pads lint free pads use for under eyes' 등으로 만들 수 있다.

Filter: Not an existing KWA keyword　All categories: All

Ranking	Keywords	Search index	Fluctuations	CTR (Click-through Rate)		Competitive index	
1	eye gel pads	33	+15.9%	23.66%	+1237%	41	–
2	eye pads	30	-31.6%	14.16%	+94.6%	67	+0.5%
3	gel eye pads	29	+208.3%	5.41%	-61.1%	37	+1.3%
4	under eye pads	22	-29.9%	5.48%	-59.3%	42	+1.6%
5	medic eye pads	16	0%	21.28%	–	11	–
6	lash eye pads	15	+1950%	0%	–	10	–
7	lint free eye gel pads	15	+192.8%	0%	–	10	–
8	collagen eye pads	14	+225%	0%	–	26	–
9	silicon eye pads	11	+350%	11.11%	–	20	+1.6%
10	under eye gel pads	11	-44.9%	3.7%	–	41	–

제품명을 정할 때 너무 막막하다면, 다른 판매자가 제품명을 어떻게 썼는지 참고해보자. 'eye pads'를 검색했을 때 광고를 제외하고 상위 노출이 되는 판매자들이 아무래도 제품명을 잘 정했을 것이다. 이런 판매자들의 제품명을 적극 활용해 제품을 업로드하는 데 사용하면 효과적이다.

상위 노출되는 키워드 정하기

제품명을 정했다면, 이제 키워드를 정해보자. 어떤 키워드를 사용해야 할지 막막하다면 다음 방법을 이용해보자. 크게 3가지 방법이 있다.

첫 번째로, 키워드창에 제품명을 입력했을 때 아래 뜨는 추천키워드를 참고하는 방법이다. earrings를 검색하면 아래에 earrings in Silver Jewelry나 earrings for women 등 다양한 키워드가 나온다.

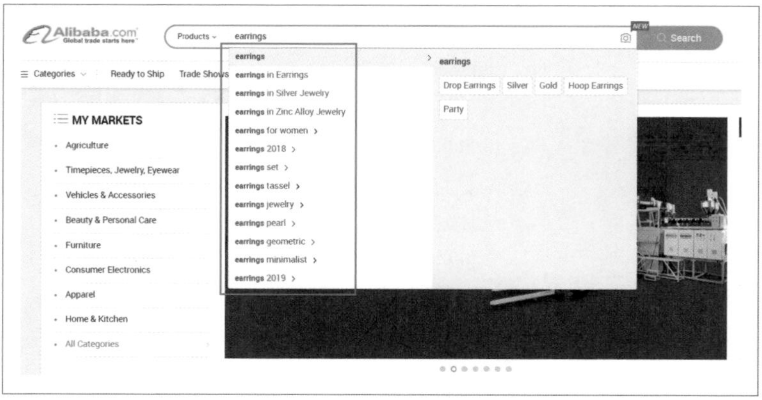

두 번째 방법은 연관검색어를 참고하는 것인데, earring을 검색하면 하단에 Ralated Searches라는 부분이 나온다. fashion earrings나 earrings for women 등의 연관 검색어를 확인할 수 있다.

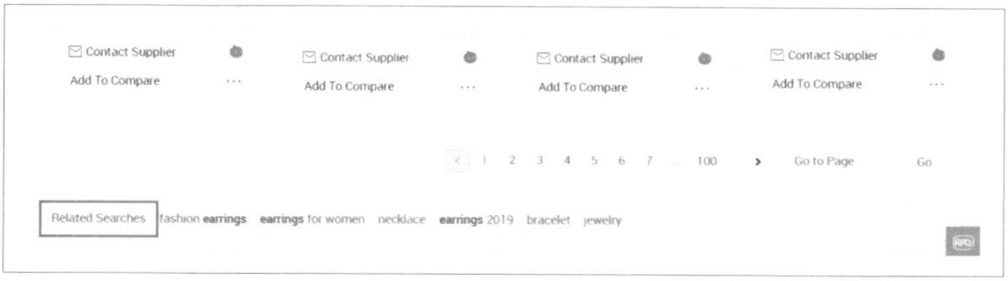

세 번째가 가장 정확한데, Keywords analysis라는 기능을 사용하는 것이다. 이 기능은 유료 회원에게만 제공된다. My Alibaba - Analytics - Keywords analysis를 클릭하면 된다.

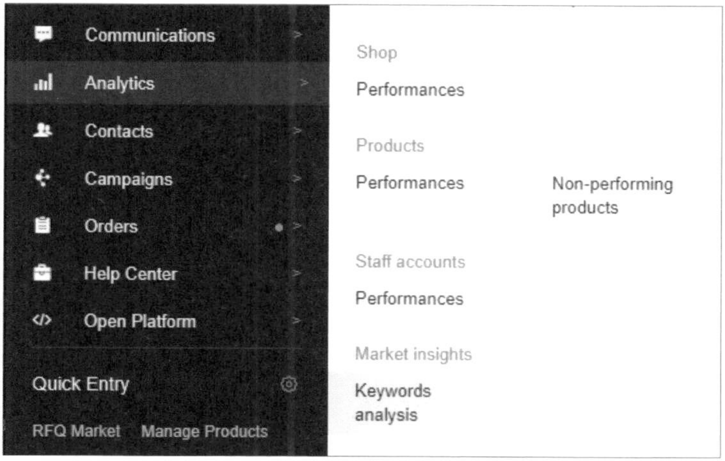

Keywords analysis에서 'earring'을 검색하면 Search index가 높은 순으로 검색된다.

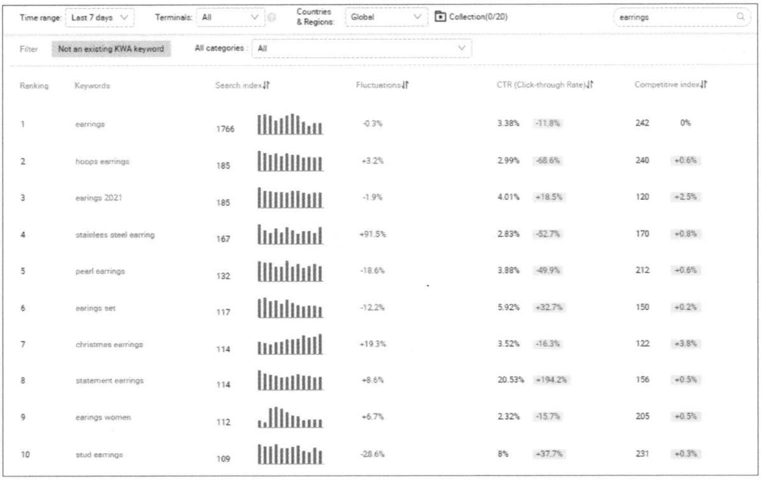
Time range: Last 7 days Terminals: All Countries & Regions: Global Collection(0/20) earrings
Filter Not an existing KWA keyword All categories : All

Ranking	Keywords	Search index	Fluctuations	CTR (Click-through Rate)		Competitive index	
1	earrings	1766	-0.3%	3.38%	-11.8%	242	0%
2	hoops earrings	185	+3.2%	2.99%	-68.6%	240	+0.6%
3	earings 2021	185	-1.9%	4.01%	+18.5%	120	+2.5%
4	stainless steel earring	167	+91.5%	2.83%	-52.7%	170	+0.8%
5	pearl earrings	132	-18.6%	3.88%	-49.9%	212	+0.6%
6	earings set	117	-12.2%	5.92%	+32.7%	150	+0.2%
7	christmas earrings	114	+19.3%	3.52%	-16.3%	122	+3.8%
8	statement earrings	114	+8.6%	20.53%	+194.2%	156	+0.5%
9	earings women	112	+6.7%	2.32%	-15.7%	205	+0.5%
10	stud earrings	109	-28.6%	8%	+37.7%	231	+0.3%

표를 분석하는 방법을 조금 더 자세하게 살펴보자. 일단 Search index는 얼마나 검색이 많이 되었나에 관한 지표다. 검색이 많이 될수록 지표 수가 올라간다. 보통 10 이상의 index 수치를 보인다면 유의미한 것으로 본다.

막대기 모양의 그래프는 각 주/월별로 해당 키워드가 얼마나 검색되었는지에 따른 그래프다. 그래프가 들쑥날쑥한 모양인 것보다는 꾸준하고 일정한 모양을 유지하는 그래프가 바이어들이 꾸준하게 검색을 하는 키워드라는 뜻으로, 좋은 키워드라고 볼 수 있다.

CTR(Click Trough rate)은 해당 키워드를 검색했을 때 바이어의 상품 클릭으로 연결된 퍼센트를 뜻하며 높을수록 좋고, 옆에 기간별

등락률도 함께 기재되어 있다. 맨 마지막 Competitive index는 경쟁률이 높은지 낮은지에 대한 지표고 해당 키워드를 사용하고 있는 판매자가 많을수록 수치가 높아진다.

한마디로 Search index가 높으면서, Competitive index가 낮은 키워드가 많이 검색되면서 경쟁률이 낮은 키워드, 좋은 키워드로 해석할 수 있다. 좋은 키워드를 잘 선정해 쇼케이스 등을 지정하고 더 나아가 키워드광고까지 진행한다면 제품 노출을 높이는 데 좋은 결과를 볼 수 있을 것이다.

3

스마트편집기와 표준편집기를 활용한 제품 등록

제품 등록하기

제품명과 키워드를 정했다면 제품을 등록해볼 차례이다. 제품 등록은 크게 3단계를 거친다. 카테고리를 정한 후 상세설명을 업로드한다. 그 후 알리바바닷컴 서비스팀의 승인을 받아야 제품 업로드가 완료된다. 제품 등록 시 나오는 모든 입력사항은 잘 모르더라도 공란 없이 정확하게 작성해야 한다. 빠짐없이 제품 정보를 입력해야 높은 제품등록점수를 받을 수 있으며, 그래야 제품이 상위 노출될 수 있다.

우선 My Alibaba - Products - Post Products를 클릭한다. 그러면 카테고리를 정하는 창이 나오는데 Search Categories를 클릭해

본인이 취급하는 제품을 검색한 후, 상품과 맞는 카테고리를 고른다. 그런데 간혹 어떤 카테고리에 속하는지 애매할 때가 있다. 예를 들어 Woman shoulder bag을 검색하면 2가지 카테고리가 나오는데 하나는 Messenger Bags이고, 다른 하나는 Handbags다.

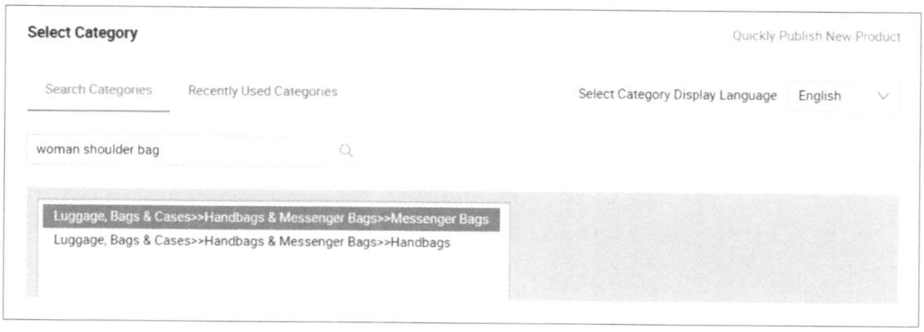

이 2가지 중 무엇을 선택할지 고민이라면 나와 비슷한 제품을 파는 다른 판매자는 어떤 카테고리로 제품을 올렸는지 검색해보자. 제품 맨 위에 보면 이 판매자가 제품을 업로드할 때 어떤 카테고리

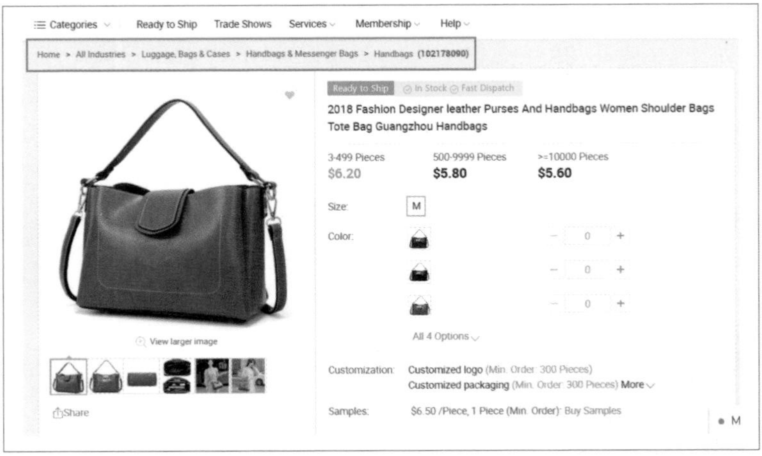

를 썼는지 확인할 수 있다.

제품 카테고리를 선택하면, 제품 상세설명을 입력하는 페이지가 나온다. 이 페이지는 크게 다섯 개의 파트로 구성되어 있는데 Basic information(기본제품정보), Trade information(무역정보), Logistic information(배송정보), Product description(상품상세설명), Featured Service&Others(추가 서비스, 기타 정보) 등이다. 하나씩 살펴보자.

Basic information

기본 정보에는 제품명과 상품 키워드가 포함되며 내가 선택한 제품의 카테고리에 따라 작성할 내용이 다르게 나온다. 제품명과 키워드 작성법은 앞서 살펴보았다. 키워드는 Add more Keywords 버튼을 눌러 꼭 3개 모두 입력한다. 다음 예시의 제품 세부사항은 핸드백

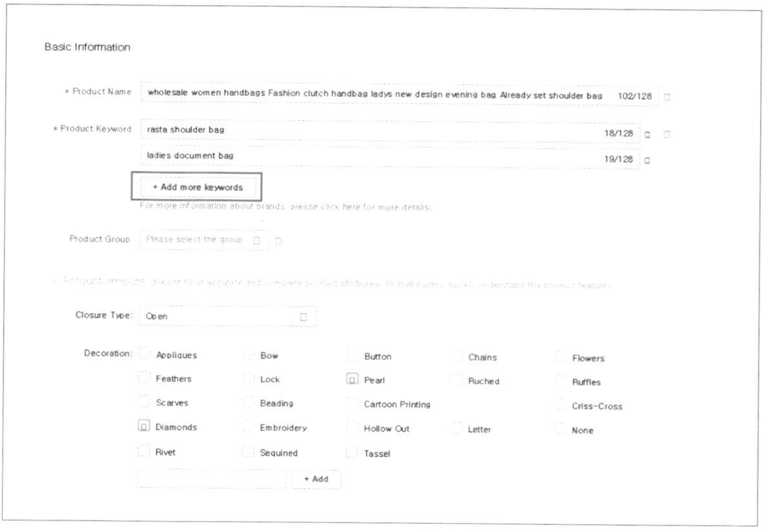

카테고리에 해당하는 내용이 나온 것을 볼 수 있다.

Trade information

가격과 결제에 대한 정보를 입력하는 곳이다. 알리바바닷컴은 기본적으로 도매시장이므로 제품 가격은 수량에 따라 변할 수 있다.

'Price setting'은 'Set uniform price of FOB'를 클릭할 경우 수량별로 가격이 어떻게 변동되는지에 대해 기재할 수 있다. 'Set one FOB'를 클릭할 경우 대략적으로 가격의 범위를 기재할 수 있다. Top/Super 등급의 제품 선정 기준을 충족하려면 'Set uniform of FOB'를 선택해 수량별 가격을 입력해야 하므로 대략적으로라도 수량별 가격을 입력하도록 한다.

MOQ(최소 주문 수량)은 너무 많지 않게 입력해야 바이어가 부담스러워하지 않는다. 샘플 주문을 받을 수 있는 제품이라면 1개를 입력해도 괜찮다. Payment option(결제 방식)은 바이어들이 가장 많이 사용하는 T/T(외화 송금), Western Union(웨스턴유니온)을 체크하고 'Other'에 Paypal(페이팔)을 추가한다. 한국 판매자는 알리바바닷컴 내에서 결제가 되지 않기 때문에 바이어가 자신의 구매를 보호하기 위해 페이팔 결제를 원하는 경우가 많으므로 페이팔을 반드시 추가한다.

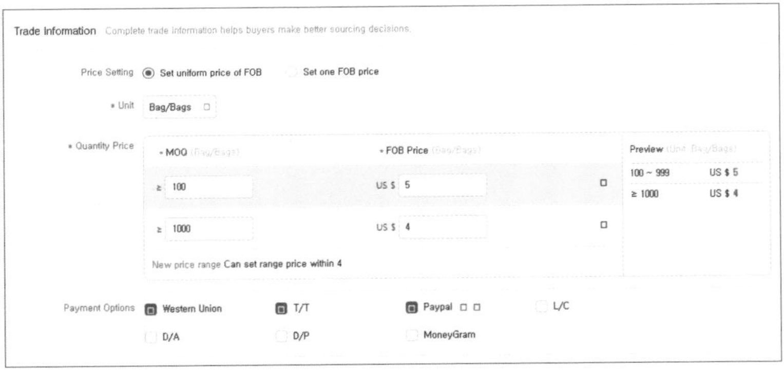

Logistics information

배송과 포장에 관한 정보를 입력한다. Shipping에는 주문수량에 따라 걸리는 시간을 입력하면 된다. 다음과 같이 입력했다면 100개 이하일 경우 2일 안에 배송할 수 있고, 100~1,000개까지는 한 달이

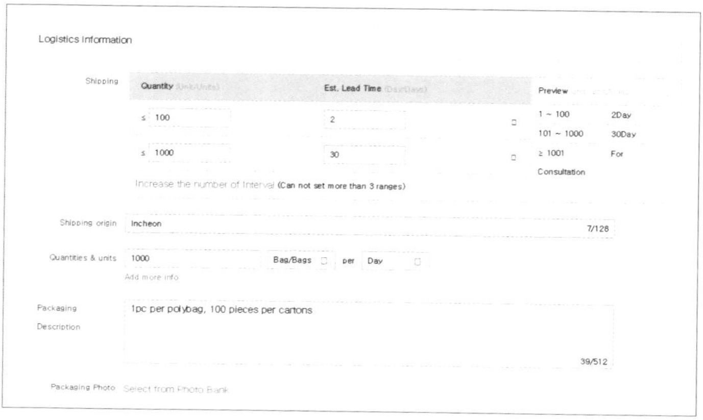

걸린다는 의미이다. Shipping Origin은 배송되는 항구나 공항을 입력하면 된다. Quantities&Unit는 단위시간당 배송할 수 있는 수량을 말한다. Packing Description은 포장 정보다. 다음과 같이 1pcs per polybag, 100pcs per carton이라고 입력한다면 1개씩 비닐 개별포장되어 있으며 1박스에 100개가 들어간다는 뜻이다.

Product description

제품 상세설명에는 제품 사진과 제품 동영상, 그리고 세부 상세페이지를 입력할 수 있다. 메인 사진인 Product Photo는 6개까지 등록할 수 있으며 권장 사이즈는 640×640이다. 제품동영상이 있다면 동영상도 추가할 수 있다. 어떻게 사용해야 하는지에 대한 설명이 필요한 제품이라면 동영상이 판매에 많은 도움이 된다.

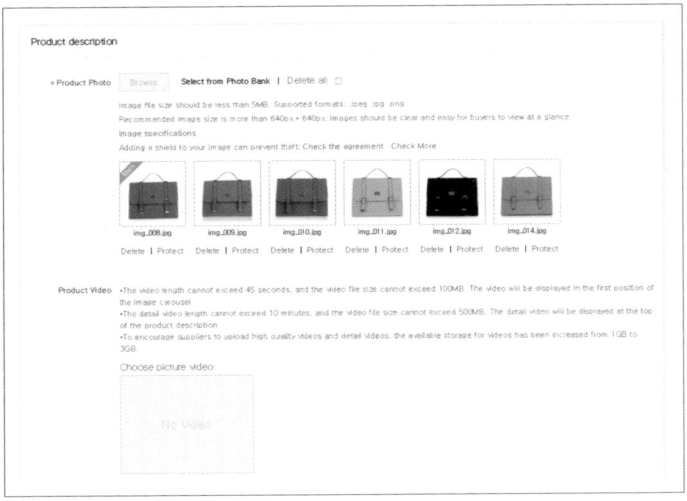
Product description
* Product Photo
Browse
Select from Photo Bank | Delete all
Image file size should be less than 5MB. Supported formats: .jpeg .jpg .png
Recommended image size is more than 640px * 640px. Images should be clear and easy for buyers to view at a glance.
Image specifications
Adding a shield to your image can prevent theft: Check the agreement Check More
img_008.jpg
img_009.jpg
img_010.jpg
img_011.jpg
img_012.jpg
img_014.jpg
Delete | Protect
Delete | Protect
Delete | Protect
Delete | Protect
Delete | Protect
Delete | Protect
Product Video
•The video length cannot exceed 45 seconds, and the video file size cannot exceed 100MB. The video will be displayed in the first position of the image carousel
•The detail video length cannot exceed 10 minutes, and the video file size cannot exceed 500MB. The detail video will be displayed at the top of the product description
•To encourage suppliers to upload high quality videos and detail videos, the available storage for videos has been increased from 1GB to 3GB.
Choose picture video
No Video

보통 우리나라 사람들은 쇼핑몰에 제품 상세페이지를 올릴 때 사진뿐만 아니라 기타 제품 정보까지 모두 포함해 통이미지를 만들어 업로드한다. 물론 알리바바닷컴에도 그렇게 올릴 수 있지만, 통이미지가 들어가면 검색될 수 있는 텍스트가 포함되지 않기 때문에 제품이 노출되는 데 한계가 있다. 그래서 이미지와 텍스트를 분리해 등록하는 것이 좋다. 그리고 알리바바닷컴에서는 타 사이트로의 링크 접속을 금지시키기 때문에 제품 등록 시 유튜브 링크라든지, HTML을 이용해 다른 사이트에서 링크를 불러오는 것도 포함시킬 수 없다. 알리바바닷컴 사이트 안에 있는 내용만 링크 삽입이 가능하다.

상세페이지를 등록하는 데는 스마트편집기(Smart Editing)과 표준편집기(Custom description, 구 Standard Editing) 2가지 방법이 있다.

스마트편집기

스마트편집기는 상세페이지를 디자인하는 어려움을 해소하기 위해 만든 기능으로, 알리바바닷컴에서 미리 만들어놓은 디자인 형식을 이용하는 것이다.

제공되는 여러 가지 형식 중에 원하는 것을 끌어다가 창에 놓고 사진이나 상품설명을 작성하면 된다. 'Smart Editing'을 선택한 후 'Start Now'를 누른다.

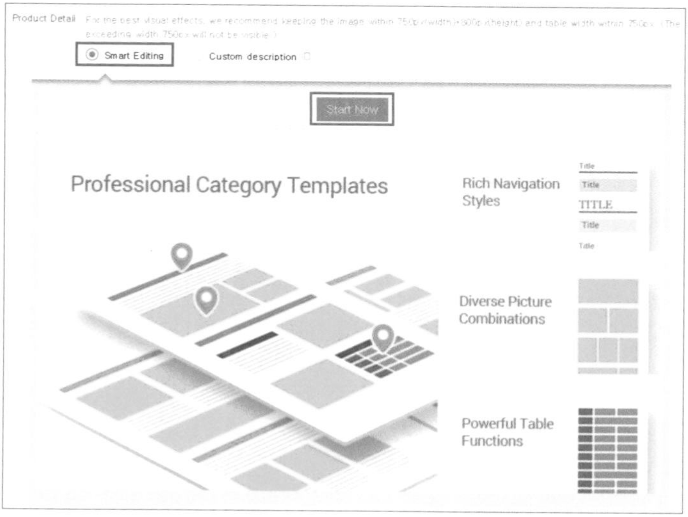

템플릿을 선택하는 창이 나오는데, 해당하는 상품군이 있으면 해당하는 것을 누르고, 마땅히 없다면 첫 번째에 있는 Standard Template를 선택한 후 Apply를 누른다.

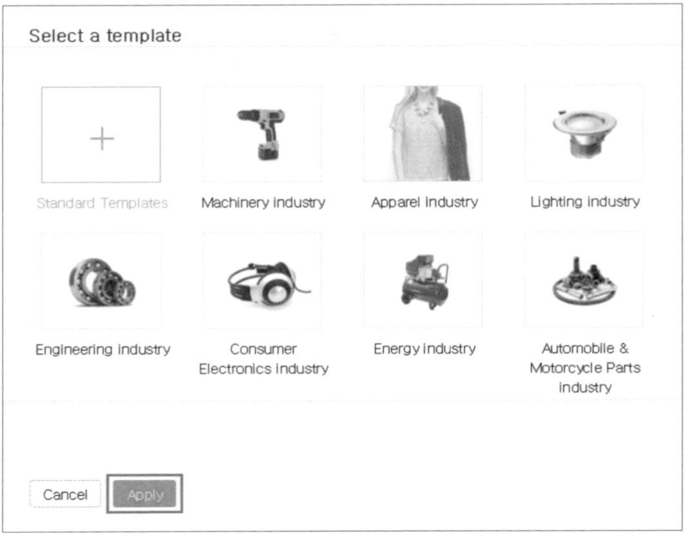

좌측에는 레이아웃을 추가할 수 있는 4개의 아이콘이 있다. 차례대로 사진 추가, 텍스트 추가, 사진과 텍스트 함께 추가, 표 추가 버튼이다. 하나씩 눌러보면 각각 다양한 형태의 레이아웃이 있는데 그중에 마음에 드는 것을 끌어다 놓은 후 내용을 작성하면 된다.

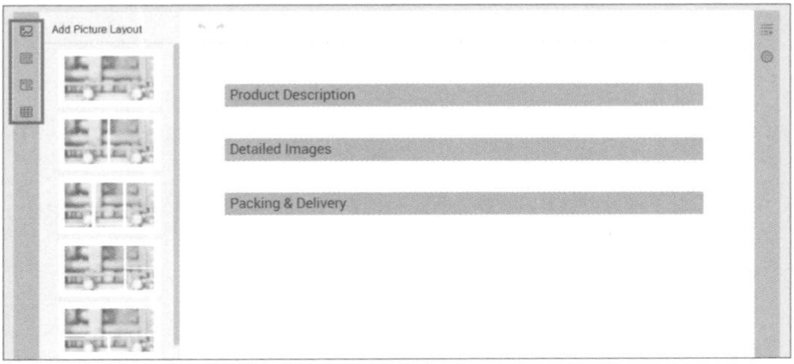

다음 이미지는 사진 레이어와 텍스트 레이어를 하나씩 추가해 제품 사진을 올리고 텍스트를 변경한 모습이다.

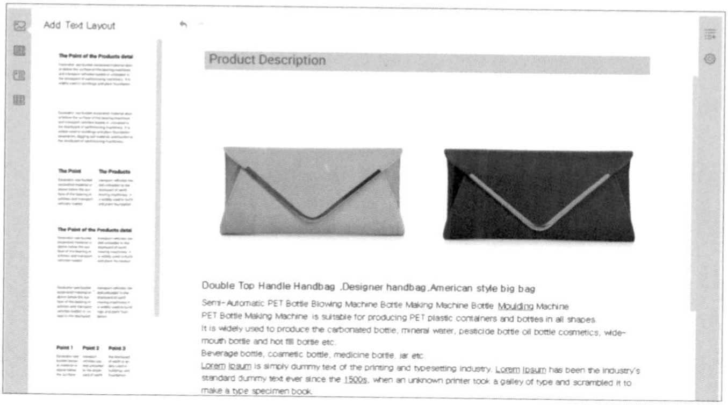
Add Text Layout
Product Description
Double Top Handle Handbag ,Designer handbag,American style big bag
Semi-Automatic PET Bottle Blowing Machine Bottle Making Machine Bottle Moulding Machine
PET Bottle Making Machine is suitable for producing PET plastic containers and bottles in all shapes.
It is widely used to produce the carbonated bottle, mineral water, pesticide bottle oil bottle cosmetics, wide-mouth bottle and hot fill bottle etc.
Beverage bottle, cosmetic bottle, medicine bottle, jar etc.
Lorem Ipsum is simply dummy text of the printing and typesetting industry. Lorem Ipsum has been the industry's standard dummy text ever since the 1500s, when an unknown printer took a galley of type and scrambled it to make a type specimen book.

오른쪽 두 개의 아이콘은 내비게이션 바 추가·제거 기능과 내비게이션 스타일 편집 기능이다. 첫 번째 아이콘에서는 원하는 내비게이션 바를 추가·제거하고 내용을 편집할 수 있다. 내비게이션 바를 추가하고 싶을 경우 Add Navigation을 클릭하고 원하는 내용을 입력한 후 OK를 누르면 된다.

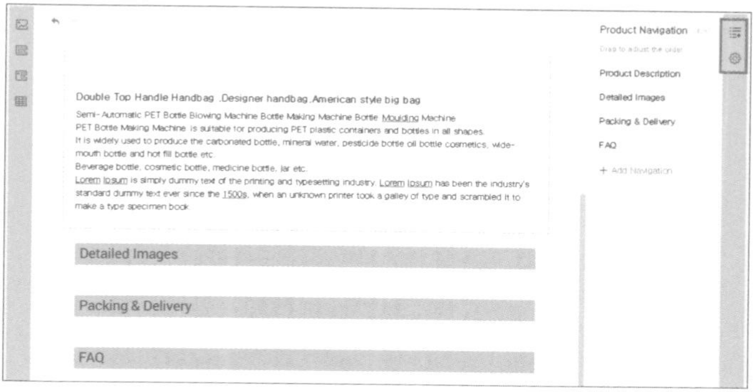
Double Top Handle Handbag ,Designer handbag,American style big bag
Semi-Automatic PET Bottle Blowing Machine Bottle Making Machine Bottle Moulding Machine
PET Bottle Making Machine is suitable for producing PET plastic containers and bottles in all shapes.
It is widely used to produce the carbonated bottle, mineral water, pesticide bottle oil bottle cosmetics, wide-mouth bottle and hot fill bottle etc.
Beverage bottle, cosmetic bottle, medicine bottle, jar etc.
Lorem Ipsum is simply dummy text of the printing and typesetting industry. Lorem Ipsum has been the industry's standard dummy text ever since the 1500s, when an unknown printer took a galley of type and scrambled it to make a type specimen book.
Detailed Images
Packing & Delivery
FAQ
Product Navigation
Product Description
Detailed Images
Packing & Delivery
FAQ
+ Add Navigation

두 번째 아이콘은 내비게이션 스타일 편집 기능으로, 내비게이션의 모양, 색깔, 폰트종류와 크기 등을 변경할 수 있다. 상세페이지를 완성했다면 오른쪽 맨 위에 Editing Completed를 눌러 편집기를 종료한다.

표준편집기

표준편집기의 이름은 원래 Standard Editing이었는데 최근 리뉴얼되면서 'Custom Description'으로 바뀌었다. Custom Description을 클릭하면 비교적 우리에게 사용법이 익숙한 입력창이 나온다. 일반 입력기처럼 텍스트 작성, 글씨 크기 및 글씨체 변경 등의 편집을 할 수 있고, 이미지와 표도 삽입할 수 있다.

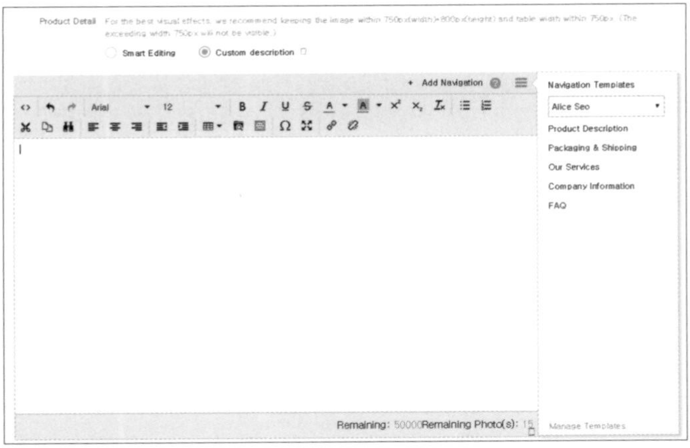

입력창에서 마우스 오른쪽 버튼을 클릭해도 잘라내기, 복사하기, 이미지 삽입이나 표 삽입 등 다양한 편집 기능을 사용할 수 있다.

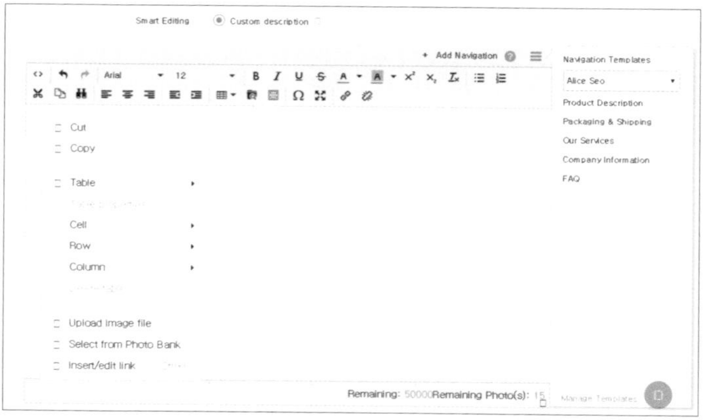

우측에 Naevigation Templetes에서 원하는 내비게이션을 선택하면, 창에 내비게이션 바가 들어가는 것을 확인할 수 있다.

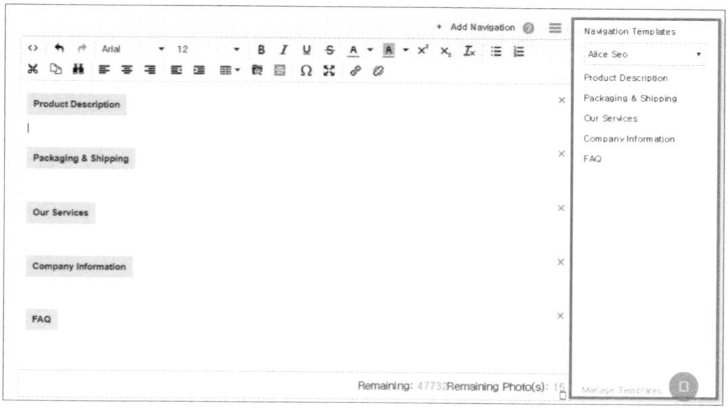

포토샵을 이용해 제품 사진을 포함한 상품페이지를 예쁘게 제작해 적절하게 텍스트와 섞어서 제품을 등록하면 된다. 상세페이지에는 기본 내비게이션 내용인 제품 상세, 포장과 배송, 서비스, 회사

정보, FAQ 등을 포함시켜야 제품 등록 점수를 높일 수 있다.

Featured Service & Others

Featured Service & Others에는 추가적인 서비스를 바이어에게 제공해주는지에 대해 묻는다. 예를 들어 가방 로고가 들어가는 부분에 바이어 회사의 로고를 부착해줄 수 있는지, 기존 디자인에서 바이어의 요구대로 변경이 가능한지에 대한 것이다.

이런 주문 제작은 소매 판매에서는 익숙하지 않지만 도배나 제조 판매에서는 흔한 일이다. 주문 제작이 가능해야 더 큰 주문을 성사시킬 수 있으므로 제공해주는 것이 좋다.

Product Traceability는 추적 가능한 제품인가에 대한 것인데, 한국 판매자는 알리바바 내에서 결제가 불가능하기 때문에 기능 자체가 의미가 없으므로 Untraceable을 선택한다. Custom Service (고객 맞춤 제작)은 가능하면 Support for Custom service를 클릭하

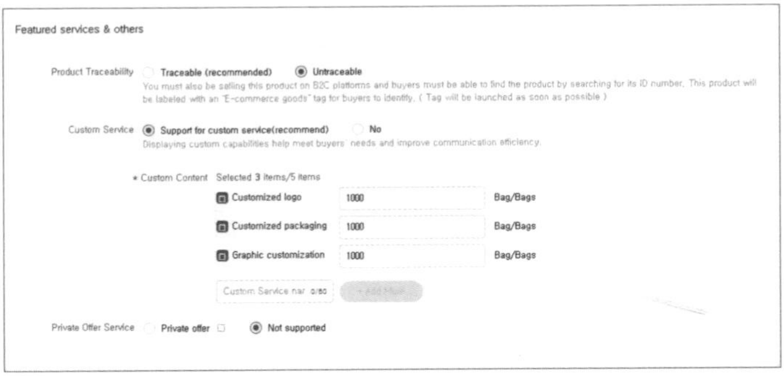

고 고객의 로고, 고객의 패키징, 고객의 디자인 등으로 주문 제작했을 때의 최소 주문 수량을 함께 적어준다. 이번에 제품 성장 점수를 매기는 기준에 주문 제작(Customization)이 가능한지의 여부가 Top/Super 등급의 제품 선정 기준에 포함되었으므로 주문 제작이 불가능한 제품이라 할지라도 등록할 때는 일단 가능하다고 표시를 하는 것을 추천한다. Private Offer Service는 게시가 전체 공개인지 개인 공개인지 묻는 것으로 Not Supported를 눌러 전체 공개를 하도록 한다.

모든 내용을 기입한 후 제출을 누르기 전 반드시 우측에서 제품 등록 점수(Product Information Score)를 확인해야 한다. 만점은 5점이므로 최대한 5점 가까운 점수가 나오게 제품을 등록해야 상위 노출될 수 있다. Submit를 누르면 바로 업로드되는 것이 아니라 알리바바닷컴 서비스팀에 의해 검수가 이루어진 후, 24시간 이내에 업로드된다.

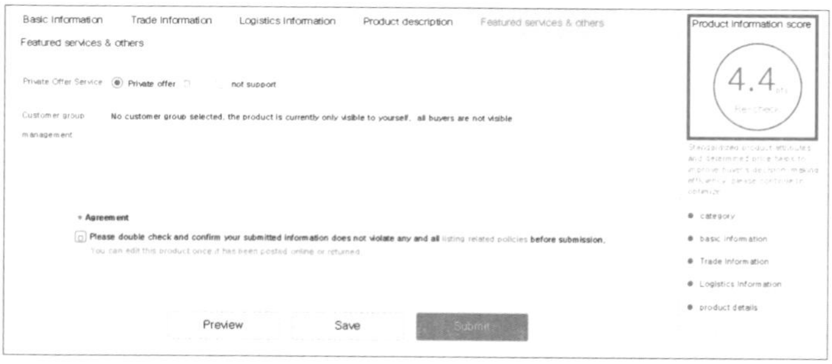

4

쇼케이스와 키워드광고

상품의 노출 순위를 가장 확실하게 올리는 방법에는 2가지가 있다. 바로 상품을 쇼케이스 지정하는 것과 키워드광고를 진행하는 것이다.

쇼케이스 지정하기

쇼케이스는 총 20개까지 지정할 수 있는데, 회사의 주력 상품을 쇼케이스로 지정하면 된다. 쇼케이스로 지정된 상품은 일반 상품에 비해 5배의 노출 효과가 있으며, 지정된 쇼케이스 상품은 언제든지 다른 상품으로 변경이 가능하다.

업로드된 상품을 쇼케이스로 지정하는 방법에 대해 알아보자. 먼저 My Alibaba에 들어가서 Products - Product Showcases를 클릭한다.

아래와 같은 쇼케이스 편집창이 나오면 업로드된 상품 중에 쇼케이스를 지정하고 싶은 상품을 수동으로 선택하면 된다.

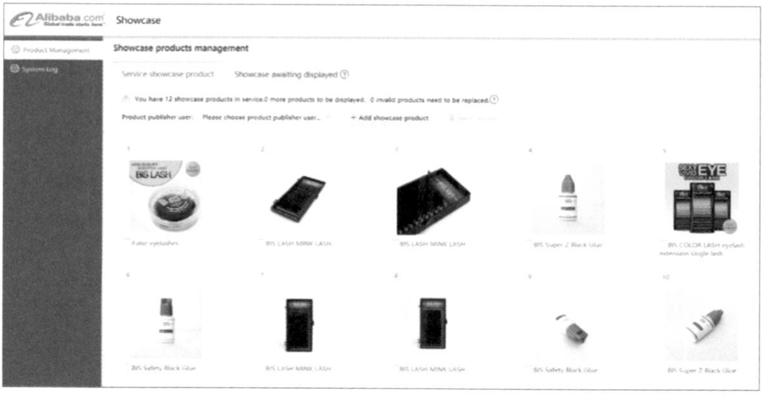

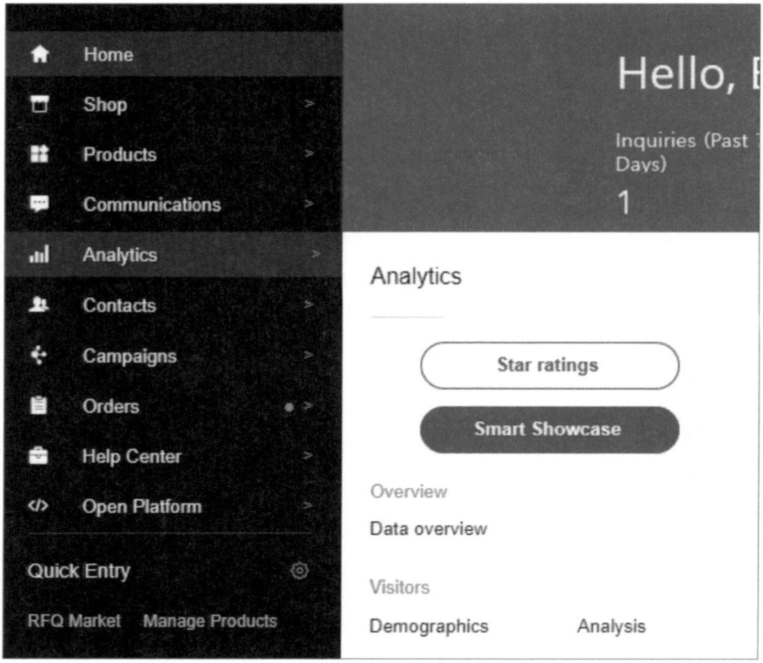

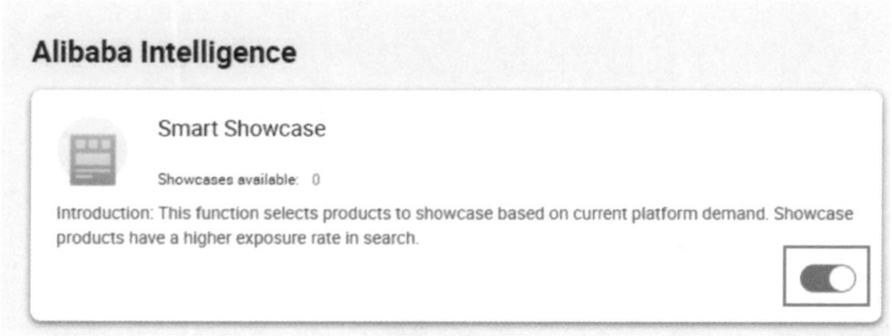

'스마트 쇼케이스(Smart Showcase)' 기능을 이용하면 쇼케이스 지정에 대한 고민을 덜어준다. 먼저 My Alibaba - Analytics - Smart Showcase에 들어간다. 그다음 Smart Showcase 우측 하단에 있는 버튼을 눌러 기능을 활성화하면 AI가 알아서 쇼케이스 제품을 선정해준다.

키워드광고하기

2021년 5월 알리바바 회원 요금제가 바뀌면서 스탠더드 패키지에 500달러, 프리미엄 패키지에 3,000달러라는 키워드 포인트가 포함되었다. 이에 따라 키워드광고에 대한 회원들의 궁금증이 더 커졌으리라고 생각한다.

키워드광고란 말 그대로 키워드에 광고를 진행해 노출도를 올리는 것을 말한다. 광고비는 클릭된 숫자만큼 발생된다. 키워드광고는 My Alibaba - Campaigns - Keyword Advertising - Create new campaign에서 진행할 수 있다.

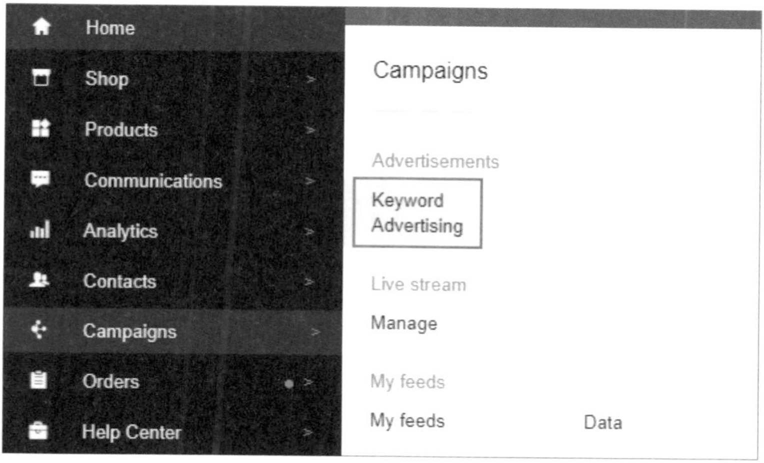

광고 제품은 PC 버전의 경우 상위 5개, 하단 5개가 노출된다. 모바일의 경우 알리바바 앱에서는 광고 제품 1개와 일반 제품 2개의 순서로 검색되고, 크롬 등의 기타 브라우저로 접속하면 광고 제품 2개와 일반 제품 3개 순서로 검색된다.

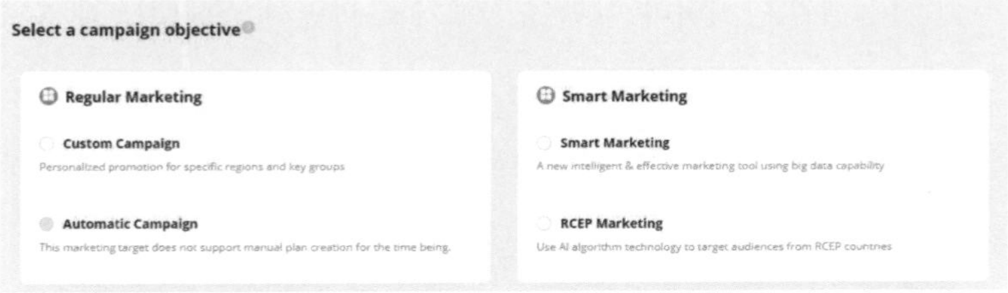

Select a campaign objective
Regular Marketing
Custom Campaign
Personalized promotion for specific regions and key groups
Automatic Campaign
This marketing target does not support manual plan creation for the time being.
Smart Marketing
Smart Marketing
A new intelligent & effective marketing tool using big data capability
RCEP Marketing
Use AI algorithm technology to target audiences from RCEP countries

키워드광고의 종류로는 스마트 마케팅(Smart Campaign)과 수동 마케팅(Custom Campagin)가 있는데 이 둘의 차이를 알아보자.

스마트 마케팅(Smart Marketing)

AI 알고리즘에 의해 자동실행되며 , AI가 제품 평가를 하고 키워드를 선택해 고객이 선정한 예산 내에서 입찰시킨다. 한 달의 예산만 설정하면 나머지는 인공지능이 다 알아서 진행해준다. 최소 예산 금액은 500달러이며 바이어의 활동에 따라 예산이 조기에 소진될 수도 있다. 효율과 가성비가 좋은 반면 타깃이 명확하지 않으므로 처음 시장조사를 하는 판매자에게 추천한다. 만약 취소를 원한다면 시작된 후 10일이 지난 이후 취소할 수 있고 잔여 예산은 키워드광고 포인트 잔고로 이동된다.

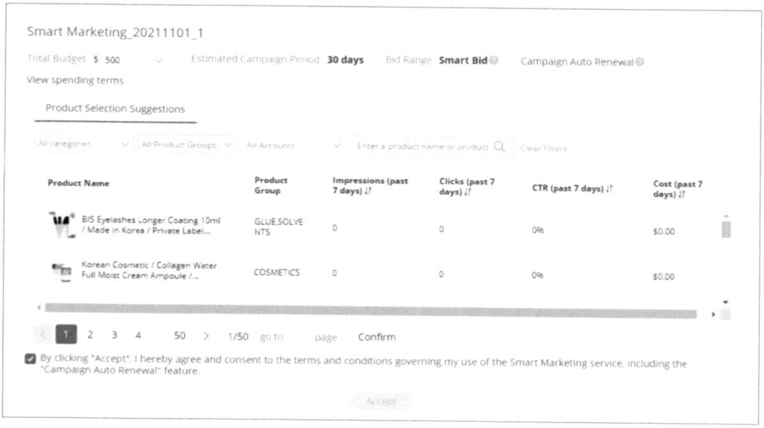

RCEP Marketing은 RCEP협정국(호주, 인도네시아, 일본, 한국, 말레이시아, 뉴질랜드, 필리핀, 싱가포르, 태국, 베트남, 라오스, 캄보디아, 미얀마, 브루나이)에만 스마트 마케팅을 진행하는 옵션이다.

수동 마케팅(Custom Campagin)

판매자가 원하는 대로 맞춤 설정해 진행하는 광고이다. 광고를 진행하고 싶은 제품, 키워드, 일별 예산, 클릭별 비딩 금액 ,광고 대상 국가 등을 자유롭게 선택할 수 있다. 하루 최소 예산은 20달러이며 키워드당 최소 비딩 금액은 0.45달러다.

광고하기 위해 'Weekly Budget(주 단위 예산)'을 설정할 경우 1주일 동안 '하루 예산×7일(하루 20달러로 설정할 경우 총 140달러)'에 해당되는 광고 비용이 바이어의 활동에 맞게 소진된다. 'Smart bidding'의 경우 클릭당 광고 금액이 인공지능에 의해 알아서 설정되며 'Manual

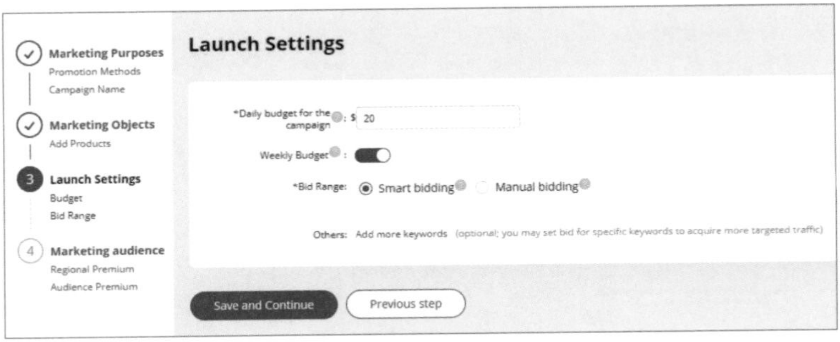
Marketing Purposes
Promotion Methods
Campaign Name
Marketing Objects
Add Products
Launch Settings
Budget
Bid Range
Marketing audience
Regional Premium
Audience Premium
Launch Settings
*Daily budget for the campaign: $ 20
Weekly Budget :
*Bid Range: Smart bidding Manual bidding
Others: Add more keywords (optional; you may set bid for specific keywords to acquire more targeted traffic)
Save and Continue
Previous step

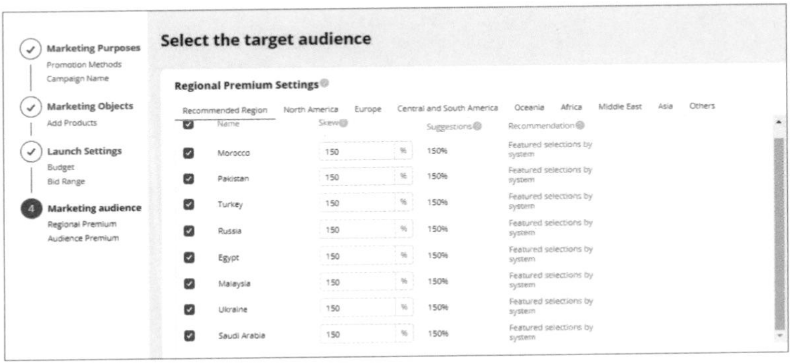
Marketing Purposes
Promotion Methods
Campaign Name
Marketing Objects
Add Products
Launch Settings
Budget
Bid Range
Marketing audience
Regional Premium
Audience Premium
Select the target audience
Regional Premium Settings
Recommended Region North America Europe Central and South America Oceania Africa Middle East Asia Others
Name Skew Suggestions Recommendation
Morocco 150 % 150% Featured selections by system
Pakistan 150 % 150% Featured selections by system
Turkey 150 % 150% Featured selections by system
Russia 150 % 150% Featured selections by system
Egypt 150 % 150% Featured selections by system
Malaysia 150 % 150% Featured selections by system
Ukraine 150 % 150% Featured selections by system
Saudi Arabia 150 % 150% Featured selections by system

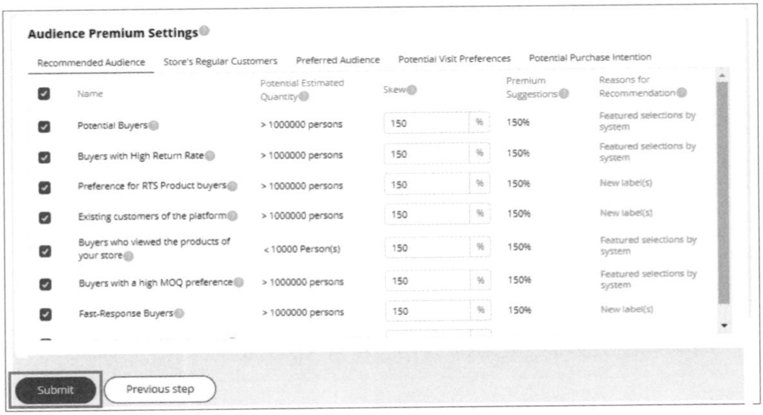
Audience Premium Settings
Recommended Audience Store's Regular Customers Preferred Audience Potential Visit Preferences Potential Purchase Intention
Name Potential Estimated Quantity Skew Premium Suggestions Reasons for Recommendation
Potential Buyers > 1000000 persons 150 % 150% Featured selections by system
Buyers with High Return Rate > 1000000 persons 150 % 150% Featured selections by system
Preference for RTS Product buyers > 1000000 persons 150 % 150% New label(s)
Existing customers of the platform > 1000000 persons 150 % 150% New label(s)
Buyers who viewed the products of your store < 10000 Person(s) 150 % 150% Featured selections by system
Buyers with a high MOQ preference > 1000000 persons 150 % 150% Featured selections by system
Fast-Response Buyers > 1000000 persons 150 % 150% New label(s)
Submit
Previous step

bidding'의 경우 클릭당 광고 비용을 내가 설정할 수 있다. 양쪽 모두 최소 진행 금액은 클릭당 0.45달러다. 마지막 단계에서 광고 집행을 원하는 국가와 바이어의 범위를 설정하고 'Submit'을 누른다.

수동 마케팅은 필요 없는 예산 낭비를 막을 수 있다는 장점이 있다. 그래서 내가 광고를 진행하고자 하는 제품과 키워드 그리고 타깃 국가가 명확할 때 진행할 것을 추천한다.

6장

바로 써먹는 고수의 판매 노하우

ALIBABA

1

인콰이어리의 유형별 특징과 응대법

알리바바닷컴에서 제품을 판매할 수 있는 방법은 2가지다. 바이어에게 오는 인콰이어리(구매 문의)에 응대해 판매하는 방법과 바이어의 RFQ에 견적을 넣은 후 바이어의 연락을 기다리는 방법이다.

인콰이어리는 유형별로 크게 4가지로 분류해 볼 수 있다.

간단한 인콰이어리

가장 흔한 인콰이어리 유형이다. 간단하게 원하는 제품의 정보나 가격을 물어보는 인콰이어리로 거의 70~80%를 차지한다. 아래 예시는 미국에서 온 인콰이어리로 간단하게 제품 가격이 얼마인지 물어보고 있다. 하지만 인콰이어리가 간단하다고 해서 바이어의 구매의사가 낮거나 바이어가 소규모인 것은 아니다. 대부분의 인콰이어리가 간단하다고 설명했듯이 막상 회사 정보를 확인하고 주문을 받아보면 의외로 큰 회사에 큰 주문을 하는 경우도 있다.

그래서 인콰이어리 내용만으로 바이어를 판단해서는 안 된다. 바이어의 회사 정보를 꼼꼼하게 살피고, 회사 정보가 충분하지 않다면 바이어에게 물어본 후 그에 맞게 답변을 하는 것이 좋다.

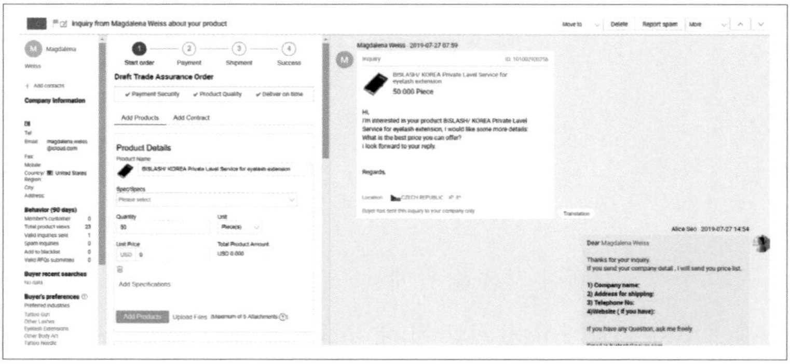
Inquiry from Magdalena Weiss about your product
Move to
Delete
Report spam
More
Start order
Payment
Shipment
Success
Draft Trade Assurance Order
Product Details
Magdalena Weiss 2019-07-27 07:59
Inquiry
BISLASH/ KOREA Private Lavel Service for eyelash extension
50 000 Piece
Hi,
I'm interested in your product BISLASH/ KOREA Private Lavel Service for eyelash extension, I would like some more details:
What is the best price you can offer?
I look forward to your reply.
Regards,
Alice Seo 2019-07-27 14:54
Dear Magdalena Weiss
Thanks for your inquiry.
If you send your company detail , I will send you price list.
1) Company name:
2) Address for shipping:
3) Telephone No:
4)Website (if you have):
If you have any Question, ask me freely

자세한 인콰이어리

원하는 제품에 대해 아주 세세하게 물어보는 인콰이어리다. 이 경우 바이어 역시 본인의 회사 소개도 자세하게 하는 경우가 많다. 다음 예시의 캐나다에서 온 인콰이어리는, 캐나다에서 미용학원을 운영하고 있으며 어떠한 제품이 필요한지 상세하게 설명하고 있다. 이런 인콰이어리는 답변해주기도 어렵고, 주문으로 성사시키기도 상대적으로 어렵다. 왜냐하면 바이어가 까다롭고 세세하게 알아보고 비교하기 때문이다. 쉽게 결정하지 않는 바이어다.

하지만 성실하게 응대하면 충분히 주문을 성사시킬 수 있다. 바이어가 꼼꼼하게 물어본 만큼, 질문에 대한 답변을 번호로 매겨 보기 쉽게 작성해 보내자. 다른 판매자의 답변에 비해 더 성실한 답변을 한 것을 보고 좋은 인상을 받을 것이고, 주문으로 이어질 것이다.

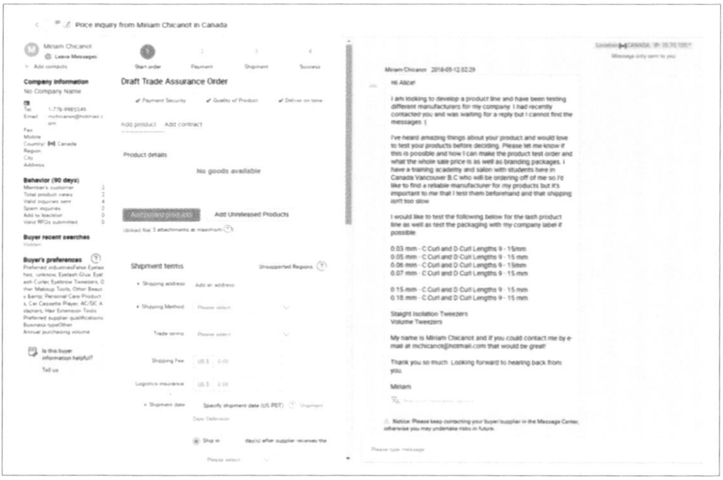

빅바이어 인콰이어리

큰 회사에서 많은 양의 제품을 문의하거나 OEM을 요청하는 경우이다. 스스로 '우리는 큰 회사이며 주문량이 많다'고 이야기하는 바이어는 두 종류다. 스팸이거나 아니면 진짜 빅바이어다. 스팸일 경우 주문량이 터무니없이 많거나 회사 설명은 번지르르하게 할지

Hello!

We are interested in your eyelash extension products.
Can you send me your wholesale price?
Do you make private label?

What is your monthly capacity for eyelashes?
How many pcs will you be able to do for us?
Can you send us some samples?
Where is your eyelash factory located?

Do you produce glue and other liquids for eyelash extension (cleanser, primer, coating, growth tonic, etc)?
Can you send prices for them as well?

Our company is one of the biggest suppliers of products for eyelash extension.
We are looking for reliable partners in this field

Thank you!

Best regards,
Khaeva Elena
product manager
Saint-Petersburg, Russia
khaeva@lash.ru
8 (911) 934-90-84
8 (800) 200-52-74
ext: 115

라도 확인해보면 실체가 없다. 예시로 든 러시아 바이어는 회사 웹사이트까지 포함해 회사 정보를 제공했는데 확인해보니 진짜 빅바이어였다.

이런 바이어의 인콰이어리는 잘 생각해보고 신중하게 답변해야 하고, 바이어의 요구에 유연하게 대처해야 한다. 빅바이어는 이미 내가 취급하는 제품의 전문가이고 대개 공급가가 얼마인지 훤하게 알고 있다. '정해진 가격이 이것입니다'라고 이야기하기보다는 구체적인 수량을 물어보고 목적 가격(Target Price)이 있는지, 있다면 얼마인지 확인한다. 바이어가 필요한 수량이 많은데 우리의 생산능력이 안 될 수도 있다. 무조건 욕심부려 무리하게 생산하다가 일정을 못 맞추거나 심각한 불량이 나기도 한다. 바이어가 원하는 가격을 맞출 수 있는지, 바이어가 원하는 수량을 정해진 기간 내에 생산할 수 있는지 확인해야 한다.

빅바이어와 거래를 성사시키기는 쉽지 않지만, 판매를 꾸준히 하면서 경험을 쌓으면 충분히 가능한 일이다. 우리 회사 역시 빅바이어가 몇 군데 있다. 빅바이어는 주문량이 많아 몇 안 될지라도 회사 매출에 큰 영향을 미치기 때문에 아주 중요하다. 주문을 성사시키기는 어렵지만, 한번 주문이 시작되면 오랫동안 거래할 확률이 높다.

스팸 인콰이어리

컴퓨터로 해킹을 하거나 사기를 치기 위해 보내는 이메일이다. 온라인 사기에는 여러 종류가 있는데, 아래 내용은 해킹을 하기 위해 해킹 링크로의 접속을 유도하고 있다. 해킹과 온라인 사기에 관해서는 7장에서 더 자세하게 알아보기로 한다.

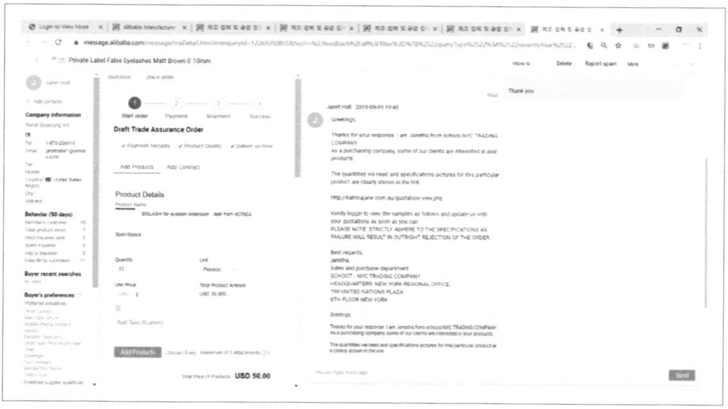

2

인콰이어리 분석하기

인콰이어리가 어떻게 구성되어 있는지 알아보고, 인콰이어리를 분석해보자. 다음 예시에서 구역별로 어떤 정보가 들어 있는지 알 수 있다.

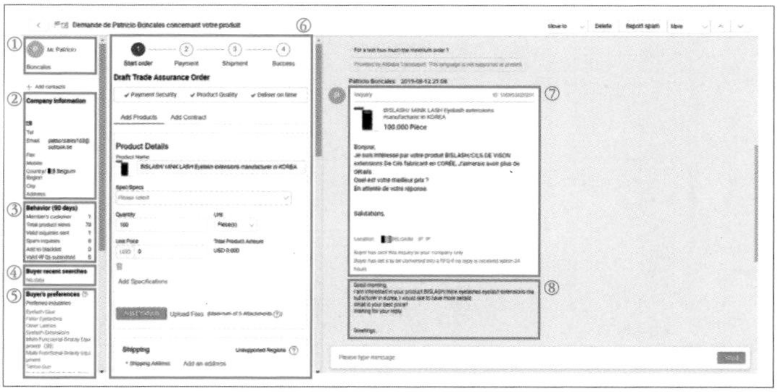

바이어 이름①

회원 가입 시 기재한 바이어의 이름이다. 이름을 클릭하면 다음과 같은 창이 뜨는데, 여기서 바이어의 조금 더 자세한 정보를 확인할 수 있다. 여기서 바이어의 기본 정보와 함께 지난 90일간의 바이어 행동에 관해 자세히 살펴볼 수 있다. 지난 90일간 방문한 횟수, RFQ 문의, 구매 문의를 몇 개 보냈는지, 또 어떤 상품을 조회해보았는지 등을 확인할 수 있다. 예시의 경우 90일간 구매 문의를 딱 한 개 보냈고, 다른 제품도 특별히 조회한 것이 없는 것으로 나타난다. 이런 바이어는 어디선가 이미 우리 제품을 보고, 우리 제품을 사기 위해 우리 회사에만 제품 문의를 보낸 것이다.

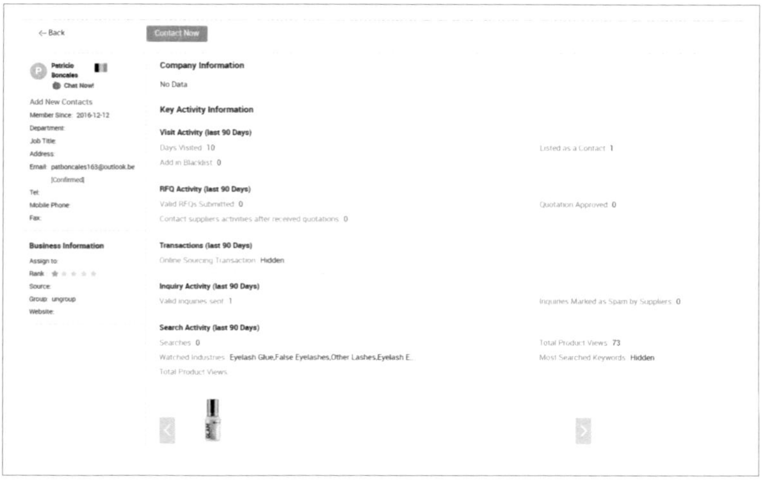

바이어 회사 정보②

바이어가 회원 가입할 때 작성한 회사 정보이다. 전화번호, 이메일, 팩스, 휴대폰 번호, 국가, 주소 등을 확인할 수 있는데 바이어가 작성한 만큼만 보여진다. 이 바이어의 경우 이메일 주소와 국가만 확인할 수 있다. 모두 작성을 한 바이어일지라도 바이어가 공개하고 싶지 않다면 숨길 수 있어, 바이어별로 확인할 수 있는 정보량은 다르다.

90일간의 행적③

해당 바이어가 90일간 어떠한 활동을 했는지 요약해서 보여진다. 최근 90일간, 몇 개의 상품을 보았고, 몇 개의 인콰이어리를 보냈으며 스팸이나 블랙리스트로 분리되지는 않았는지, RFQ를 작성한 것이 있는지 확인할 수 있다. 이 바이어는 73개의 상품을 보았고, 제품문의는 1개 보낸 것을 확인할 수 있다.

바이어의 최근 검색④

바이어가 최근 어떤 것을 검색했는지 알 수 있다. 예시의 바이어는 데이터가 없다고 나와 있다.

바이어의 선호도⑤

바이어가 어떠한 제품을 선호할 수 있는지에 대한 관련 상품을 보여준다.

주문 진행 상황⑥

바이어가 내가 올린 상품 중에 어떤 것을 선택해 나에게 구매문의를 보냈는지 알 수 있다. 중국 판매자의 경우 주문과 결제 상황까지 확인할 수 있지만, 한국 판매자는 알리바바닷컴 사이트 내에서 결제가 안 되기 때문에 다른 기능은 의미가 없다.

인콰이어리 내용⑦

바이어가 실제로 작성한 인콰이어리 내용이다. 이 바이어는 제품 구매에 관심이 있으며 가격이 어떤지 묻고 있다. 그리고 문의내용 아래에 바이어가 메시지를 보낸 곳의 IP를 기반으로 어떤 국가에서 보냈는지 알 수 있다. 이는 바이어 정보에 보이는 국가와 다를 수 있다. 미국 바이어라도 다른 나라에 출장이나 여행을 갔을 경우 IP 기반의 국가는 다르게 보여진다. 하지만 바이어 정보에는 미국으로 되어 있는데 IP가 전혀 관련 없는 나이지리아나 파키스탄 같은 국가로 나타난다면 스팸메시지를 의심해보아야 한다.

인콰이어리 번역[8]

앞에서 예시로 든 메시지는 영어가 아니라 프랑스어로 작성되어 있다. 영어가 아닌 언어로 작성되었을 경우 알리바바닷컴 자체에 번역기능이 있어 영어로 번역된 내용을 확인할 수 있다.

구역별로 자세히 인콰이어리 내용을 살펴보니, 이 벨기에 바이어는 제품 문의를 우리 회사에게만 보냈으므로 주문할 확률이 상대적으로 높아 보인다. 다만 바이어의 회사 정보가 국가와 이메일 주소 말고는 확인할 수 있는 것이 없어, 바이어의 규모가 파악이 안 된다.

나는 이런 인콰이어리의 경우 바이어에게 회사 정보를 물어보고 확인한 후에 가격표를 발송하는데, 첫 번째 이유는 바이어의 규모를 확인해야 응대하기가 더 쉽기 때문이고, 두 번째 이유는 소매구매자로 확인될 경우 도매가격이 공개되면 다른 도매고객들이 피해를 볼 수 있기 때문이다. 나는 다음과 같이 바이어의 회사 이름, 주소, 전화번호, 웹사이트 등의 정보를 요청하는 답변을 보냈다.

Alice Seo 2019-08-13 13:45

Dear Mr. Patricio Boncales

Thanks for your inquiry.
If you send your company detail , I will send you price list.

1) Company name:
2) Address for shipping:
3) Telephone No:
4)Website (if you have):

If you have any Question, ask me freely.

Email is bislash@naver.com
What's app: [redacted]

Thank you and have a nice day :)

Best Regards
Alice / Beauty in Seoul (BISLASH)

ınread

3

인콰이어리 답변하기 실전 예시

내가 실제로 받은 인콰이어리 몇 개를 예시로 들어 각각 다른 인콰이어리 내용별로 어떻게 답변을 했는지 살펴보자. 어떻게 하는지 설명하는 것보다 실제로 답변한 내용을 보면 이해하기 쉬울 것이다.

스웨덴의 미용숍에서 온 인콰이어리

이 바이어는 회사 정보가 Hidden으로 표시되어 있다. 90일간 행동분석을 보면 인콰이어리를 나에게만 보냈다. 우리 회사 제품을 직접 찾아서 들어온 사람이다. 이런 바이어의 경우 주문을 성사시키기 쉽다. 문의 내용에는 어떤 제품이 몇 개 필요하다고 구체적으

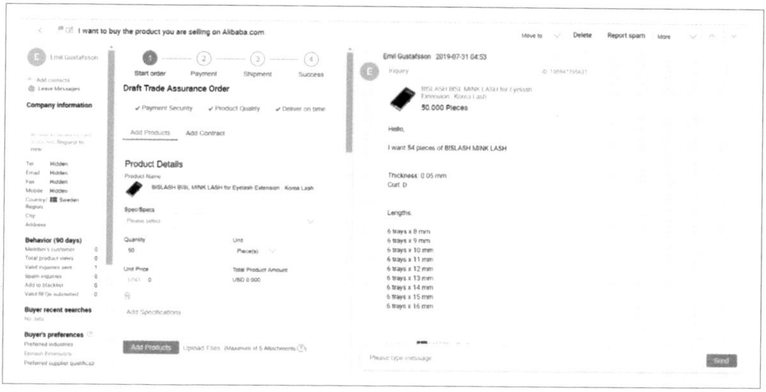

로 말하고 있다. 회사 정보를 확인할 수 없기 때문에 나는 먼저 회사 정보를 확인하면 가격 정보를 주겠다고 답변했다. 회사 정보를 확인해보니 스웨덴에 있는 미용숍이다.

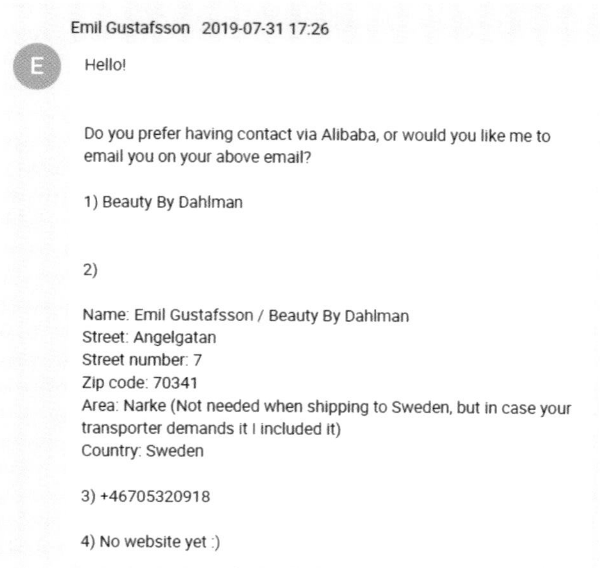

많은 양의 주문을 하지는 않겠지만 조금씩 꾸준하게 주문할 확률이 크다. 회사 정보를 확인하였으니 제품 가격표를 포함해 제품 주문에 필요한 내용을 정리해서 답변을 보냈다.

Alice Seo 2019-08-01 11:03

Dear Emil Gustafsson

Thanks for your inquiry. Here is information of Order,Shipping,Payment.

1)Product Detail
- You can check product detail on our website www.bislash.co.kr

2) How to give order
-I attached Price list(order form) with Excel file. Put your order qty in order form, and send me by email.
(send to bislash@naver.com)

3)Shipping
-We ship goods within 1~2days after payment confirm.
-We use DHL/EMS , it take 3~4days to delivery.
-Here is example of shipping cost. It's can be different upon country, total weight.
1kg(20~25pcs order) :31US$
3kg(70~80pcs order) : 57US$
5kg(150~160pcs order): 70US$
10kg (300~320pcs order): 105US$

4) Sample
-We offer whole sale price for sample order, even 1pcs order is okay.

5)Payment
-We accept 100% Advance Only.
- You can pay with Bank Transfer(T/T), Paypal, Western Union

미국의 한 쇼핑몰에서 온 인콰이어리

다른 미국에서 온 문의내용이다. 이 사람의 회사 정보에는 이메

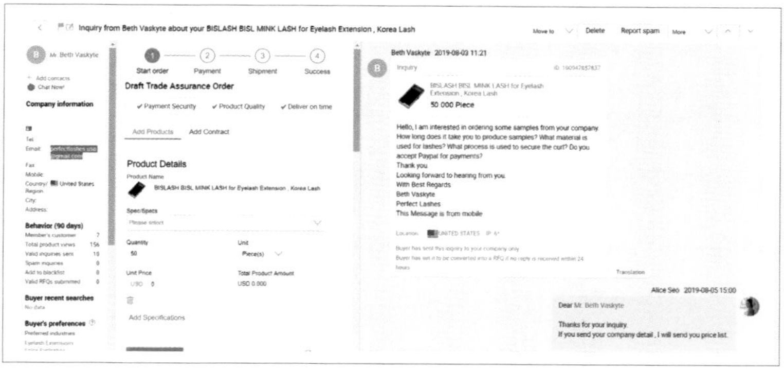
Inquiry from Beth Vaskyte about your BISLASH BISL MINK LASH for Eyelash Extension , Korea Lash
Move to
Delete
Report spam
More
Start order
Payment
Shipment
Success
Draft Trade Assurance Order
Product Details
Behavior (90 days)
Buyer recent searches
Buyer's preferences
Beth Vaskyte 2019-08-03 11:21
50 000 Piece
Hello, I am interested in ordering some samples from your company.
How long does it take you to produce samples? What material is used for lashes? What process is used to secure the curl? Do you accept Paypal for payments?
Thank you
Looking forward to hearing from you.
With Best Regards
Beth Vaskyte
Perfect Lashes
This Message is from mobile
Alice Seo 2019-08-05 15:00
Dear Mr. Beth Vaskyte
Thanks for your inquiry.
If you send your company detail , I will send you price list.

일 주소밖에 없지만 이메일 주소를 보니 회사 이메일이다. 구글에 검색해보니 이 회사의 정보를 알 수 있었다. 미용숍도 있고, 학원과 쇼핑몰도 운영하고 있다. 어느 정도 규모가 있는 회사인 것을 확인할 수 있다.

바이어의 90일간 행동분석을 보니 156개의 페이지를 보았고 10개의 문의를 보냈다. 주문을 성사시킬 경우 주문량이 꽤 될 것 같은데 나뿐 아니라 다른 회사에도 문의를 여러 개 보냈으니 이런 경우 최대한 빨리 답변을 해주어야 한다.

바이어는 샘플을 어떻게 받을 수 있는지, 제품의 재질이 뭔지, 페이팔 결제를 받는지 등을 물어보고 있다. 일단 회사 정보를 확인했으니 주문에 필요한 내용을 잘 정리해 답변해주었다. 그랬더니 추가적으로 질문이 또 왔다.

왜 알리바바닷컴에 올린 정보와 제품 가격 정보가 다른지, 제품 사이즈별로 왜 가격 차이가 나는지를 물었으며, 샘플 주문 리스트를 보냈다.

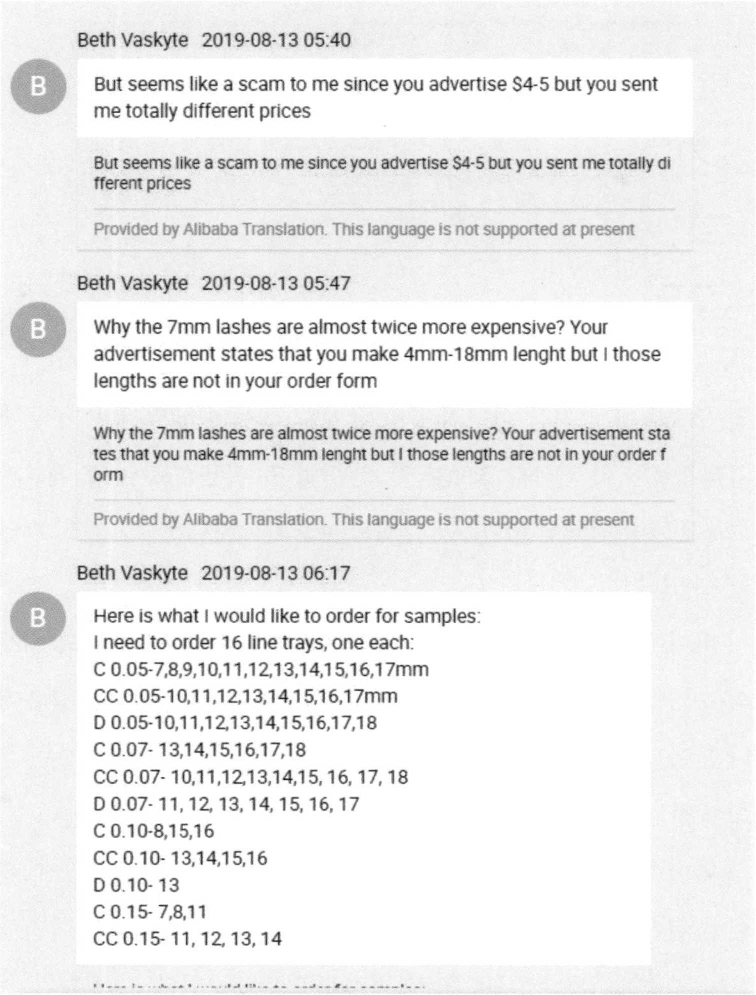
Beth Vaskyte 2019-08-13 05:40

But seems like a scam to me since you advertise $4-5 but you sent me totally different prices

But seems like a scam to me since you advertise $4-5 but you sent me totally di fferent prices

Provided by Alibaba Translation. This language is not supported at present

Beth Vaskyte 2019-08-13 05:47

Why the 7mm lashes are almost twice more expensive? Your advertisement states that you make 4mm-18mm lenght but I those lengths are not in your order form

Why the 7mm lashes are almost twice more expensive? Your advertisement sta tes that you make 4mm-18mm lenght but I those lengths are not in your order f orm

Provided by Alibaba Translation. This language is not supported at present

Beth Vaskyte 2019-08-13 06:17

Here is what I would like to order for samples:
I need to order 16 line trays, one each:
C 0.05-7,8,9,10,11,12,13,14,15,16,17mm
CC 0.05-10,11,12,13,14,15,16,17mm
D 0.05-10,11,12,13,14,15,16,17,18
C 0.07- 13,14,15,16,17,18
CC 0.07- 10,11,12,13,14,15, 16, 17, 18
D 0.07- 11, 12, 13, 14, 15, 16, 17
C 0.10-8,15,16
CC 0.10- 13,14,15,16
D 0.10- 13
C 0.15- 7,8,11
CC 0.15- 11, 12, 13, 14

위 사진에서 알 수 있듯이 바이어는 이것저것 다 섞어서 질문하는 경우가 많다. 본인이 생각나는 대로 여러 개의 메시지를 한꺼번에 보내기도 한다. 하지만 우리는 바이어가 우왕좌왕하고 있을지라

Dear Mr. Beth

Thanks for your reply.

1) Price
- We give discount upon total order qty. If we offer 15% Discount
Lash price can be 4.25US$. Price can be different upon total amount
over 1000US$ order- 3% Discount
over 3000US$ order- 5%Discount
over 5000US$ order- 10%Discount
over 20000US$ order- 15%Discount

2) Price different for short length
-Short lash is difficult to make.
- 4-5mm is 70% expensive than original price
- 6-7mm is 50% expensive than original price

3) How to give sample order
- I attahched order form. Put your order qty in attached order form ,
and send to bislash@naver.com

If you have any question, ask me freely.
Thank you.

Best Regards
Alice / Beauty in Seoul

Attatchment

Beauty in S...

d

도 바이어가 이해하기 쉽게 잘 정리해 답변해주어야 한다.

가격에 대해서는 주문 수량별로 할인율이 달라지기 때문에 차이가 날 수 있다고 설명해주었고, 제품 사이즈별로 왜 가격이 다른지도 설명해주었다. 샘플을 어떻게 주문하는지에 대해서는 앞의 메시지에서 설명해주었지만, 바이어가 아직도 이해를 못하고 있어서 다시 한 번 설명해주었다.

영국에서 OEM 문의를 해온 바이어

하나만 더 살펴보자. 다음은 영국에서 온 문의다.

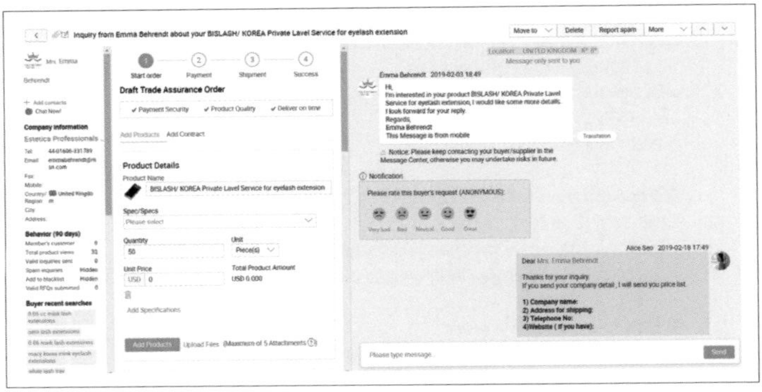

이 회사는 다른 문의들에 비해 비교적 바이어 정보가 많이 나와 있는 편이다. 바이어 이름을 클릭하면 더 자세한 정보를 확인할 수 있는데, 이메일 주소뿐 아니라 바이어 회사의 주소, 전화번호까지도 나와 있다. 최근 90일간 조회한 제품을 보면 문의를 보낸 제품뿐 아니라 그와 비슷한 다른 회사 제품도 조회한 것을 확인할 수 있다.

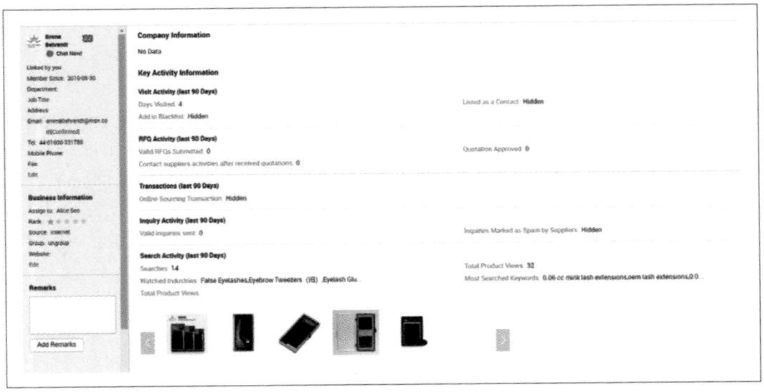

바이어의 문의내용을 보면 'Private label service' 즉 제품 OEM 문의를 하고 있다. 제품 OEM을 진행하면 큰 주문량이 될 수 있기 때문에 바이어에게 좀 더 자세한 회사 정보를 요구했다.

바이어가 회사 이름, 회사 웹사이트, 주소, 전화번호를 포함해 자세한 회사 정보를 제공하였으며, 샘플을 받을 수 있는지, 또 OEM을 진행하기 위한 옵션이 적힌 카탈로그가 있는지에 대해 문의했다.

Emma Behrendt 2019-05-21 21:35

Hi Alice

I am interested in samples of your lashes, do you have a brochure with options of trays etc?

My website is www.thebeautifuleyelashcompany.co.uk
The Beautiful Eyelash Company
79a Witton Street Northwich cheshire UK cw98xg
Telephone 01606 331789

Regards
Emma Behrendt

Translation

바이어 회사의 웹사이트를 들어가보니 이미 자체브랜드의 제품을 가지고 있는 회사이며, 미용학원과 온라인숍을 운영하고 있는 회사다. 이미 브랜드가 있는데도 다른 회사를 찾고 있는 것을 보면 아마 현재 공급자의 제품품질이나 가격이 마음에 들지 않기 때문일 것이다. 만약 우리 회사에서 OEM을 진행하면, 장기거래 고객이 될 확률이 높다.

이럴 경우 답변 내용에 현재 우리 회사는 다른 여러 회사의 브랜

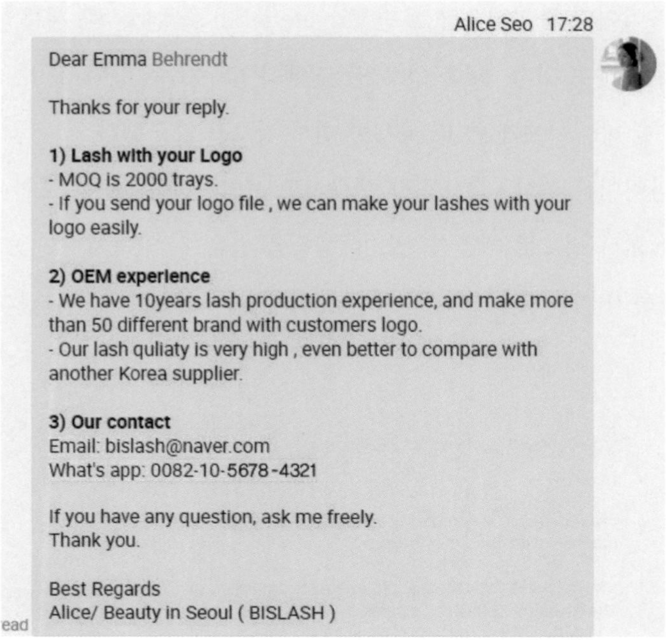

Alice Seo 17:28

Dear Emma Behrendt

Thanks for your reply.

1) Lash with your Logo
- MOQ is 2000 trays.
- If you send your logo file , we can make your lashes with your logo easily.

2) OEM experience
- We have 10years lash production experience, and make more than 50 different brand with customers logo.
- Our lash quliaty is very high , even better to compare with another Korea supplier.

3) Our contact
Email: bislash@naver.com
What's app: 0082-10-5678-4321

If you have any question, ask me freely.
Thank you.

Best Regards
Alice/ Beauty in Seoul (BISLASH)

ead

드제품을 제작하고 있으며, 여러 바이어들과 장기간 유지하며 품질로 신뢰를 얻고 있다는 내용을 포함시켰다. 그리고 OEM 제작에 관련된 정보를 구체적이면서도 간략하게 제공했다. 또한 왓츠앱 등의 메신저 주소도 알려주며 언제든지 연락할 수 있도록 안내해주었다.

4

RFQ 알아보기

업로드된 구매 공고 확인하기

RFQ는 'Request For Quotation'의 약자로 바이어가 제품을 소싱하기 위해 직접 올린 구매 공고를 말한다. 바이어가 구매 공고를 올리면 알리바바닷컴 측의 검토를 거쳐 업로드된다. 업로드된 구매 공고는 알리소스에서 확인할 수 있다. 구매 공고를 확인한 여러 판매자가 바이어의 요구에 맞게 견적서를 제출하면 바이어가 견적서들을 비교해보고 구매할 수 있다.

RFQ는 바이어의 인콰이어리가 올 때까지 기다리는 것보다 내가 바이어의 구매문의를 찾아 움직이는 적극적인 판매방법이다. 알리바바닷컴에는 약 1,000만 명의 바이어와 70만 명의 판매자가 활동하는데, RFQ에서 2015년 기준으로 13만 판매자가 200억 달러의 견적을 발송할 만큼 마켓 규모가 굉장히 크다. RFQ는 알리바바닷컴에 소속되어 있지만 판매가 이루어지는 방식이 다른 또 다른 시장인 것이다.

RFQ를 올린 바이어들의 국가를 살펴보면 200개 이상의 나라에서 다양한 국가에서 이용한다는 것을 알 수 있으며, 이 중 가장 많은 나라는 미국, 인도, 영국이다.

Market Value
Total : buyers from 200 countries all over the world
USA, India, UK, Germany, Italy, UAE, France, Spain, Singapore are the main buyers' market

그렇다면 바이어의 구매 공고에 대해 구매견적을 최대한 많이 넣어야 주문이 성사될 확률이 높을 것인데, 판매자별로 견적을 넣을 수 있는 개수가 정해져 있다. 기본적으로 유료 회원은 한 달에 20개의 견적을 넣을 수 있는데, 적극적으로 판매 활동을 하기에 충분한 개수는 아니다.

추가적으로 RFQ를 얻을 수 있는 2가지 방법이 있다. 첫 번째는 My Market Performance Score를 높이는 것이고, 두 번째는

Extra Quotation Package를 구매하는 것이다. 일단 My Market Performance Score를 확인해보자. My Alibaba에 들어가서 Communications - Additional Quotates를 클릭한다.

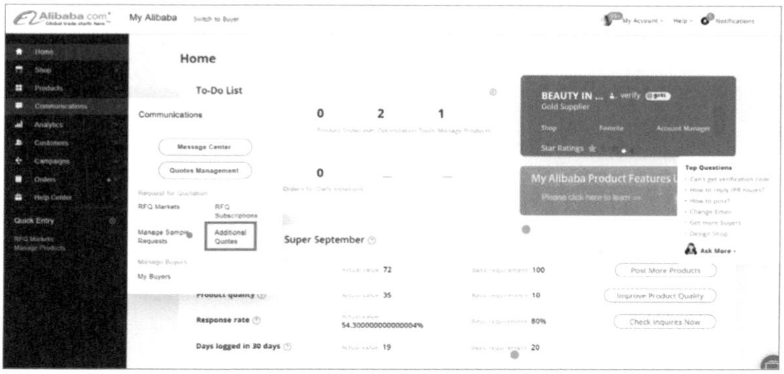

우측 상단에서 My Performance Score를 확인할 수 있다. 이 점수는 매달 3일, 12일, 22일에 업데이트 되며 이 점수를 가지고 평가해 다음 달 첫날 기본 20개의 추가 견적권을 얻을 수 있다. 점수에 따라 최대 45개까지 획득할 수 있다. Market Performance score

에 영향을 미치는 요소는 로그인한 날짜, 견적을 넣은 횟수, 견적의 평균 답변시간, 24시간 견적 답변율, 바이어 만족도, Trade Assurance 판매건수(중국 판매자의 경우)다.

RFQ **Market Performance Scores**

User's performance in the RFQ marketplace is evaluated in the form of scores (company dimensions). The better the market performance is, the higher the score is. The factors used for evaluating market performance include Number of days signed in,Number of RFQ quotations,Average quotation response time,24-hour quotation response rate,Buyer satisfaction rate,Total number and value of Trade Assurance orders which have cleared customs.

RFQ **Rules for Rewarding Market Performance Scores**

Market Performance Score	0≤X < 200	200≤X < 300	300≤X < 400	400≤X < 500	500≤X < 600	600≤X < 700	700≤X < 800	800≤X < 900	900≤X < 1000
Quotation rights (Pieces)	0	2	3	5	8	12	18	28	45

The user types: The user types covered by the quotation rights rewarding based on performance score are as follows: Gold Supplier users from Mainland China, Gold Supplier users from Hong Kong and Taiwan, China, Mainland China users that have purchased Basic Quotation Package,Global Gold Supplier users, and global users that have purchased Basic Quotation Package .

The update time & calculation period of performance scores: On the 3nd, 12th and 22nd of each month (PST), the market performance scores of users will be updated and displayed at users' MY ALIBABA. Users may leverage the scores from each period to make improvements accordingly. The details are as follows:

On the 12th of each month, the market performance score is updated based on the performance from the 1st to the 10th of the current month;

On the 22nd of each month, the market performance score is updated based on the performance from 1st to 20th of the current month;

On the 3rd of each month, the market performance score is updated based on the performance of previous month.

Issuance Date & Validity Period:on the 3rd of each month, RFQ will reward additional quotation rights according to user's market performance score of the previous calendar month. The rewarding quotation rights is valid from the 3rd of current month to the 2nd of next month.

Extra Quotation Package 구매

무료 회원도 RFQ 견적권을 구매할 수 있다. 무료 회원은 Basic Quotation Package를 이용할 수 있는데 1년에 999달러이며, 한 달에 12개의 견적을 넣을 수 있다. 이 패키지를 이용하고 싶으면 무료 회원일지라도 간단하게 인증절차를 거쳐야 한다.

유료 회원은 Extra Quotation Package를 이용할 수 있는데 A타입과 B타입이 있다. A타입은 1년에 500달러로 100개의 견적을 추가로 더 넣을 수 있고, B타입은 1년에 1,000달러로 200개의 추가견적을 넣을 수 있다. activity.alibaba.com/rfq/AliSource.html에 접속해 패키지를 구매할 수 있다.

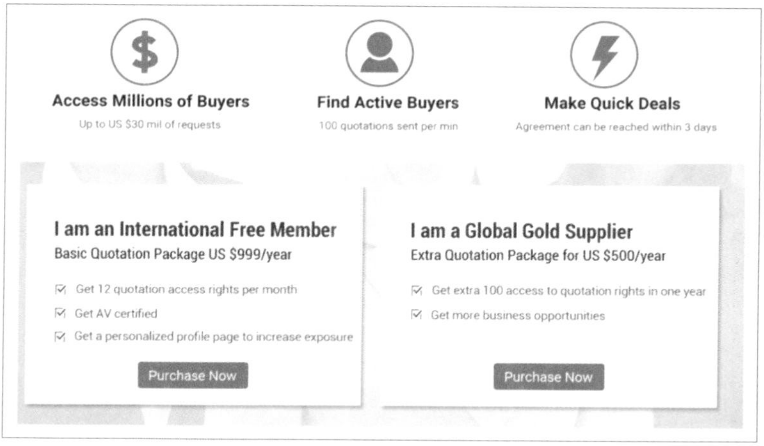

RFQ 추천 키워드 등록 방법

RFQ는 알리소스에 접속해서 직접 검색어를 입력해 확인할 수도 있지만, 키워드를 등록해놓으면 My Alibaba에서 추천 RFQ를 쉽게 확인할 수도 있다. My Alibaba - Communications - RFQ Subscriptions를 클릭한다.

여기서 취급하는 제품의 카테고리와 키워드를 등록해 놓으면 관련 RFQ가 자동으로 나에게 추천된다. Add Category와 Add Keywords 버튼을 눌러 등록하면 된다. 카테고리는 1개를 선택할

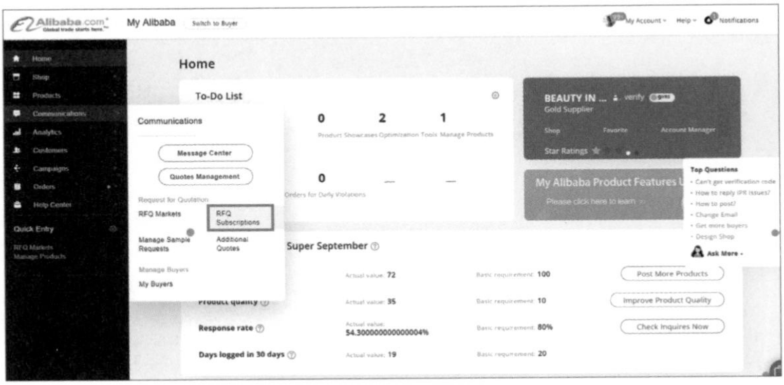

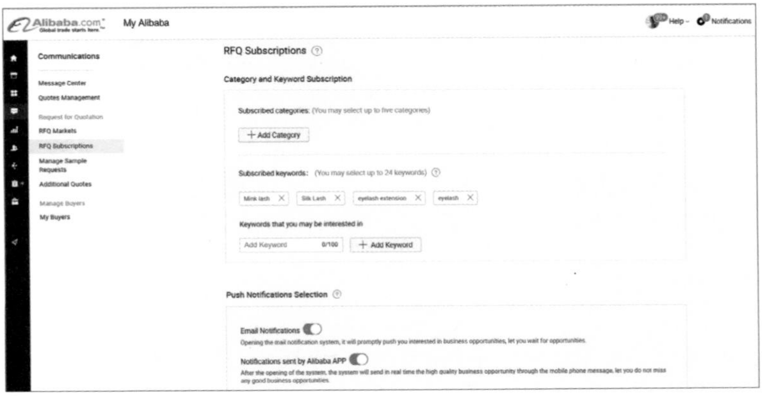

수 있고, 키워드는 최대 24개까지 지정 가능하다. 맨 아래 알림서비스를 On으로 두면 이메일과 알리바바앱을 통해 실시간으로 추천 RFQ를 확인할 수 있다.

5

RFQ 견적 넣기 실전 예시

직접 견적 넣어보기

RFQ가 무엇인지 알아보았으니 이제 직접 RFQ에 견적을 넣어볼 차례다. RFQ에 견적을 넣을 때는 인콰이어리에 답장할 때와 마찬가지로 RFQ 역시 내용을 꼼꼼하게 살핀 후, 바이어가 궁금해하는 것에 번호를 매겨 보기 쉽게 정리해 답변하고, 추가로 바이어가 구매에 필요한 정보가 있다면 함께 제공하는 것이 좋다.

최근에 나도 RFQ를 하나 올렸는데, '샘플 구매하기'에서 살펴보았던 미용용 고무송풍기였다. 그런데 황당하게도 판매자들의 견적을 확인하니 이름은 같지만 전혀 관련이 없는 큰 대형 송풍기 견적뿐이었다. 판매자들이 제대로 RFQ 내용을 읽지도 않고 견적을 넣은 것이다.

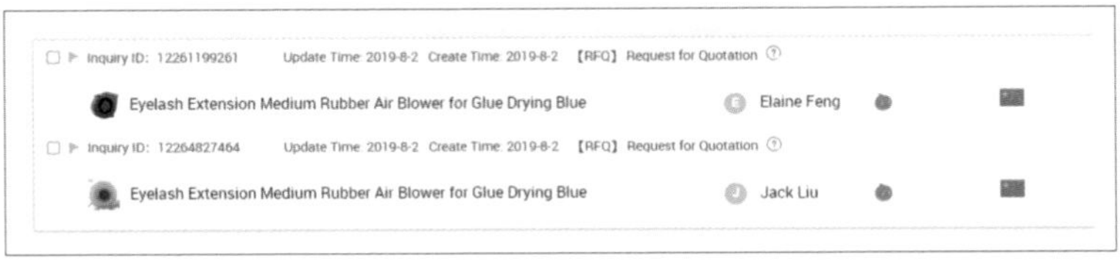

전혀 관계없는 제품에 견적을 넣거나 내용을 제대로 파악하지 못하고 견적을 넣는 것은 하나마나 한 행동이다. 경쟁사 10개의 견적 중에 나의 견적이 바이어에게 선택되기 위해서는 바이어가 올린 RFQ 내용을 잘 살펴보고, 그에 맞게 대답해야 한다.

RFQ는 알리소스에서 직접 검색어를 입력해 확인할 수 있고, My Alibaba에서 추천 RFQ를 확인할 수도 있다. 앞서 RFQ의 추천키워드 등록하는 방법을 알아보았으니 My Alibaba에서 추천 RFQ를 들어가보자. My Alibaba에 들어가서 화면을 맨 아래로 내리면 Recommended Quotations에서 추천 RFQ를 확인할 수 있다.

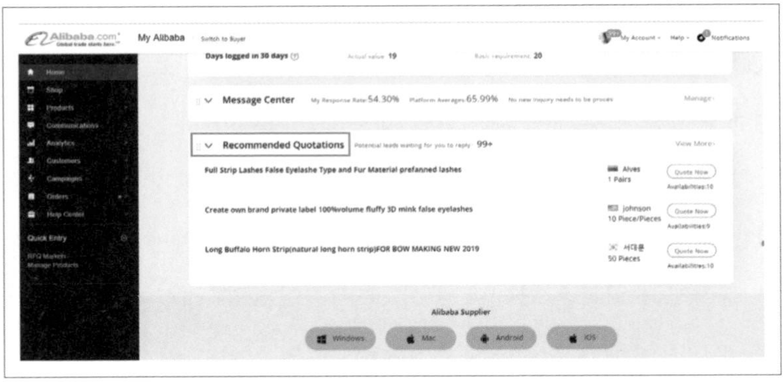

이 중에 하나를 선택해 들어가보았다. 아래 호주 바이어는 속눈썹을 구매하고 싶어 하고, 수량은 50개, OEM, 결제는 페이팔, 원하는 사이즈 등을 적어놓았다. 내용을 확인하면 좀 부실하다고 느껴진다. 사실 RFQ를 확인하다보면 이렇게 부실한(?) 내용의 RFQ가 많다. 정보가 견적을 넣기에 충분하지 않아 RFQ를 신경 써서 작성하지 않은 느낌이다. 하지만 이들 모두 잠재고객이므로 완벽한 RFQ를 찾는다고 생각하지 말고 내가 취급하는 제품이라면 일단 견적을 넣어보자.

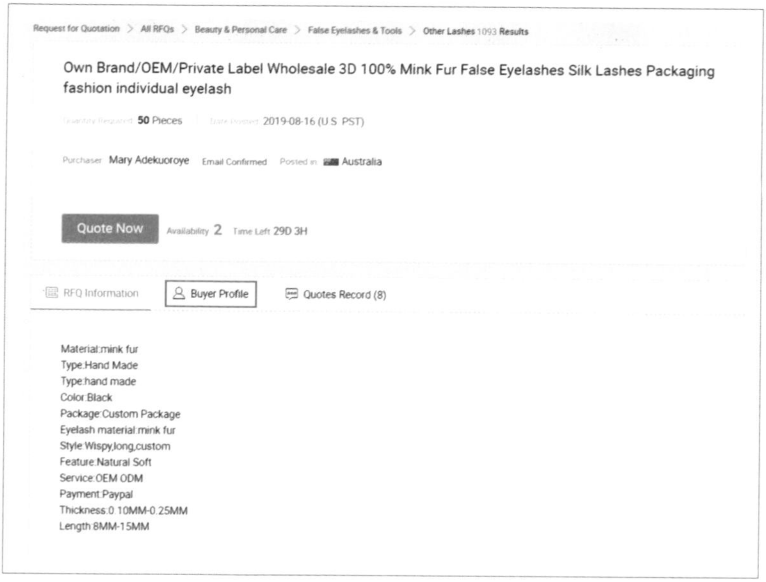

Buyer Profile을 눌러보면 바이어 정보를 확인할 수 있는데, 최근 90일 동안 13번 로그인했고 29개의 제품을 보았으며 5개의 인콰

이어리를 보냈다. 최근에 어떤 제품에 인콰이어리를 보냈는지도 확인할 수 있다.

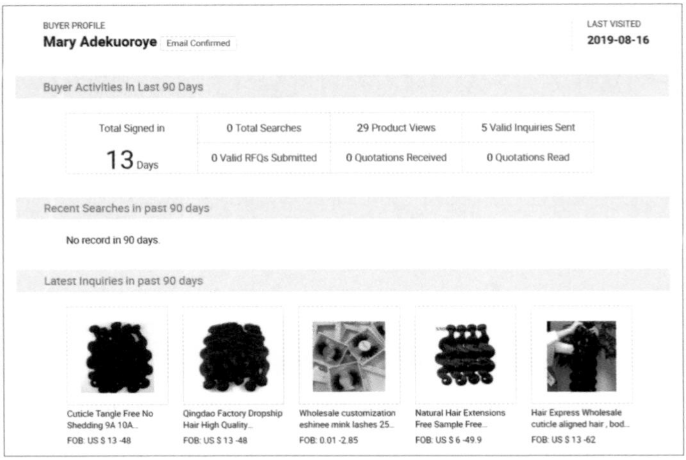

Quotes Records를 살펴보면 10개 중에 8개의 견적이 작성되어 있고, 2개의 견적만 더 넣을 수 있는 것으로 확인된다. 견적을 작성한 회사들을 보니 모두 중국 회사다. 알리바바닷컴은 중국 판매자가 많기 때문에 이렇게 견적기록을 살펴보면 중국 회사인 경우가 많다. 이런 중국 판매자들 사이에서 한국 판매자가 견적을 넣으면 바이어의 눈에 띌 수 있다. 한국 판매자라는 이유로 다른 판매자들보다 차별화가 되는 것이다.

또한 중국 판매자보다 좋은 품질의 제품을 앞세운다면 주문을 성사시키는 것 역시 충분히 가능하다. Quote Now를 눌러 견적을 작성해보자.

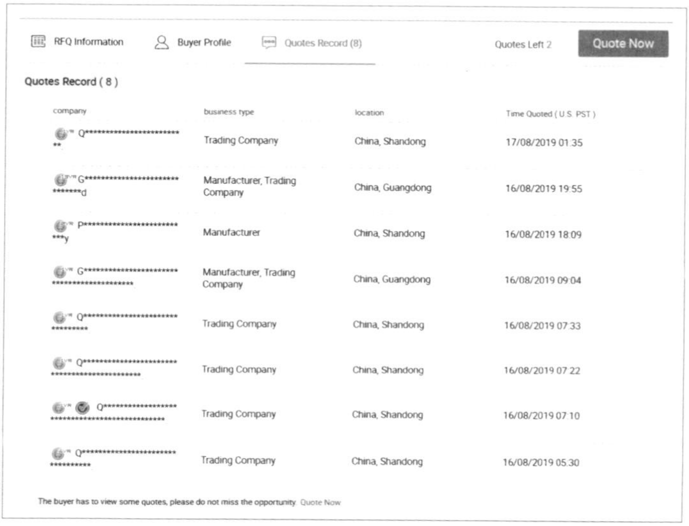

제품 이름을 작성하고, Product Detail에 바이어가 올린 RFQ 내용을 기반으로 답변을 작성했다.

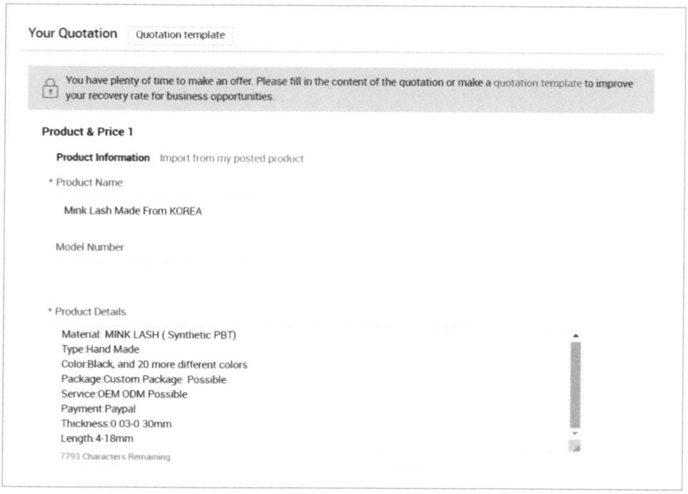

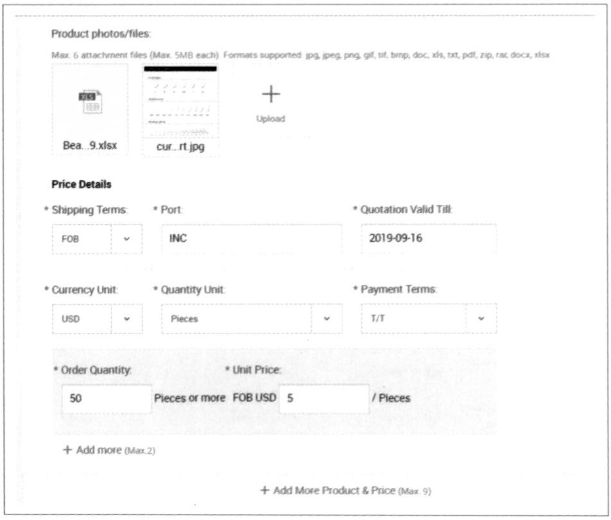

Product photos/files:

Max. 6 attachment files (Max. 5MB each) Formats supported: jpg, jpeg, png, gif, tif, bmp, doc, xls, txt, pdf, zip, rar, docx, xlsx

Bea...9.xlsx cur...rt.jpg Upload

Price Details

* Shipping Terms: FOB
* Port: INC
* Quotation Valid Till: 2019-09-16
* Currency Unit: USD
* Quantity Unit: Pieces
* Payment Terms: T/T

* Order Quantity: 50 Pieces or more
* Unit Price: FOB USD 5 / Pieces

+ Add more (Max.2)

+ Add More Product & Price (Max. 9)

제품을 주문할 수 있도록 가격표, 주문서 양식을 첨부했고 바이어가 원하는 구매량인 50개 견적도 작성했다.

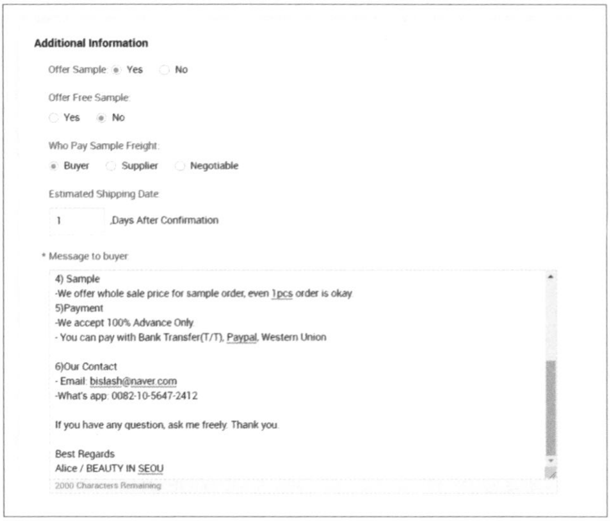

Additional Information

Offer Sample: (•) Yes ( ) No

Offer Free Sample:
( ) Yes (•) No

Who Pay Sample Freight:
(•) Buyer ( ) Supplier ( ) Negotiable

Estimated Shipping Date
1 ,Days After Confirmation

* Message to buyer:

4) Sample
-We offer whole sale price for sample order, even 1pcs order is okay.
5)Payment
-We accept 100% Advance Only.
- You can pay with Bank Transfer(T/T), Paypal, Western Union

6)Our Contact
- Email: bislash@naver.com
-What's app: 0082-10-5647-2412

If you have any question, ask me freely. Thank you.

Best Regards
Alice / BEAUTY IN SEOU

2000 Characters Remaining

추가 정보란에는 샘플제공에 대한 내용이 있는데, 샘플은 제공하지만 샘플비 및 배송료는 바이어 부담이고, 배송은 하루가 걸린다고 적었으며, 추가적인 메시지에는 바이어가 제품을 구매하는 데 필요한 추가정보를 제공했다. 만약 비싸지 않은 제품이라면 제품 샘플은 무료로 제공하고 배송료만 바이어에게 부담하도록 하는 것도 하나의 방법이 되겠다.

하지만 샘플은 절대 무료로 제공해주지 말자. 배송비든 제품비 샘플비든 조금이라도 받아야 한다. 무료배송에 무료샘플을 노골적으로 원하는 바이어는 구매 확률이 낮다. 그리고 주문을 하더라도 아주 소량주문을 한다. 샘플 구매를 돈 주고 제대로 하는 바이어는 구매 의사가 확실히 있는 바이어이고, 정식으로 주문을 하더라도 제대로 주문한다. 사업 초기에 혹시라도 판매에 도움이 될까 싶어 몇

-What's app: 0082-10-5647-2412
If you have any question, ask me freely. Thank you.
Best Regards
Alice / BEAUTY IN SEOU
2000 Characters Remaining
Upload Files
You can upload more details like: Addtional Quotation, Experienced Solution, etc. (Maximum of 6 attachments/each 5MB)
Upload
Your contact information and company information will send to Buyer.
Saved Quotation Template
Submit quotation

달동안 무료샘플을 많이 보냈는데 효과가 하나도 없었다. 오히려 샘플비를 받고 나니 진성 바이어와 가성 바이어가 걸러졌고, 쓸데없는 데 시간낭비, 자원 낭비를 하지 않게 되었다.

내용을 다 작성했다면 마지막에 Submit Quotation을 누른다.

RFQ 진행 상황 확인하기

내가 작성한 RFQ의 진행상황을 한번에 확인할 수 있는 방법이 있다. My Alibaba - Communicaions - Quotes Management로 들어간다.

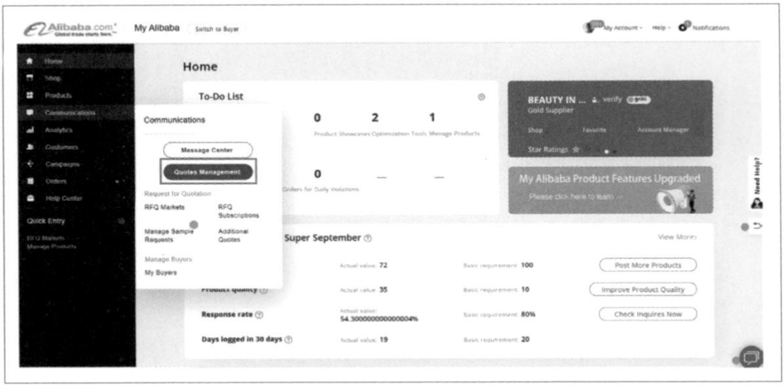

이 창에서는 최근 3개월 이내의 RFQ 진행 상황만 보여지고, 3개월이 지난 RFQ는 History에서 확인할 수 있다. Order Status에서 내가 견적을 넣은 RFQ의 진행 상황을 알 수 있다. 알리바바닷컴에 의해 확인된 것은 To be Confirmed, 바이어가 읽었다면 Have read, 바이어가 읽고 답변까지 했다면 Have Responded이다. 만약 중국 판매자의 경우 주문 진행까지 할 수 있으므로 주문 진행까지 간다면 Order Processing이라고 나온다.

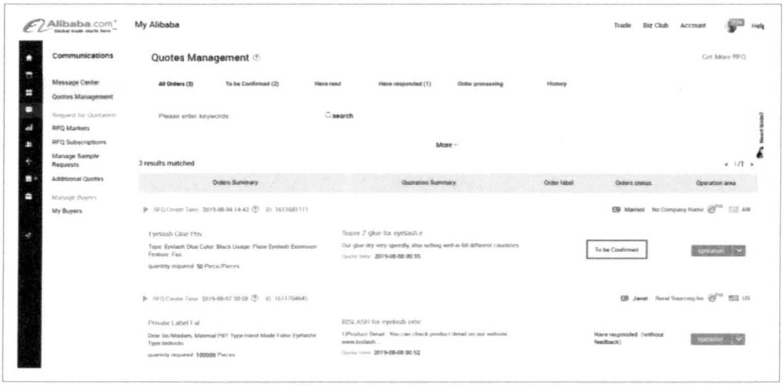

6

인보이스, 패킹리스트 만들기

바이어에게 샘플 주문이나 정식 주문을 받았다면 인보이스를 보내주어야 한다. 인보이스는 거래제품명세서를 말한다. 정해진 양식은 없고, 거래에 필요한 내용만 들어가면 된다.

일단 회사 정보가 들어가야겠고, 바이어에게 배송해야 하니 바이어의 배송 정보가 들어가야 한다. 제품 정보와 가격 정보, 필요시 인도조건, 대금 지급 조건도 포함된다. 외화 계좌나 페이팔 계좌 등의 결제 정보를 포함해 바이어가 헷갈리지 않게 하는 것도 좋다. 그 후 바이어가 요구하는 정보가 있다면 그것도 함께 포함시킨다. 예를 들어 통관을 위해 세금번호(우리나라의 통관고유번호와 같음)를 포함시켜달라고 요청하는 바이어도 있다.

다음의 예시를 살펴보자. 이 인보이스는 우리 회사의 바이어에게 발행된 인보이스 중의 하나다.

BEAUTY IN SEOUL

Add: 469-26, Hwagok 4dong, Gangseo-Gu, Seoul, South Korea Web: www.bislash.co.kr

E-mail: bislash@naver.com/ Skype: beautyinseoul/ What's app: 0082-10-5647-2412

Invoice

Order Number: M190801-27

1.Company Name: Beauty Bar for your nails and eyes
2.Contact Person (Full Name) : Bossler Yelena
3.Shipping Adress: Von-Stephan-str.20 53721 Siegburg
4.Telephone No: 17624034603
5.EORI No: 415212849026794
6.E-mail adress: elena-bossler@arcor.de

[Order Detail]

LASH TRAY 16 Lines

Note	Products	Curl/ Thickness x mm	Price	Qty	Total US$
	SILK Lash 16Lines	C/0.05x11mm	5.75	3	17.25
		C/0.05x12mm	5.75	5	28.75
		C/0.07x11mm	5.75	2	11.5
		C/0.07x12mm	5.75	2	11.5
		C/0.07x13mm	5.75	5	28.75
		D/0.05x10mm	5.75	5	28.75
		D/0.05x11mm	5.75	10	57.5
		D/0.05x12mm	5.75	15	86.25
		D/0.05x13mm	5.75	15	86.25
		D/0.05x14mm	5.75	10	57.5
		D/0.07x9mm	5.75	3	17.25
		D/0.10x10mm	5	5	25
		D/0.10x11mm	5	5	25
		D/0.10x12mm	5	5	25
		D/0.10x13mm	5	5	25
		D/0.10x14mm	5	3	15
	Dark Brown 16Lines	C/0.07x7-15mix	6.5	5	32.5

Glue & Solvents

Note	Products		Price	Qty	Total US$
	Remover Gel	15ml	3.5	10	35
	Primer (Bottle)	15ml	4	10	40

Tools

Note	Products		Price	Qty	Total US$
	(3M) Micro Pore Tape		0.7	10	7

Order Amount(US$): 660.75

Expecting Shipping Weight: 5kg
DHL Shipping Charge (US$) : 70

[Grand Total]

Bank Transfe 730.8 US$ (To South Korea Bank Account)

It's to be Certified & Correct.

Kindly Confim and Oblige
Beauty in Seoul
President: Seo Lee Lang

[Bank Account Detail]
1.Bank Name: Industrial Bank of Korea, Seoul, Korea
2.Bank Account: 050-120973-56-00010
3.Bank Adress: Hwagok 4dong, 776-6, Kangseo-Gu, Seoul, South Korea 157-014
4.Swift Code: IBKOKRSE
5.Name: BEAUTY IN SEOUL
5.Telephone No.: 82-10-5647-2412
7.Adress: 748-3, 3F, Mok 4dong, Yangcheon-gu, Seoul, South Korea

[Western Union Detail]
1. First name: LEE LANG/ Family Name: SEO
2. Address: 808-1, 2F, Hwagok 4dong, Gangseo-Gu, Seoul , South Korea
3. Tel: 82-10-5647-2412

[Paypal Account]- Have 6% Additional charge from total amount.
bislash@naver.com

인보이스 양식은 자유롭게

우리 회사의 인보이스를 살펴보면 빠져 있는 것이 대금결제 조건과 인도조건이다. 우리 회사의 경우 무조건 대금은 100% 선금으로 받고, 제품 배송에 발생되는 모든 배송비는 바이어 부담이다(EXW조건). 나머지 내용을 살펴보면, 우리 회사 주소가 맨 위에 들어가 있고, 그 아래는 바이어의 정보가 있다.

독일 바이어이며 바이어가 통관을 위해 본인의 통관번호인 EORI No를 포함해달라고 요청해 포함해주었다. 아래는 바이어가 주문한 제품과 가격, 수량 등의 세부사항이 들어 있다. 배송료는 바이어가 부담하기로 약속되어 있어 총무게와 배송비를 인보이스에 포함시켰다. 맨 아래에는 결제계좌인 우리 회사의 은행계좌, 웨스턴유니온 송금정보, 페이팔 계좌를 포함시켰다.

인보이스에 정해진 양식이 있는 것은 아니기 때문에 본인의 제품에 맞게, 본인의 회사에 맞게 편리하게 만들어서 사용하면 된다. 인보이스에 대해 알아보면 인보이스도 여러 가지 이름이 있다는 것을 알 수 있다. 사용 용도에 따라서 다르게 불리기도 하는데 포함되는 내용은 거의 비슷하다. 나의 경우 일단 인보이스를 보내주고 바이어가 추가적으로 프로포마 인보이스(Proforma Invoice, 견적송장. 짧게 PI라고 부르기도 한다)나 커머셜 인보이스(Commercial Invoice, 상업송장. 거래상품의 주요 사항을 상세히 명기한 서류)를 보내달라고 할 경우에 추가적으로 더 필요한 내용만 확인해 만들어서 보내준다.

패킹리스트 만들기

이렇게 인보이스를 만들어 바이어에게 대금을 받고 물건을 발송하기로 했는데, 만약 물건이 여러 박스라면 패킹리스트(Packing List, 포장 명세서. 포장에 관한 사항을 상세히 기재한 서류)가 필요하다. 패킹리스트는 몇 번 박스에 어떤 물건이 몇 개 들었는지를 쓰는 서류다. 패킹리스트도 정해진 양식은 없고 필요한 내용을 포함해 자유롭게 만들면 된다. 만약 인보이스에 포장 정보까지 포함할 수 있다면 포함시켜도 되지만 양이 많아서 인보이스를 읽기 어려워진다면 알아보기 쉽게 패킹리스트를 따로 만든다.

Packing list

Ctn #	Name & Line		Inner Box #	Curl	mm	Q'ty
#1	MINK LASH	16L	1~40	D/0.07	10mm	400pcs
						400pcs
#2	MINK LASH	16L	41~80	D/0.07	10mm	400pcs
						400pcs
#3	MINK LASH	16L	81~120	D/0.07	10mm	400pcs
						400pcs
#4	MINK LASH	16L	121~160	D/0.07	11mm	400pcs
						400pcs
#5	MINK LASH	16L	161~200	D/0.07	11mm	400pcs
						400pcs
#6	MINK LASH	16L	201~240	D/0.07	11mm	400pcs
						400pcs
#7	MINK LASH	16L	241~280	D/0.07	12mm	400pcs
						400pcs
#8	MINK LASH	16L	281~320	D/0.07	12mm	400pcs
						400pcs
#9	MINK LASH	16L	321~340	D/0.07	12mm	200pcs
			341~360		13mm	200pcs
						400pcs
#10	MINK LASH	16L	361~400	D/0.07	13mm	400pcs
						400pcs

TOTAL:4,000PCS=10BOXES=150KGS

7장

해킹, 어떻게 예방하고 대처할 것인가

ALIBABA

1

온라인 무역사기 예방법

사기 유형을 파악하면 예방도 가능하다

기업은행에 가면 이런 담당자 데스크 앞에 다음 페이지 만화가 있다. 이 만화를 볼 때마다 남 일 같지가 않다.

국내에서 보이스피싱 등의 각종 사기가 성행이듯, 온라인 무역사기도 성행이다. 알리바바닷컴 역시 온라인 무역사기 피해를 볼 수 있는 경로 중 한 군데다. 많은 기업들이 온라인 무역사기의 피해자가 되고 있는데 사기의 유형을 파악한다면 예방 역시 충분히 가능하다.

다음의 내용은 코트라에서 제공하는 '온라인을 통한 무역사기 유형과 대처방안'에서 발췌한 것이다. 온라인 무역사기의 유형과 특징을 알아보자.

〈이메일 해킹 사기 사례〉
IBK기업은행
상황 ❶ A업체 직원(김대리)이 해외거래 업체에서 보낸 이메일 확인
이번에 거래은행을 바꾸게 되어서 새로운 계좌정보를 알려드립니다. 아래의 정보대로 송금 해주세요.
BANK DETAIL
BANK SWIFT CODE : NWBKGB2LXXX
계좌정보가 바뀌었네! 급한 건이니까 빨리 송금신청서 작성해서 은행방문 해야겠다~
상황 ❷ 변경된 계좌로 송금하기 위해 은행 방문
안녕하세요~ 송금 신청하러 왔어요^^ 급한 건이라 오늘 꼭 송금되도록 부탁드릴께요^^
안녕하세요, 김대리님! 네! 알겠습니다^^
상황 ❸ (며칠 후) 해외업체 담당자가 전화로 대금 송금 확인
Hello!! 김대리님! 혹시 송금 하셨나요? 아직 돈을 못 받아서 연락드렸어요.
네?!! 며칠 전에 변경된 계좌번호를 이메일로 보내주셔서 그대로 송금했는데요!!
저희는 그런 이메일을 보낸 적이 없는데요?
헉!!
〈사기피해 사례〉
【사례 1】 국내 A사는 독일 B사와 지속적인 무역거래를 하던 중 이메일을 통해 송금 정보(수취인명, 수취계좌번호 등) 변경 요청 이메일을 받고 동정보로 송금
- 며칠 후 B사로부터 송금정보 변경 관련 이메일을 보낸 적이 없다는 내용을 확인하고 이메일 해킹으로 자금반환 요청
▶ 자금인출 등의 사유로 자금반환 거절
【사례 2】 국내 C사는 미국 D사와 최초 수입계약을 체결 후 이메일로 결제 관련 송금 정보(수취인명, 수취계좌번호 등)를 받고 송금
- 미국 D사가 송금을 받지 못했다는 전화를 받고 확인한 결과 이메일 해킹으로 자금 반환 요청
▶ 자금부족 사유로 자금반환 거절
Check! 이메일로 송금정보 변경 요청이 있거나 최초로 무역거래를 하는 경우 결제 관련 송금정보는 반드시 전화 or 팩스로 거래 상대방에게 진위여부 재확인

입찰 또는 계약을 가장해 부대비용의 부담을 요구하는 경우

대규모 정부 조달 프로젝트 등을 빙자해 정부나 공공기관을 직접 사칭하거나 정부 프로젝트 수행사 또는 에이전트 등으로 가장해 금융기관 등록비용, 변호사비용, 계약금, 공증비용, 컨설팅비용, 커미션 등의 부대비용을 요구하는 경우다.

신용장, 송금증, 수표 등을 위조하는 경우

정상적인 무역거래로 위장하고 현지 은행과 결탁해 위조, 부도 수표를 발행하거나, 수출업체가 바이어로부터 대금 지불 관련 증명을 이메일 등으로 수신하고 난 후 그 진위 여부 확인에 소홀하다는 점을 악용한다.

현지 방문 또는 국내 초청을 유도하는 경우

거래 의사가 없으나 현지 계약서 서명 등을 가장해 현지 방문을 유도한 후, 호텔 예약수수료 편취, 향응 또는 현지 유력 인사 접대선물 등을 강요하는 수법으로 심하게는 납치 등의 강력 범죄로도 이어질 수 있다. 역으로 국내 불법 체류를 목적으로 초청장을 요구하고 비자만 챙겨 잠적하는 경우도 있다.

이메일 해킹 및 피싱 사이트로 유인하는 경우

최근 급증하고 있는 사기 형태로, 수출업체의 이메일을 직접 해킹하거나 피싱 사이트로 유인해 로그인 정보를 알아낸 뒤, 바이어와의 거래 과정에 끼어들어 거래대금을 다른 계좌를 빼돌리는 수법으로 바이어와 수출업체 모두가 피해를 보게 된다.

화물 인수 및 대금 지불 회피하는 경우

가격 할인이나 결제 기한 연장을 목적으로 제품 또는 서류, 신용장상의 미미한 하자를 트집 잡아 화물인수와 대금 지불을 거부하는 수법으로, 경기침체로 인한 불황으로 인해 꾸준히 거래해오던 업체와의 사이에서도 빈발하고 있는 사례이므로 주의가 필요하다.

수출입 업무 대행, 홍보 대행 사기

해외 마케팅에 어려움을 겪고 있는 수출업체의 사정을 악용해 수출입 또는 홍보 업무를 무료로 대행해준다고 속이며 물품 대금을 빼돌리거나 이에 관한 계약 과정에서 합의되지 않은 내용을 문서의 하단 등에 작은 글씨로 교묘히 삽입해 피해를 유발하는 경우다.

온라인 무역사기의 공통적인 특징과 징후

현지 시장규모나 수요와 동떨어진 대량주문으로 유혹한다

정상적인 바이어는 소량의 샘플 오더를 시작으로 차츰 주문량을 늘려가는 것이 일반적이다. 그러나 국제 무역사기단은 처음부터 과장된 수량을 내세워 대량주문을 암시하며 현지 사정에 어두운 국내 수출기업을 현혹한다. 바이어가 상품에 대한 충분한 검토 없이 대량주문을 서두를 경우 무역사기일 가능성이 높다.

일반적인 거래조건보다 수출자에게 매우 유리한 조건을 제시한다

국제 무역사기단은 수출자에게 매우 유리한 조건을 제시해 유혹을 뿌리치기 어렵게 만드는 수법을 주로 사용한다. 처음엔 수출자에게 선적 전에 100% 사전 송금 등 유리한 조건을 제시하지만 추후 거래조건을 일방적으로 바꾸거나 대금 지불을 하지 않는 등의 방법으로 피해를 야기한다. 일반적으로 통용되는 가격 및 거래조건과 차이가 클 경우 무역사기일 가능성을 항상 염두에 두고 거래를 진행해야 할 것이다.

제품 선적을 독촉하고 거래조건을 수시로 바꾸어 혼란스럽게 한다

수출자를 불안하게 만들어 판단력을 흐리게 하는 것은 국제 무역사기단의 전형적인 수법이다. 처음엔 거래조건을 수출자에게 유리하게 제시해 현혹한 뒤, 특수한 사정이나 불가피한 상황 등을 내세워 선적을 독촉하며 불리한 거래조건을 수용할 것을 요구하는 경우다.

선수금 결제로 신뢰감을 준 뒤 사후송금 방식을 요구한다

일부 선수금 결제로 신뢰감을 준 뒤 나머지 금액에 대해 추심, 결제방식, 수표방식등의 사후송금 방식을 요구한다. 오더 수량을 높게 설정한 뒤, 일부 금액을 선수금 결제로 정상 거래해 신뢰감을 주고, 상품이 도착한 후에는 대금 지불을 회피하고 연락을 끊어버리는 사례가 보고되고 있다. 잘 모르는 바이어의 경우 취소불능 일람불 L/C 등의 안전한 결제 조건으로 거래하고, 부득이하게 T/T 방식을 사용할 경우는 반드시 전체 물품 대금의 50% 이상을 선수금으로 요구하는 것이 안전하다.

특수한 사정을 전제로 장황한 설명을 앞세운다

비자금의 국외 반출, 위조수표 현금화, 대규모 국제 입찰 수주 등 상식적으로 일어나기 어려운 매우 특수한 상황을 들먹거리며 협조를 구하는 경우는 대부분 무역사기로 의심해봐야 한다. 아프리카 등지에서 이미 널리 알려진 사기수법이므로 특별한 기존 거래선이 아닌 이상 이런 요청을 무시하는 것이 안전하다.

공신력 있는 기관을 사칭하거나 유력인사 또는 정부기관과의 유대관계를 강조한다

최근 기승을 부리고 있는 무역사기 유형으로 관련 서류나 공문서뿐 아니라 정부, 금융기관의 웹사이트, 이메일 주소 등까지 복제, 위·변조하는 등 더욱더 수법이 고도화되고 있다. 특정 기관명과 함께 웹사이트 주소 또는 이메일 주소를 명기하고 있는 경우에는 구글 등의 검색엔진에서 기관명으로 직접 검색하면 공식사이트 여부를 확인할 수 있다. 또한 관련 문서 수신 시 현지 무역관 등을 통해 위조문서 여부를 확인할 필요가 있다

기업 연락처 정보가 정확하지 않거나 휴대전화번호를 사용한다

국내에서 소위 '대포폰'이라고 불리며 추적이 어려운 휴대전화가 범죄에 악용되듯이, 해외에서도 이용자 정보를 추적하기 어려운 선불폰 등이 무역사기 사례에 악용되는 경우가 많다. 현지 무역관 등에 문의해 해당 번호가 휴대전화 번호인지 알아본 후, 바이어에게 연락 가능한 유선전화번호 및 Fax 번호를 요청하는 방법으로 사기 피해를 줄일 수 있다.

특정 링크로 유도해 이메일 ID, 비밀번호 등을 입력하게 한다

이메일 내 링크를 통해 방화벽, 금융기관 등 그럴싸한 피싱 사이

트로 이동시킨 뒤 ID/비밀번호를 입력받아 사기에 악용하는 수법이다. 이메일 교신 중 어떠한 경우에도 이메일 ID/비밀번호 등의 개인정보를 제공하지 않도록 유의해야 한다. 상대방이 보는 이메일에 외부 링크가 있다면 개인 정보를 요구하는 피싱 사이트거나 불법 프로그램을 설치하는 것은 아닌지 신중을 가해야 한다.

거래 규모에 따라 사기의 유형은 달라지겠으나 나와 있는 내용 모두가 알리바바닷컴을 통한 거래에서도 충분히 일어날 수 있는 일이다. 특히 경험상 이메일 해킹 및 피싱사이트로 유인하는 경우와 현지 방문 또는 국내 초청을 유도하는 경우가 많았다. 내용을 살펴보면 대량주문을 앞세우고 가짜 문서를 만들거나 위조해 공신력 있는 회사나 기관인 척하는 경우가 많다. 알리바바닷컴은 도매, 제조 판매이기 때문에 온라인 사기의 피해를 당하면 그 규모가 아주 커질 수 있으니 각별히 주의해야겠다.

2

해킹 보호막 만들기

해킹 종류

알리바바닷컴을 하면서 해킹 문제는 절대 빼놓을 수 없는 핫이슈이다. 알리바바 좀 하다가 해킹 한 번 당하고 고생을 해서 다시는 안 한다고 이야기하는 수강생이 꽤 있을 정도다. 나에게는 일어나지 않을 일이 아니다. 우리 회사와 거래하는 바이어들한테 역으로 연락이 와서 다른 한국 판매자에게 물건을 샀는데 판매자와 연락이 되지 않는다며 대신 연락해준 사례도 여러 차례 있다. 다들 연락해 보면 이메일 해킹을 당해놓고도 모르고 있었다.

그렇다면 알리바바닷컴의 전문가인 나는 어떨까? 나 역시 해킹을 수없이 온갖 방법으로 당해봤다. 피해 금액 역시 엄청나다. 그렇게 수많은 해킹을 당하고 고생을 하면서 나름 해킹을 피해갈 수 있는 방법을 터득했다. 이 내용을 아는 것만으로도 알리바바닷컴을 하는 데 큰 보호막이 하나 생길 것이다.

일단 해킹의 종류는 3가지로 분류할 수 있다. 알리바바닷컴 계정 자체가 해킹당하는 경우, 결제를 받는 페이팔 계정이 해킹당하는 경우, 마지막으로 사업용 이메일이 해킹당하는 경우이다.

피해 정도로 중요도를 따져봤을 때 알리바바닷컴 계정 해킹이나 페이팔 해킹이 1~2정도라면 이메일 계정 해킹 피해는 100은 된다. 이메일 계정 해킹의 피해가 가장 심각하고, 수습이 안 되며, 일파만파 번진다. 일단 종류별로 어떻게 다른지 알아보자.

알리바바닷컴 계정 해킹 예방법

첫 번째로 알리바바계정의 해킹이다. 보통 이메일을 통해 해킹을 당한다. 알리바바닷컴 사이트와 거의 똑같이 생긴 가짜 사이트

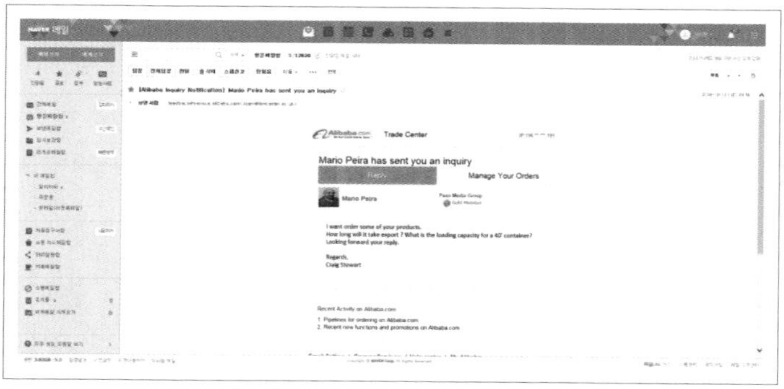

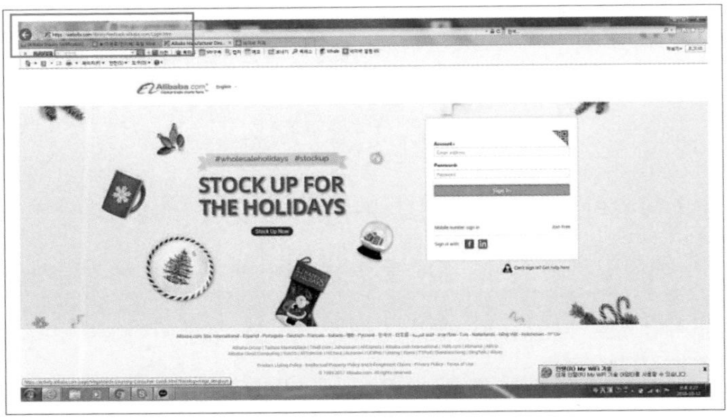
#wholesaleholidays #stockup
STOCK UP FOR
THE HOLIDAYS

를 만든 후, 로그인을 유도해 계정의 비밀번호를 유출한다. 다음은 내가 실제로 받은 해킹 이메일인데 바이어의 문의를 확인하라며 알리바바닷컴의 로그인을 유도하고 있다. 언뜻 봐서는 알리바바닷컴 사이트처럼 보이지만 주소가 살짝 이상하다. 주소창에 Alibaba.com이 아니라 Webofix.com이라고 쓰여 있다.

알리바바계정이 해킹당하면 내가 업로드한 적 없는 제품이 업로드되어 있거나, 내가 보내지도 않은 메시지가 내 계정으로 보내져 있다. 내가 판매하지 않는 제품을 내 계정에 올린 후에 바이어들에게 문의가 오면 해커가 응대하며 결제를 해커가 받을 수 있도록 바이어를 유도한다.

하지만 알리바바계정의 해킹이 흔한 것은 아니다. 알리바바닷컴은 로그인할 때 조금만 의심이 되어도 핸드폰으로 인증번호를 발송하고, 인증번호가 확인이 되어야만 로그인이 된다. 가장 중요한 것은 계정에 자주 로그인해야 한다는 것이다. 알리바바계정 해킹을 당했더라도 로그인만 자주 하면 해킹 사실을 쉽게 알 수 있다. 내가 올리지 않은 상품이나 메시지가 확인되기 때문이다. 해킹을 당했더라도 수습만 빨리 한다면 피해가 커지는 것을 막을 수 있다.

다음으로 계정의 추가적으로 보안을 강화하는 방법을 알아보자. 로그인한 후 My Alibaba - My Account를 들어간다. Account Security 부분에서 이메일이나 비밀번호 등을 변경할 수 있고, 보안

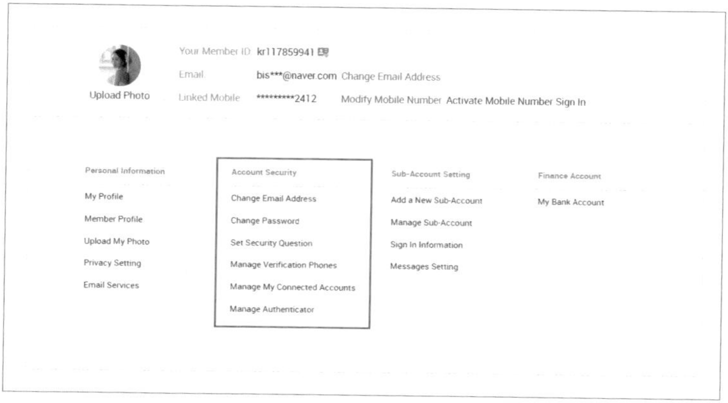

질문을 설정할 수 있다. 인증번호를 받을 수 있는 핸드폰번호를 변경하거나 다른 계정(페이스북, 트위터 등)과의 연결 상황도 볼 수 있다. 비밀번호는 어렵게 설정하며 조금이라도 해킹이 의심된다면 재빨리 비밀번호나 이메일을 변경해야 한다.

페이팔 계정의 해킹

페이팔 계정은 바이어와의 대금결제가 이루어지고 계좌에 잔고가 있으면, 해킹을 당할 경우 돈이 빠져나간다는 것이 문제다. 나는 페이팔 해킹을 자주 당했는데 한 번 당하고 나니 그 이후로 여러 번 당했다. 페이팔 계정 담당자 말이 해커들한테 주의를 받는 것 같으니 조심하라고 일러줄 정도였다.

하지만 여러 번 해킹을 당했음에도 불구하고 해커에게 빠져나간 돈을 다 찾을 수 있었다. 페이팔은 의심이 가는 송금건의 경우, 돈을 받더라도 며칠 지나야 인출할 수 있다. 페이팔에 로그인을 자주 하게 되면 해킹 사실을 빨리 알 수 있고, 바로 고객센터에 연락해 인출을 취소시키면 며칠 내로 다시 빠져나간 돈을 돌려받을 수 있다.

하지만 나도 페이팔 해킹 때문에 가슴이 덜컥한 적이 한 번 있다. 첫아이를 출산하고 산후조리원에 있는 동안 페이팔에 로그인하지 못했는데, 오랜만에 로그인해보니 잔고가 확 줄어 있었다. 원래 잔고가 40만 달러 넘게 있었는데 잔고가 19만 달러밖에 없었다. 사라진 21만 달러, 한화로 2억 원이 넘는 돈이었다. 하필 출산한 지 얼마

안 된 그때, 해킹을 당해서 해커가 실컷 잔고를 인출해간 것이었다.

부랴부랴 페이팔 계정 담당자에게 전화를 걸었는데 페이팔 보안팀으로부터 해킹으로 인정을 못 받았다는 답변을 받았다. 일정한 곳에서 로그인이 되어 일정하게 빠져나갔기 때문이라나? 왜 이렇게 날짜가 많이 지나서야 연락을 했냐고 했다. 아기를 출산해 도저히 컴퓨터를 할 시간이 없었다고 상황 설명을 하니 보안팀에게 다시 한 번 연락해보겠다고 했다. 천만다행으로 며칠 후에 해킹으로 인정을 받았고 빠져나간 돈을 모두 돌려받을 수 있었다.

페이팔 역시 해킹을 예방하기 위해 비밀번호를 어렵게 설정하며 주기적으로 변경해주는 것이 좋다. 해킹이 의심되는 상황이 있으면 재빨리 비밀번호를 변경한다.

그리고 페이팔에 로그인해 오른쪽 상단의 설정을 클릭한 다음 상단 두 번째에 있는 보안탭을 클릭하면, 추가적으로 계정의 보안을 강화할 수 있는 방법이 있다. 보안질문이나 2단계 인증을 설정해 핸드폰으로 발송된 보안코드를 입력해야 로그인이 될 수 있도록 설정해놓으면 해킹을 예방할 수 있다.

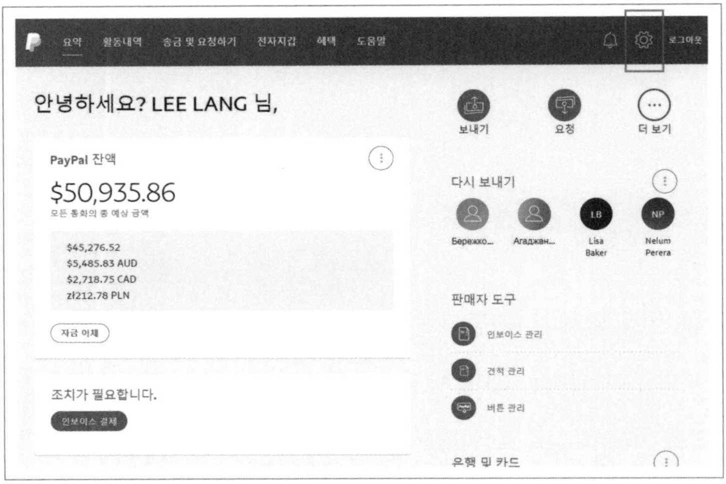

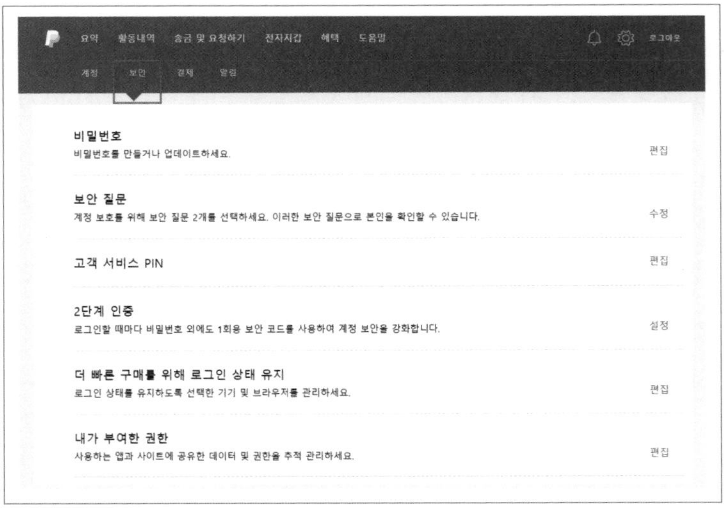

3

사업용 이메일 해킹

앞서 알리바바닷컴계정 해킹과 페이팔 해킹피해가 1, 2 정도라면 이메일 해킹은 100이라고 말했다. 가장 빈번하게 이루어지는 해킹이 사업용으로 사용하는 이메일 해킹이고 그 피해는 이루 말할 수 없이 커진다. 나는 이메일 해킹도 여러 번 당했고 그 피해가 얼마나 확산되는지도 실제로 경험했다. 그만큼 사업용 이메일 해킹에 대해서는 할 이야기도 많다. 경각심을 가지고 다들 잘 대처했으면 좋겠다.

러시아 바이어에게 전화가 왔다. 대금을 보낸 지 한참 됐는데 왜 물건을 보내지 않느냐는 것이다. 확인해보니 우리는 대금을 받은 적이 없었다. 대금을 보낸 영수증을 보내라고 했더니 엉뚱하게도 돈을 홍콩으로 보냈다. 대체 왜 홍콩으로 보냈냐고 물으니 내가 홍콩에 출장을 가 있으니 홍콩으로 돈을 보내라고 했단다. 이것이 시작이었다. 해킹을 당했나 싶어서 얼른 비밀번호를 변경했다. 하지만 바이어들에게 계속해서 이와 비슷한 내용의 연락이 오기 시작했다.

이메일 주소부터 바꾸라

왜 매일 이메일을 로그인하고 확인했으면서도 해킹을 당한지 몰랐을까? 해커는 일단 바이어가 주문하는 것을 기다렸다가 결제가 임박하면 그때부터 내가 바이어 이메일을 확인하지 못하도록 중간에서 지우고 인보이스에 해커의 계좌를 넣어 결제를 유도했다. 바이어가 계속해서 독촉 이메일을 보내면 조금만 기다려달라, 금방 보내주겠다 하면서 시간끌기를 한다. 그래서 이메일이 아닌 전화나 문자, 메신저 등으로 연락이 오지 않으면 해킹을 당했으면서도 당한지조차 몰랐던 것이다.

이후 이메일 비밀번호를 여러 번 바꾸고, 컴퓨터까지 여러 번 포맷했는데도 두 달이 넘게 계속해서 해킹 피해자가 나왔다. 늘 해커와 함께 로그인하고 있는 것 같아 정신적으로 너무 힘들었다. 도무지 왜 해커의 활동이 멈추지 않는지 이유를 알 수 없었는데, 나중에 알고 보니 내가 사용하는 이메일이 문제였다.

나는 사업용 이메일로 핫메일을 썼다. 해외에서 핫메일이나 지메일을 많이 사용하기도 하고, 바이어에게 전화로 연락이 왔을 때 이메일 주소를 알려주기가 쉽기 때문이다. 2012년, 2013년에 강의

할 때도 수강생들에게 핫메일이나 지메일을 쓰라고 교육했었다.

도저히 해킹 문제가 해결되지 않아 한국마이크로소프트에 연락을 했다. 계정 해킹을 당해서 비밀번호도 여러 번 변경하고 포맷도 여러 번 했는데 왜 계속해서 해커가 활동을 하는지 모르겠다고 물어보았다. 이유는 충격적이었는데, 내가 비밀번호를 아무리 바꿔봤자 해커가 직접 로그아웃하지 않으면 로그아웃이 안 된다는 것이었다. 이게 말이 되나 싶었다. 한국마이크로소프트 고객센터에 그럼 고객센터에서 해줄 수 없냐고 하니 본인들도 할 수가 없다고 했다.

결국 나는 5년 넘게 쓴 이메일 계정을 삭제했다. 사업하는 사람이 전화번호를 자주 바꾸면 안 되듯이 알리바바닷컴으로 단골고객들과 거래하면서 이메일 주소를 바꾼다는 것은 치명타다. 하지만 이메일 주소를 바꾸는 것 말고는 방법이 없었다.

이메일 주소를 바꾸었지만 해킹은 멈추지 않았다. 이제 계정이 없어지고 나니 해커가 원래 내가 사용하던 이메일 주소와 아주 비슷한 이메일 주소를 만들어 나인 척하며 바이어들에게 연락을 하기 시작했다. 내가 쓰던 이메일 주소는 easylash@hotmail.com이었는데 해커가 만든 이메일 주소는 easylesh@hotmail.com이었다. 언뜻 보면 똑같아 보인다.

여기서 멈추지 않는다. 이제 우리 바이어들의 목록을 확보했으니 바이어들의 이메일이 해킹된다. 해커가 바이어인 척하며 새로 바뀐 이메일의 해킹을 계속해서 시도하고, 바이어가 주문 이메일을 보낼 때 우리 회사 이메일과 비슷한 이메일로 우리 회사인 척하면서 이메일 답변을 하며 결제를 그쪽으로 유도한다.

가장 활발하게 활동하던 영국 해커는 얼마나 결제를 많이 받았는지 아예 영국에 우리 회사 이름으로 회사 외화 계좌도 계설했다. 바이어가 증거로 보내준 송금영수증을 보니 회사 이름이 뷰티인서울이고 담당자 이름이 내 영어 이름인 Alice였다.

어쨌든 이런 식으로 핫메일을 사용하는 동안 여러 번 해킹을 당했다. 금전적으로 손해를 본 것뿐 아니라 바이어와의 신뢰에도 크게 금이 갔다. 그 이후 해킹당한 바이어들은 조금만 이상하다 싶으면 나에게 바로 전화나 문자를 걸어서 내가 보낸 이메일이 맞는지 확인해 묻곤 했다.

해외 로그인 차단 기능을 이용하라

수많은 이메일 해킹을 겪어보니 이제 딱 보면 해킹 이메일인지 아닌지 구분할 수 있다. 이메일 해킹을 피하기 위해서는 일단 의심이 가는 이메일을 열어봐서는 안 된다. 해킹 이메일은 다양한 형태로 온다. 바이어인 척하며 주문서를 첨부했다, 돈을 송금했으니 확인하라 등등 이유는 다양하지만 결국은 첨부된 해킹 파일을 다운받으라는 것이거나, 해킹이 될 수 있는 다른 링크로 접속을 유도한다. 첨부파일의 확장자명이 우리가 일반적으로 알고 있는 jpeg, pdf, excel, word 등이 아니라 낯설다면 절대 다운받거나 실행해서는 안 된다. 그리고 또 다른 링크로의 접속을 유도하는 내용 역시 누가 보

답장 전체답장 전달 삭제 스팸신고 안읽음 이동 번역
목록
You have received Payment files via WeTransfer of PO 18653001.
2019-08-06 15:25
보낸사람 noreply@wetransfer.com<WeTransfer@dvru.ru>
bislash@naver.com
sent you some files
1 file 2MB in total Will be deleted on 20 Aug, 2019
we checked and revised some artworks of PO31182
Get your files

냈든 접속하면 안 된다.

하지만 우리가 경험이 없는 상태에서는 해킹을 시도하는 이메일인지 아닌지 단번에 알아차리기 어렵다. 실수로 해킹 파일을 다운받을 수도 있고, 해킹 링크에 접속할 수도 있다. 이미 실수했다면 컴퓨터를 포맷하거나 이메일을 열기 이전의 상태로 복구시킨다. 이메일이나 알리바바닷컴 계정 등 해킹이 의심되는 곳의 비밀번호도 변경한다.

경험상 해킹을 예방하는 가장 확실한 방법은 해외 로그인 차단 기능을 제공하는 이메일을 사용하는 것이다. 나는 5년 전 네이버 이메일로 사업용 이메일을 바꾼 이후로 단 한 번도 해킹 피해를 입지 않았다. 네이버 이메일로도 수많은 해킹 시도 이메일이 있었다. 나는 열어보지 않았어도 우리 직원이 몇 번 실수로 열어보았다. 그럼에도 불구하고 피해는 없었다.

해킹은 거의 외국에서 이루어진다. 해킹된 대금이 빠져나가는 곳을 보면 알 수 있는데 나의 경우 영국, 인도네시아, 필리핀, 홍콩

등으로 대금이 빠져나갔다. 핫메일이나 지메일은 국제적으로 가장 많이 사용되는 이메일이다. 다시 말해 해커들이 많이 해킹해본 익숙한 이메일이란 뜻이다. 또한 이런 외국 메일들은 국내에 제대로 된 고객센터가 없어 해킹이 발생했을 때 신속하게 대응할 수가 없다. 꼭 네이버 이메일이 아니더라도 해외 로그인 차단 기능을 제공하는 국내 이메일을 이용한다면 해킹 피해를 예방할 수 있다.

네이버의 해외 로그인 차단 설정방법은 로그인 후 내정보 - 보안설정에서 해외 로그인 차단에 'ON'을 누른다. 보통 기본적으로 해외 로그인이 차단이 설정되어 있다.

굳이 핫메일이나 지메일을 이용하고 싶다면 꼭 핸드폰으로 인증번호를 받아 로그인하는 등의 추가 보안 설정을 미리 해놓아야 피해를 줄일 수 있을 것이다.

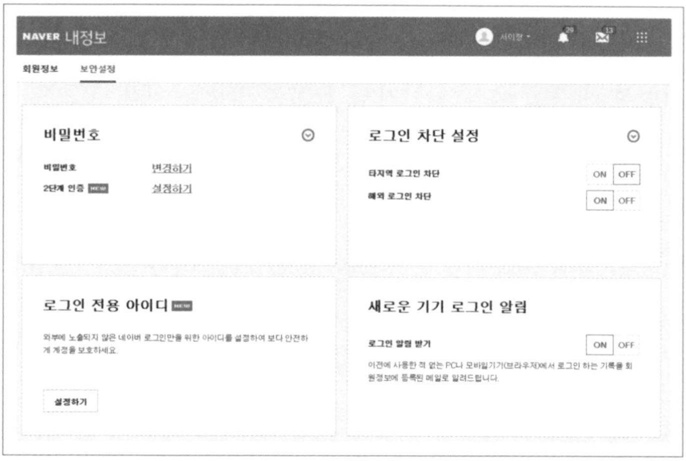

4

이미 해킹을 당했다면

우연히 보낸 이메일함을 살펴보았는데 내가 보내지 않은 이메일이 있다? 바이어에게 송금을 했다고 전화가 왔는데 나는 받은 대금이 없다? 해킹당한 사실을 알게 됐다면 최대한 신속하게 대처를 해야 더 큰 피해를 막을 수 있다.

해킹을 당했을 때 어떤 순서로 어떻게 대응을 해야 할지 알아보자.

해당 계정의 비밀번호를 변경하고 컴퓨터를 포맷한다

비밀번호를 변경하라고 하면 내가 원래 쓰던 비밀번호에서 조금만 수정해서 변경하는 경우가 많은데 이렇게 되면 며칠 있다가 또 해킹당하게 된다. 비밀번호는 차라리 아주 어렵게 설정하는 것이 낫다. 예를 들어 c4UJF8KbJ97S나 a7JB0LLQ8CQ 와 같이 아주 어렵게 설정해놓으면 비밀번호 해킹 프로그램이 깔려도 해독할 수가 없다. Safe In Cloud 같은 비밀번호 프로그램을 이용하면 해독이 어려운 비밀번호를 생성하고, 잊지 않도록 관리하는 데 도움이 된다.

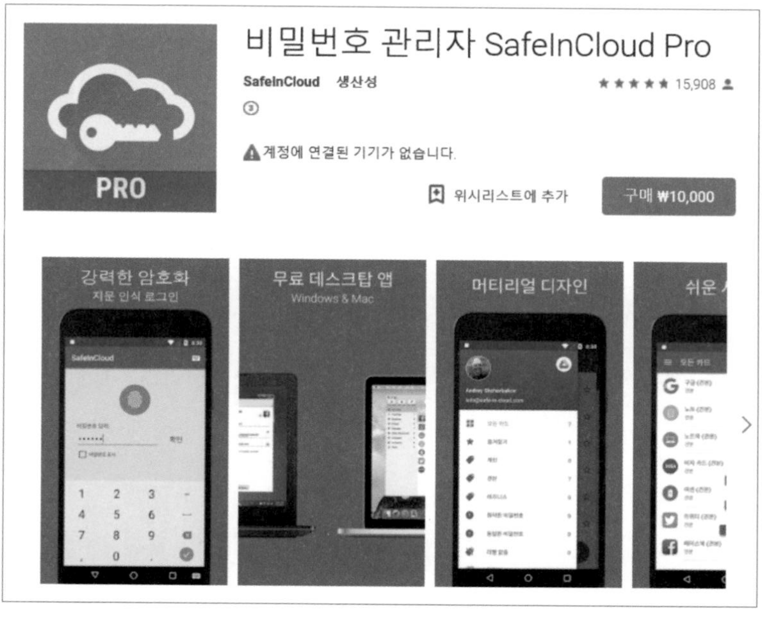

결제 임박한 바이어에게 모든 수단으로 연락한다

내 이메일이 해킹당했다면 바이어도 해킹당했을 수 있기 때문에 이메일로만 연락해서는 안 된다. 전화, 문자, 왓츠앱 등의 메신저 모두를 활용해 해킹 사실을 알린다. 해커들은 대금을 쉽게 찾을 수 있는 웨스턴유니온으로 송금 유도를 많이 한다. 만약 해커가 송금된 돈을 찾기 전이라면 바이어 쪽에서 송금을 취소시킬 수 있기 때문에 최대한 빨리 연락해 피해를 방지한다.

이 때문에 평소에 바이어들 연락처 정리도 잘 해놓고, 왓츠앱 등의 메신저에도 바이어 등록을 잘 해놓아야 한다. 막상 필요한 상황이 생겼을 때 허둥지둥 찾기가 어렵기 때문이다. 일목요연하게 정리해놓고 필요할 때 한 번에 연락을 할 수 있도록 준비해놓아야 한다.

해커에게 송금하지 말 것을 모든 바이어에게 알린다

이후에 추가적으로 다른 바이어들까지 피해를 입는 것까지 방지할 수 있다. 모든 고객에게 해킹 사실을 알리라고 하면 혹시 나의 신뢰도가 추락할까봐 걱정이 될 수도 있다. 하지만 이를 알리지 않으면 호미로 막을 것을 가래로도 못 막게 되는 사태가 벌어질 수 있다.

페이팔 계정이 해킹당했다면 고객센터로 이메일을 보내는 것보다 전화가 훨씬 빠르다. 페이팔은 한국어가 가능한 한국 담당 직원이 있다. 전화를 하기 위해서는 인증번호가 필요하다. 전화번호와 인증번호를 확인하는 방법은 다음과 같다. 로그인 후 창을 맨 아래로 내려 문의하기를 누른다.

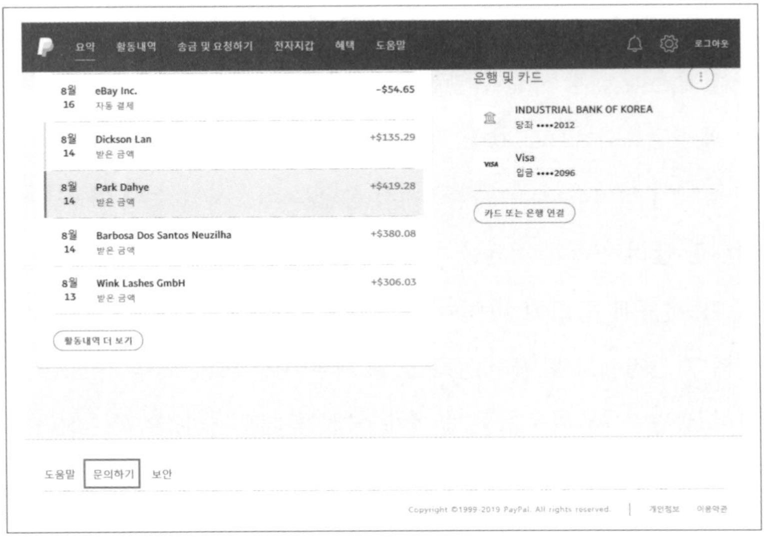

창을 아래로 내리면 기타 문의 방법에서 전화하기를 누른다. 한국 시간 기준으로 월~금요일 오전 9시부터 오후 6시까지 통화 가능하며 해당 전화번호로 전화해서 일회용 비밀번호를 누르면 담당자와 연락이 된다. 여러 번 이용했는데 전화 연결은 잘되는 편이다.

5

신뢰를 깰 것이냐, 말 것이냐

신뢰를 잃으면 결국 망한다

할 수 있는 최대한의 조치를 했다면 이제 이미 해킹당한 피해자들에 대한 보상을 어떻게 해줄 것인지가 문제이다. 이것은 사실 본인의 소신에 따라 달려 있다.

우리나라에서 가장 세계적인 기업 삼성의 이야기를 해보겠다. 1987년, 삼성 이건희 회장이 삼성을 물려받을 당시 17조 원이던 그룹 매출을 그는 300조 원 규모의 초일류기업으로 키웠다. 취임 후 5년 동안 "불량 안 된다, 모든 것을 양을 없애버리고 질을 향해라"라고 강조했다. 1993년에는 신경영을 선포했다. 주요 임원 수백 명을 소집해 "마누라와 자식만 빼고 다 바꿔야 한다"라며 위기의식과 변화를 강조했다.

이때부터 삼성은 뼈를 깎는 개혁 작업에 들어갔다. "불량은 암이다"라는 구호 아래 불량제품을 전량 폐기했고, 제품의 질을 높이는 데 주력했다. 이 선언 뒤 삼성전자는 불량품이 있을 경우 해당 생산 라인 가동을 전면 중단하는 '라인스톱제'를 도입하는 등 품질 강화에 올인했다.

이와 관련된 일화 중 유명한 것이 하나 있다. 바로 '불량제품 화형식'이다. 1995년 3월, 무선전화기 사업부가 무리하게 완제품 생산을 추진하다가 불량률이 11.8%까지 치솟았다. 이건희 회장은 이를 질책하며 불량품 15만 대(500억 원어치)를 수거해 화형식을 통해 전량 폐기 처분했다. 2014년 갤럭시S5 역시 디자인 문제와 핵심 기능인 지문인식률이 낮아 초기 생산 물량인 130만 대를 전량 폐기했다. 이 물량은 전 세계 시장에 출시할 초기 물량으로, 금액으로 환산하면 1조 원의 천문학적인 규모였다.

여기서 내가 말하고 싶은 것은 바로 사업가의 마인드에 관한 것이다. 삼성이 왜 무려 1조 원에 달하는 제품을 전량 폐기시켰을까? 고객과의 신뢰를 지키기 위해서다. 불량제품은 기업의 이미지를, 기업의 신뢰도를 떨어뜨린다. 사업은 기본적으로 바이어와의 신뢰를 바탕으로 이루어진다. 눈앞의 작은 이익을 좇기 위해 바이어와의 신뢰를 져버린다면 당장은 손해를 면할 수 있겠으나 장기적으로 봤을 때 오랜 고객들을 다 놓치는 꼴이 된다. 고객에게 신뢰를 잃으면 사업은 망한다.

계정 관리보다 더 중요한 게 신뢰 관계 구축이다

앞서 말했듯 나는 이메일 해킹으로 피해를 많이 보았다. 해커에게 빠져나간 후 되찾지 못한 대금을 다 합치면 족히 1억 5,000만 원 정도는 될 것이다. 나는 소액 바이어도 많기 때문에 피해를 당한 바이어 수를 세어보면 꽤 여럿이다.

우리 바이어들은 나를, 그리고 우리 회사를 신뢰하고 우리에게 물건을 샀다. 그런데 내가 우리 회사 계정관리를 제대로 하지 못했고, 그로 인해 바이어들은 피해를 보았다. 나는 이것이 나의 잘못이라 생각해 해킹당한 바이어들의 대금을 받지 못했음에도 모두 물건을 발송해주었다.

어떻게 생각해보면 바이어에게 약간의 책임이 있다고 생각이 들 수도 있다. 우리 회사가 한국 회사인 것을 뻔히 알면서 왜 타국으로 대금을 송금했단 말인가? 왜 이것에 대해 조금도 의심하지 않았을까? 하지만 나는 이것에 대해 전혀 시시비비를 따지지 않았다. 바이어에게 계정이 해킹당한 것에 대해 사과를 했고, 상황이 이러해 제품 발송이 늦어졌음을 설명했다. 물건을 받지 못할까봐 불안해하는 바이어들을 안심시켰고, 그들이 이 사태로 인해 피해를 보지 않도록 최선을 다했다.

나는 대금을 받지도 못했는데 물건을 보내줬으니 당연히 당시에는 큰 손해를 보았다. 하지만 바이어와의 신뢰를 지킨 것이 지나고 보니 결국 나에게 득이 되었다. 그렇게 신뢰를 지켜준 바이어들은 우리 회사의 충성고객이 되었고 몇 년이 지난 지금도 우리 회사에서 물건을 사간다. 본인들뿐 아니라 다른 고객들까지 소개시켜준다. 해킹의 태풍이 우리 회사를 한번 뒤집어놓았지만 결국 태풍이 지나간 뒤 우리 회사는 더욱더 성장할 수 있었다.

솔직히 말해 나는 알리바바계정 자체 관리를 잘 못하는 편이다. 요새는 알리바바닷컴 시스템이 계정되며 스타레이팅스로 판매자의 등급을 매기기 시작했는데 나는 별 3개 중에 고작 1개짜리 판매자다.

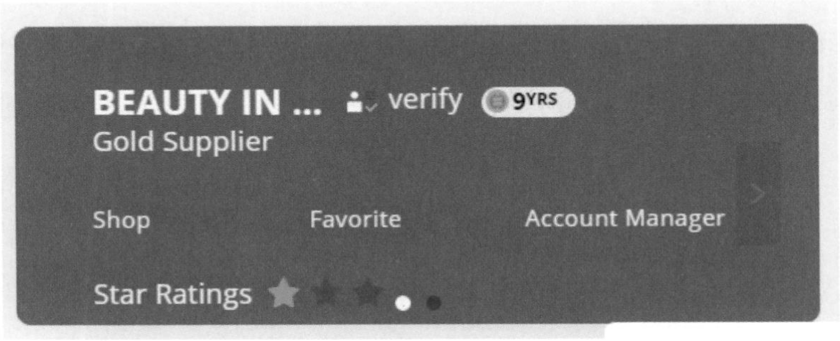

상품 업로드도 많이 못 했고 제품을 상위 노출시키기 위해 노력하지도 않는다. 바이어 응대를 빨리 해주는 게 정말 중요하지만 워킹맘이 되고 나니 그마저도 쉽지 않다. 그럼에도 우리 회사는 고객에게 제품 구입 문의를 많이 받고, 그 문의가 주문으로 직결된다.

예전에 알리바바닷컴 계정 담당자가 우리 회사가 잘되는 것을 아주 신기해했다. 자기가 우리 회사 계정을 확인해보면 관리를 잘하고 있지 못한데 이상하게도 진성 인콰이어리(구매의사가 있는 고객의 문의)가 많이 온다는 것이다.

우리 회사는 고객들 사이에 평판이 높다. 물건의 품질이 좋고 고객과 한 약속은 지킨다. 나는 계정관리는 잘 못하지만 바이어와 신뢰관계는 견고하게 구축했다. 바이어의 좋은 사업파트너가 되기 위해 노력하고, 바이어의 사업이 잘되도록 그들을 잘 지지해주는 것이 나의 역할이다. 돈을 좇지 않고 신뢰를 쌓은 것이 10년 동안 내 사업이 잘되는 비결이다.

해킹을 당해서 피해가 발생했다면 어떤 조치를 취할 것인지 선택하는 것은 본인의 몫이다. 소신껏 하는 것이고 바이어의 피해 보상을 해주는 것이 판매자의 당연한 의무는 아니다. 어떤 방법이 장기적으로 봤을 때 옳은 일인지 잘 생각해보고 결정하는 것이 좋겠다.

| 부록 |

제품 리스팅 정책

알리바바닷컴에 모든 제품을 올릴 수 있는 건 아니다. 이를 규정한 것이 '제품 리스팅 정책(Product Listing Policy)'이다. 일반적인 금지품, 금지·통제되는 제품, 지적재산권 보호에 관한 정책으로 나누어 규정하고 있다.

1. 일반적인 금지품

① 법적으로 판매가 금지된 제품

② 논란의 여지가 있는 품목

- 불법행위를 조장하는 품목(자물쇠를 따는 도구, 약물검사를 속이기 위한 합성 소변)
- 인종적, 종교적, 민족적으로 경멸스럽거나 증오, 폭력, 인종 또는 종교적 불관용을 조장하는 물품
- 경품, 복권, 경연대회
- 주식, 채권, 투자 이익 및 기타 증권
- 성적인 물건
- 사용자 정보를 수집하기 위한 용도의 디지털 통화 및 광고와 같이 실제 제품이나 판매 서비스를 제공하지 않는 품목

2. 금지·통제되는 제품

① 마약, 향정신성 약품

② 가연성, 폭팔성의 위험한 화학제품

③ 소형화기(총)와 탄약

④ 무기

⑤ 정부나 법 집행, 군대와 관련된 제품

⑥ 의료약품

⑦ 의료기기

⑧ 성인물 및 음란물

⑨ 불법적 목적으로 이용되는 탈법적 장치나 기타 기기

⑩ 불법 서비스

⑪ 수집품, 미술품 및 귀금속

⑫ 인체, 인체기관과 보호된 동식물

⑬ 국가 안전에 관한 부정한 자료 및 정보

⑭ 담배 제품

⑮ 도박 장비

⑯ 처벌되거나 금지된 제품

⑰ 기타 리스팅 금지품

⑱ 추가적인 알리바바닷컴과 알리익스프레스 정책상의 금지품

3. 지적재산권 보호에 관한 정책

① 초상권, 사람 이름, 서명

② 복제품이나 경매품

③ 소프트웨어(학업용 소프트웨어, OEM 소프트웨어)

④ 지적재산의 불법 복제

에필로그

내가 강의 마지막에 항상 소개하는 명언이 있다. 성공에 관한 명언이다.

〈하루아침에 성공을 거두는 법〉

사람이라면 무에서 전혀 새로운 것을 창조해내고 싶어 한다. 고단한 실험이나 오랜 노력은 생략하고 말이다. 하지만 그런 대도약은 존재하지 않는다. 각고의 노력 끝에 변화가 생기고, 그 결과물이 마치 대도약처럼 보일 뿐이다. 그 과정은 피를 말리는 날들의 연속이었다.

– 제임스 다이슨, 《계속해서 실패하라》, 박수찬 역, 미래사, 2012

지금은 사업하는 것이 그렇게 어렵지는 않다. 물론 항상 해결해야 할 과제들이 생기지만 예전만큼은 아니다. 사업 초반에 엄마한테 했던 말이 생각난다.

"엄마, 깜깜한 동굴 속에 저 멀리 실낱같은 빛줄기가 보이긴 하는데 한 걸음 뗄 때마다 돌부리에 걸려서 계속 넘어지는 기분이야."

아마 처음에는 도통 무슨 소린지 하나도 모르겠고, 너무 어렵고,

생각대로 되는 게 하나도 없을 것이다. 이것이 굉장히 화가 나고 답답한데, 원래 그런 것이니 당연하게 생각해야 한다. 세상에 원래 쉬운 것은 없고, 공짜로 얻을 수 있는 것도 없다.

생각해보면 간호사 생활할 때도 처음에 너무 힘들었고, 책 쓰기도 장난이 아니었다. 내가 지금 책을 다 쓰고 에필로그를 쓰고 있다니 감격스러워 눈물이 날 지경이다. 잘 썼는지 못 썼는지는 모르겠지만 어쨌든 나는 최선을 다해 썼고 해냈다.

여러분이 스스로 못할 수밖에 없는 핑계를 만들지 않았으면 좋겠다. 나이가 어려서 또는 나이가 많아서, 돈이 없어서, 아는 것이 없어서, 시간이 없어서, 용기가 안 나서……. 다 핑계일 뿐이다.

"대표님은 책임질 가정이 없고 자유로웠으니까 가능했었던 거죠. 우리는 어깨가 무겁고 책임질 게 많아서 힘들어요. 못 하겠어요."

나는 세 살짜리 아들이 있고, 둘째 임신 32주 때부터 책을 쓰기 시작했다. 첫째는 책 쓰는 동안 수족구에 두 번이나 걸렸고 어린이집 여름방학도 무려 2주나 됐다. 임산부의 몸으로 일도 하고 육아도 하고 책도 쓰다가 무리를 했는지 둘째를 34주에 조산했다. 둘째가 미숙아로 태어나 신생아 중환자실에 거의 20일을 있었는데, 산후조

리원에서도 침대 위에 상을 펴고 앉아 책을 썼다. 집에 돌아와 젖먹이 신생아 키우느라 제대로 잠도 못 자면서도 그래도 책을 계속해서 썼다.

나도 책을 쓰지 못할 핑계를 들자면 수십 개를 댈 수 있었고, 사업 역시 못 했을 이유를 들자면 수십 개가 된다. 당신이 못할 이유가 있다면 그것이 이유인지, 스스로 만든 핑계인지 잘 생각해보자. 하지 않으면 아무것도 이룰 수 없다.

이 책을 쓸 수 있었던 것은 나 혼자 열심히 하고 잘나서가 아니다. 많은 도움의 손길이 있었다. 책 쓰는 길을 몰라 갈팡질팡하는 내가 길을 잃지 않고 끝까지 완주할 수 있도록 이끌어준 라온북 백유미 대표님, 조영석 소장님, 이하 출판부에 감사의 말씀 전한다.

다음으로 '죽기 아니면 까무러치기' 정신을 알려준 우리 엄마, 천추애 씨 감사합니다! 어려운 가정환경에 우리 식구를 위해, 여자의 몸으로 그 힘든 집배원 일을 한 우리 엄마. 엄마가 맡은 일은 죽기 아니면 까무러치기로 끝까지 해야 한다고 늘 가르쳐준 덕분에, 내가 건강한 정신으로 끈기와 근성으로 이렇게 성공할 수 있었다.

마지막으로 물심양면으로 나를 도와준 내 남편 이상원. 내가 책 쓰는 동안 두 아이 보랴, 컴맹인 부인 책 쓰기 도와주느라 너무 고생 많았다. 제2의 저자인데 공저자로 못 올려줘서 미안해! 아마 여보가 없었으면 이 책 쓰는 데 일 년은 더 걸렸을 것 같아! 우리 아론이, 아민이도 엄마가 신경 많이 못 써줘서 미안해, 이제 책 다 썼으니까 많이 놀아줄게!

다 썼다, 끝!